हिन्दी का पर्यावरणीय साहित्य

कोच्चिन विज्ञान एवं प्रौद्योगिकी विश्वविद्यालय
के आर्थिक सहयोग से प्रकाशित।

हिन्दी का पर्यावरणीय साहित्य

वाणी पृथ्वी

सम्पादक

प्रभाकरन हेब्बार इल्लत

एसोसिएट प्रोफ़ेसर, हिन्दी विभाग
कुसाट (कोच्चिन विज्ञान एवं प्रौद्योगिकी विश्वविद्यालय)
कोच्ची विश्वविद्यालय (डाक), एरनाकुलम जिला,
केरल–682022

वाणी प्रकाशन

वाणी प्रकाशन

4695, 21-ए, दरियागंज, नयी दिल्ली 110 002

फ़ोन : +91 11 23273167 फ़ैक्स : +91 11 23275710

शाखाएँ

अशोक राजपथ, पटना 800 004, बिहार

कॉफ़ी हाउस कैम्पस, महात्मा गांधी मार्ग, इलाहाबाद 211 001, उत्तर प्रदेश

महात्मा गांधी अन्तरराष्ट्रीय हिन्दी विश्वविद्यालय, वर्धा 442 001, महाराष्ट्र

www.vaniprakashan.com
marketing@vaniprakashan.in
sales@vaniprakashan.in

Hindi Ka Paryavarniya Sahitya
Edited by Prabhakaran Hebbar Illath

ISBN : 978-93-5518-217-3
Criticism/Environment

प्रथम संस्करण 2022

मूल्य : ₹ 575

आर. टेक ऑफ़सेट प्रिंटर्स, दिल्ली-110 032 में मुद्रित

वाणी प्रकाशन का लोगो मक़बूल फ़िदा हुसेन की कूची से

सम्पादक के शब्द

पिछले साल 31 अक्तूबर से 12 नवम्बर 2021 तक स्कॉटलैंड के ग्लास्को में विश्व भर में होने वाले पर्यावरणीय परिवर्तन पर विचार–विमर्श करने हेतु शिखर सम्मेलन सम्पन्न हुआ था। इसमें विश्वभर के एक सौ बीस से अधिक राष्ट्रों के प्रतिनिधियों ने भाग लिया था। सम्मेलन के सार के रूप में एक नारा वहाँ बुलंद था, वह यह था कि 'अब नहीं तो कभी नहीं'; अर्थात् वर्तमान काल में यदि हम प्रकृति को बचा नहीं पायेंगे तो फिर कभी नहीं बचा पायेंगे। इसका तात्पर्य यह निकलता है कि पर्यावरण को बचाने की चिन्ता विश्वभर में छायी हुई है। आज का ज़माना यह जान चुका है कि बिना प्रकृति के इस भूतल पर मानव का मात्र नहीं, प्रकृति के सम्पूर्ण जीव रूपों का अतिजीवन आगे निस्सन्देह असम्भव है। प्रकृति से एकदम अलग होकर मानव के अस्तित्त्व की परिकल्पना नहीं की जा सकती है, क्योंकि वह स्वयं प्रकृति का दूसरा रूप है। प्रदूषित, संसाधनहीन, निर्जीव प्रकृति में मानव का चैन से रहना सिर्फ़ एक सपना है। जयप्रकाश कर्दम जैसे समकालीन कवि इस चिन्ता को हमारे सामने रखते हुए कहते हैं कि 'मृत्यु सारे ग्रहों पर है, पर जीवन की रंगमयता केवल इस भूमि में मात्र बरकरार है।' अतएव समकालीन संकट की घड़ी में उभरने वाला ज्वलन्त सवाल यह है कि हम मृत्यु का वरण करें या जीवन का। इस बात को इस भाँति भी व्यक्त किया जा

सकता है कि आगामी पीढ़ियाँ सुख–शान्ति से रहें या न रहें। इससे लगता है कि पर्यावरणीय साहित्य का मूलभाव सबको निगलने के लिए तत्पर खड़ी मृत्यु का नितान्त निरोध–विरोध है। पर्यावरणीय संवाद के काल में रेचल कर्सन का नामोल्लेख किये बिना हम आगे नहीं जा सकते हैं। 1962 में आपकी अमर रचना 'साइलेंट स्प्रिंग' का प्रकाशन हुआ था। उसमें पूँजीवाद और तज्जन्य औद्योगिकीकरण के परिणाम स्वरूप विकसित जीवन परिस्थितियों का हवाला देते हुए आपका कहना यह है कि 'इस पृथ्वी की सारी चीज़ों पर मृत्यु की परछाईं छायी हुई है।' इस सावधानी से ऊर्जा ग्रहण कर विश्वभर के प्रकृति प्रेमी उद्बुद्ध हो उठे। कर्सन की चिन्ता भूगोल के नक्शे को बदलने में सफल हुई है। आपके द्वारा प्रसारित चेतना से प्रेरणा ग्रहण कर पर्यावरणीय आन्दोलन उभरे, साहित्य रचा गया, संस्थाएँ खड़ी की गयी, नयाचार निर्मित हुए, राजनीतिक दलों की स्थापना हुई, संविधान तक प्रकृत्योन्मुख होता गया।

प्रकृति के साथ सर्जनात्मक व द्वैतहीन सम्बन्ध की माँग करने वाले पर्यावरणीय साहित्य का अध्ययन करना समय की माँग है। आजकल एक विशिष्ट विमर्श का रूप धारण कर पर्यावरण विमर्श मानव समाज के 'सामान्य बोध' को निर्मित करने में योगदान दे रहा है। आशा है कि इससे मनुष्य की वैचारिकता में, अभिवृत्तियों में आमूल चूल परिवर्तन हो। इस अन्दाज़ में पर्यावरण साहित्य मानव की समूची वर्तमान संस्कृति के विमर्श का रूप धारण करता है। परिवर्तन की लहरें इस भाँति उठ रही हैं कि आज का मानव उसी भाँति प्रकृति/पर्यावरण को चाहता है, जैसे मरने वाला आदमी ज़िन्दगी को वापस चाहता है। ज़िन्दगी में फिर से वसन्त लाने का बीड़ा कुसाट ने उठाया है। मुझे पूरा विश्वास है कि मानव के जीवनावबोध को प्रकृति उन्मुख बनाने में कोच्चिन विज्ञान एवं प्रौद्योगिकी विभाग (कुसाट) के हरित अध्ययन केन्द्र की यह पहल सफल रहेगी।

कुसाट के कुलपति प्रोफ़ेसर के. एन. मधुसूदनन जी, हिन्दी विभाग की अध्यक्षा प्रोफ़ेसर अजिता जी, सिंडिकेट सदस्य आर. शशिधरन जी, विभाग के अन्य संकाय सदस्य, कार्यालय के कर्मचारी, विश्वविद्यालय के समस्त पदाधिकारियों, विभाग के शोधार्थियों, विद्यार्थियों के प्रति हरित अध्ययन केन्द्र विशेष रूप से इस अवसर पर आभार प्रकट करता है।

इस रचना को तैयार करने में और पाठ्य सामग्री को सुनियोजित व विस्तृत ढंग से सजाने में मित्र बन्धुओं का पूरा सहयोग मुझे मिला है। विशेष रूप से इस अवसर पर डॉ. सुप्रिया के. पी., शिगेश जी. एस. तथा अपर्णा ए. के प्रति सविनय आभार औपचारिकतावश व्यक्त करता हूँ।

इस आशा के साथ मैं अपने शब्दों को समेटना चाहता हूँ कि इस रचना का अध्येता प्रकृति के प्रति अनुरागात्मक सम्बन्ध अपनाएँ और प्रकृति को बचाने के संघर्ष में अपनी भूमिका निभाएँ।

—प्रभाकरन हेब्बार इल्लत

अनुक्रम

पर्यावरण का वर्तमान

प्रभाकरन हेब्बार इल्लत

Globalization is a calculated imperialist design of hegemonization in economic, political, ecological and cultural terrains threatening loss of economic self&reliance and political sovereignty, erosion of democratic structures and damaging of plural cultural identities-Not only this employment of protectionist policies, discriminatory trade conditions, direct intervention in the domestic affairs of LDCs regarding their intellectual property right amount to virtual trade war and destabilization of the fragile economies and strife-ridden policies of the latter-Globalism would remain an idle fancy in the absence of genuine internationalism that is egalitarian interaction between nations-Govind Prasad.

पर्यावरण शब्द आज का बहुचर्चित शब्द है। रवीन्द्र सिंह की राय में "पर्यावरण' शब्द परि+आवरण से बना है। पर्यावरण शब्द का शब्दकोशीय अर्थ होता है–आसपास या पास–पड़ोस। मानव जन्तुओं या पेड़–पौधों की वृद्धि एवं विकास को प्रभावित करने वाली बाह्य दशाएँ, कार्य प्रणाली तथा जीवन यापन की दशाएँ'' आदि इस परिकल्पना के अन्तर्गत समाविष्ट हैं। वी. एल. तेली के अनुसार 'पर्यावरण' शब्द प्रकृति से समानता रखने वाला शब्द है जिसके अन्तर्गत ग्रहीय पृथ्वी के भौतिक घटकों तथा, स्थल, वायु, जल, मृदा आदि को सम्मिलित किया जाता है जो जीव मण्डल

के विविध रूपों को आधार प्रदान करते हैं।" आधुनिक वैज्ञानिक धारणा के अनुसार पर्यावरण शब्द के अन्तर्गत प्रकृति के समस्त जैविक एवं अजैविक वस्तुएँ शामिल हैं या जीव–जन्तुओं के साकल्य को पर्यावरण की संज्ञा दी जा सकती है। पर्यावरण की आपसी क्रिया–प्रतिक्रियाओं से इस जगत में जीवन का क्रम आगे बढ़ जाता है। जब इस क्रम में स्वरभंग होता है, तब प्रकृति में समस्याएँ खड़ी होती हैं। व्यापक अवधारणा के अन्तर्गत पर्यावरण शब्द की अर्थसीमा में भौतिक तथा सामाजिक व सांस्कृतिक अवस्थाएँ भी शामिल हैं।

अंग्रेज़ी भाषा में 'एनविरोनमेंट' शब्द की व्युत्पत्ति 'एनविरोन' तथा 'मेंट' शब्दों के मेल से हुई है जिसका भी अर्थ अंग्रेज़ी भाषा में 'आसपास' या 'समीप' का होता है। पर्यावरण शब्द एक ऐसी संज्ञा है जिसके अन्तर्गत प्रकृति के कण–कण के बीच के पेचीदगी सम्बन्ध गर्भित हैं। 'परिस्थिति' शब्द जीव जन्तुओं का पर्यावरण के साथ सम्बन्ध को सूचित करने वाला शब्द है। इसके अन्तर्गत प्रकृति के प्रांगण में मानव के द्वारा बनाये गये अनगिनत ढाँचे भी आते हैं। पारिस्थितिकी तन्त्र एक ऐसा तकनीकी शब्द है जो किसी प्राणी के जीने लायक परिस्थिति एवं उसके आसपास के अन्य प्राणिजाल के विविध प्रकार के जैविक–अजैविक सम्बन्ध को सूचित करता है। पारिस्थितिकी विज्ञान परिस्थिति का वैज्ञानिक अध्ययन है। पारिस्थितिकी विज्ञान तो विभिन्न जीवराशियों का प्रकृति के साथ सम्बन्ध का वैज्ञानिक अध्ययन है। प्रजाति एक ख़ास वर्ग के प्राणि समूह को सूचित करने वाला अभिधान है, जो आपस में मिलकर बच्चों को जन्म देते हैं और अपने अनुवंश को आगे बढ़ाते हैं। प्रकृति भी व्यापक अर्थसीमा रखने वाला एक शब्द है जिसमें डॉ. राजशेखरन की राय में प्रपंच के समस्त जैविक व अजैविक वस्तु के आपसी एवं विरोधी सम्बन्ध, इन सम्बन्धों से उत्पन्न क्रिया–प्रतिक्रियाएँ समाविष्ट हैं।' इसके साथ ही साथ जीवराशि के जीने योग्य हवा, जल, थल की गुणवत्ता

भी 'प्रकृति' शब्द के अन्तर्गत अवश्य आते हैं। इसका वर्तमान आज के मानव के चिन्तन की धुरी में स्थित है।

वर्तमान काल में पर्यावरण एक बहुचर्चित शब्द है, क्योंकि आज के मानव के आगे हिमालय का रूप धारणकर पर्यावरणीय संकट उभर रहे हैं जो मानव मात्र नहीं, वरन् अन्य प्राणिजालों की जैविक अवस्थिति पर प्रश्न चिह्न लगा रहे हैं। इतिहास यह स्वीकार करता है कि आधुनिक काल मानव के इतिहास का ऐसा काल खण्ड है जहाँ ज्ञान–विज्ञान की अभूतपूर्व उन्नति हुई तथा तकनीकी का अतिशय विकास हुआ। आबादी की वृद्धि के परिणाम स्वरूप जीविका की बुनियादी ज़रूरतों की पूर्ति हेतु मशीनों की सहायता से, विज्ञान की विभूतियों की सहायता से प्रकृति के अतिशय शोषण प्रारम्भ हुआ, पहले वह सीमित मात्रा में था, लेकिन आजकल पूँजीवादी व्यवस्था के विकास के परिणाम स्वरूप उपयोग के स्थान पर उपभोग तथा मन्त्र संस्कृति के स्थान पर यन्त्र की संस्कृति विकसित हुई। मण्डी पर आधारित वर्तमान आर्थिक व्यवस्था निजीकरण, उदारीकरण, भूमण्डलीकरण की वजह से मज़बूत होती जा रही है। पूँजी की प्रक्रिया के विकास से मानव केन्द्रित मनुष्य की सांस्कृतिक चेतना लुप्त होने लगी है। उदारीकरण प्रकृति का शोषण कर मुनाफ़ा जुटाता है और बड़े–बड़े उद्योगपति अपनी उन्नति हासिल करते हैं।

भूमण्डलीकरण का प्रभाव भी बढ़ता जा रहा है। समस्त संसाधनों को इने–गिने लोगों की मुट्ठी में भरने की मेहनतें हो रही हैं। इस व्यवस्था के विकास से दुनिया के किसी राष्ट्र में होने वाली सामान्य तब्दीली भी जगत के किसी दूसरे कोने में स्थित लोगों पर असरदार सिद्ध होती है। मानव के समस्त विवेक को नष्ट कर वस्तु आधिपत्य की प्रभुता बढ़ती जा रही है। मशीनी संस्कृति के विकास से मानव जीवन में सुखवाद का चरम विकास हो रहा है। क्योंकि मशीन तो मानव की शारीरिक क्षमता को बचाती है।

आधुनिक काल में 5–15 जून, 1972 में स्वीडन के स्टॉकहाम में पर्यावरण शिखर सम्मेलन सम्पन्न हुआ था। इसमें पर्यावरण पर आघात पहुँचाने वाले विविध कारणों पर चर्चा–परिचर्चा हुई और इस आधार पर अनेक क़ानून विश्व के अनेक राष्ट्रों में बनाये गये। यह शिखर सम्मेलन तो 30 जुलाई, 1968 को संयुक्त राष्ट्र संघ द्वारा जारी किये गये प्रस्ताव पर बुलाया गया था और उसमें कहा भी गया था कि पर्यावरणीय समस्याओं की चर्चा के लिए अन्तर्राष्ट्रीय स्तर पर एक बैठक शीघ्र बुलायी जाये। इसके पश्चात् ब्रसील के रियोदी जेनेरिओं में 1992 में 'भौम शिखर सम्मेलन' सम्पन्न हुआ जिसमें पूर्व प्रधानमन्त्री श्री नरसिंहराव ने भारत का प्रतिनिधित्व किया था। कहने का तात्पर्य यह है कि 1970 के आसपास से ही पारिस्थितिक विध्वंस को लेकर मानव के मन में चिन्ता की रेखाएँ उठ खड़ी हुई थीं। इस अवबोध के विकास के परिणाम स्वरूप भारतीय क़ानूनी व्यवस्था में भी अनेक नियम, अधिनियम बनाये गये जिससे क़ानूनी तौर पर पर्यावरण ध्वंस को रोका जा सकें। भारतीय संविधान के अनुच्छेद 48ए के अनुसार पर्यावरण संरक्षण सरकार का कर्तव्य है। इसी भाँति अनुच्छेद 53, 54 के तहत स्वस्थ रूप से जीने की सुरक्षा का क़ानूनी प्रबन्ध किया गया है। 1860 के अपराधी क़ानून के अनुसार तालाब आदि पानी के स्रोतों को दूषित करना अपराध माना जायेगा। भारतीय संविधान के अन्तर्गत भारतीय संसद की ओर से जल अधिनियम (1974), पर्यावरण सुरक्षा अधिनियम (1986), वन संरक्षण अधिनियम (1972), पर्यावरण सुरक्षा अधिनियम (1986), वन संरक्षण अधिनियम (1980), पर्यावरण समाशोधन अधिनियम (2006), राष्ट्रीय पर्यावरण ट्रिब्यूनल अधिनियम (1995), वन नियम (2003), जैव वैविध्य अधिनियम (2000) आदि पारित हुए। इससे व्यक्त होता है कि एक विशेष प्रकार की जागृति का विकास 1970 के बाद स्पष्टतः देखा जा सकता है और यह जागृति जीवन के विविध क्षेत्रों में पर्यावरण अवबोध के विकास का कारण बन गयी।

प्रकृति के विभिन्न जीव–जन्तुओं के साथ प्रकृति का सम्बन्ध अत्यधिक सूक्ष्म है। नेत्रजन के उत्पादन के लिए बैक्टीरिया जैसे अणुजीवियों की सेवा चाहिए। चावल के उगने के लिए नेत्रजन एक अत्यन्त उपयोगी वस्तु है। नेत्रजन के अभाव में चावल की पैदाइशी नहीं होती, चावल नहीं है तो मानव अपनी भूख कैसे दूर करेगा। इसका अंज़ाम है–ग़रीबी, बीमारी व मृत्यु। मानव लाभ के लोभ में प्राकृतिक संसाधनों को निकालकर कारखाने आदि खड़ा करता है जिसके परिणामस्वरूप अन्तरिक्ष में कॉर्बन की मात्रा बढ़ती जा रही है। कॉर्बन की वजह से धरती में गर्मी बढ़ती जा रही है। पहले तो, अर्थात् 1969–71 के दौरान भूगोल का औसत तापमान 13.99 था तो 1998–2000 के दौरान इसकी औसत 14.43 हो गयी है। गर्मी के अधिक होने से ध्रुव प्रदेशों की बर्फ पिघलने लगी है तो तद्नुसार समुद्र का जल–स्तर बढ़ने लगा है, इससे समुद्र तटीय इलाके़ में पानी चढ़ जाता है, शुद्ध जल नमकीन हो जाता है, साथ ही पर्यावरण पलायन शुरू होता है, पर्यावरण शरणार्थियों की संख्या बढ़ती है। वैज्ञानिकों की राय में गर्मी की प्रतिशत पिछली शताब्दी की तुलना में बढ़ती जा रही है। यह हमारे लिए ख़ुश ख़बरी नहीं।

शहरीकरण, आबादी, औद्योगिकीरण आदि की वजह से हवा, मिट्टी, जल सब प्रदूषित हो रहे हैं। प्रदूषण से प्राणियों की जैव व्यवस्था बिगड़ जाती है। अनुसंधान द्वारा यह प्रमाणित हो गया है कि 1990 के बाद बच्चों में कैंसर की दर बढ़ गयी है। आजकल के बच्चों के शरीर में 300 से ज़्यादा रासायनिक पदार्थ घुस गये हैं। एंडोसल्फान जैसे रासायनिक पदार्थ जनितकीय रचना में भी परिवर्तन करने में सक्षम है। वन नाशीकरण ही उत्तर भारत के बाढ़, सूखा, भूस्खलन आदि का कारण है। हम अपनी प्रजाति के विरुद्ध, अपराध कर रहे हैं। इससे हमें अपने को, अपनी प्रकृति को बचाना है। प्रकृति की तन्दुरुस्ती मानव की भलाई के लिए तथा जीविका के लिए अनिवार्य है।

प्रकृति का जैववैविध्य नष्ट होता जा रहा है। वह तो अमूल्य सम्पत्ति है। इस अमूल्य सम्पत्ति के अन्तर्गत काई, फुंजी, परमाणु आदि तक आते हैं जो हमारे जीवन की बुनियाद हैं। यदि हम उसको बचाते हैं तो वर्तमान की मात्र नहीं भविष्य की आवश्यकताओं की पूर्ति कर पायेंगे। पर्यावरण विध्वंस का प्रत्यक्ष प्रभाव समाज के निम्नस्तर के लोगों पर पड़ता है। यह भी स्मर्तव्य है कि मानव की सभ्यता एवं संस्कृति के भव्य भवन का आधार यही जैव वैविध्य है। यदि एक बार ये अमूल्य संसाधन नष्ट हो जायेंगे तो उसे पुनः प्राप्त करना असम्भव हो जायेगा।

प्रकृति रत्नगर्भा है। प्रकृति के विभिन्न संसाधनों का उपयोग कर समस्त जीवराशि अपना जीवन आगे बढ़ाती है। इस जगत में परमाणु से लेकर सब आपस में सुसम्बन्धित हैं। एक श्रृंखला की कड़ियों की भाँति सब इस चाक्रिक गति में आबद्ध हैं। प्रकृति के ये मज़बूत सम्बन्ध मानव के विभिन्न कार्यकलापों के जरिये बिगड़ जाते हैं, इसका कारण भौतिक सुख–सुविधाओं को जुटाने की लोभ वृत्ति है। इस अन्धी दौड़ में मानव परिस्थिति की विभिन्न इकाइयों को जख़्म कर देता है। निर्वनीकरण, खनन, उत्खनन, प्रदूषण आदि के माध्यम से मानव प्रकृति के जैविक एवं अजैविक पदार्थों को हानि पहुँचाता रहता है। औद्योगिकीरण के बढ़ने से, प्राकृतिक संसाधनों के वैविध्य का सत्यानाश हो रहा है। पेट्रोल, डीज़ल इत्यादि के जलने से कॉर्बन की मात्रा अन्तरिक्ष में बढ़ रही है। बाँध की वजह से विस्तृत भूभाग की मृदा, जैव वैविध्य सदा–सदा के लिए दूर हो जाते हैं तथा इसका प्रभाव भूमि के उपरितल पर पड़ता भी है। समुद्र के प्रदूषण से समुद्र की सारी सम्पत्ति मिट जायेगी। इससे मानव के सामने महासंकट अवश्य उपस्थित हो जायेगा, क्योंकि समुद्र एक बड़ी पारिस्थितिकी तन्त्र है। समुद्र के संसाधन के नष्ट होने से ग़रीबी यहाँ नाच उठेगी। राचल कर्सन की राय में प्रदूषण प्रकृति पर मानव के अधिक्रमण का घातक प्रभाव है। यदि हम प्राकृतिक संसाधन को बचाने

का यत्न नहीं करेंगे तो इस भूतल से, इस स्वर्ग में किसी का नामोनिशान नहीं रहेगा। हम प्रकृति के विरुद्ध युद्ध की घोषणा करते हैं। प्राकृतिक संसाधनों की कमी के इस युग में हम उसकी प्राप्ति के लिए आपस में लड़ने में लगे हुए हैं।

आबादी की वृद्धि वर्तमान प्राकृतिक संसाधनों के विनाश का कारण है। कहा जाता है कि अस्सी वर्षों में वर्तमान आबादी दुगुनी हो जायेगी। इस दुगुनी आबादी की बुनियादी आवश्यकताओं की पूर्ति कैसे की जायेगी। यह मानव के लिए चिन्ता का विषय है। हम तो विकास का नारा लगाकर सभी प्राकृतिक संसाधनों को नष्ट–भ्रष्ट कर रहे हैं। यहाँ तक कि पेड़ों की गरिमा–महिमा तक को हम पहचानते नहीं। एक पेड़ तो मानव को प्राणवायु प्रदान करता है, भूक्षरण रोकता है, अन्तरिक्ष की नमी बनाये रखता है, प्रदूषण रोकता है। अन्य जानवरों को बसेरा प्रदान करता है, खाद्य पदार्थ प्रदान करता है। प्रीतिपाल सिंह का कथन है कि यदि एक पेड़ पच्चास वर्ष तक रहेगा तो उसकी सेवा का मूल्य आज की दर से रु. 15,70,000 हैं। यह सच है कि मानव अपने जीवन में प्रतिकूल परिस्थितियों का सामना करने के लिए भी प्रकृति का ही इस्तेमाल करता है। पानी के स्थान पर वह किसी दूसरी वस्तु का इस्तेमाल नहीं कर पायेगा। वह तो जीवन का आधार है, हवा जीवन का राग है, मिट्टी उसका ताल है। अतः इन सबकी सुरक्षा के लिए पर्यावरण को स्वस्थ एवं सुन्दर बनाने के लिए हमें कमर कसकर कार्यक्षेत्र में उतरना चाहिए। पर्यावरण दिवस (जून 5), जल दिवस (मार्च 22), वन दिवस (मार्च 21), पर्वत दिवस (दिसम्बर 31), ओसोन दिवस (दिसम्बर 16) आदि मनाने से मात्र प्राकृतिक संसाधन का बचाव नहीं होगा। उसके लिए हमारे मन में नवीन पर्यावरण अवबोध की सुगन्ध फैल जाये।

उपभोग संस्कृति तो औद्योगिकीकृत पूँजीकृत समाज व्यवस्था का लक्षण है। मण्डीकृत अर्थ व्यवस्था मानव के मन में उपभोग की अतीव तृष्णा जगाती रहती है, ताकि वस्तुओं तथा उत्पादों की

बिक्री सुगम हो जाये तथा पूँजी निवेशकों को लाभ की प्राप्ति भी हो जाये। एक प्रकार से उपभोग तो बहुतायत मानव जीवन को कष्टसाध्य बनाता है और वह प्रकृति के संसाधनों को नष्ट कर देता है। बाज़ारी व्यवस्था में जिसके पास खरीद की ताकत नहीं है, वह पीछे खिसक जाता है। भूमण्डलीकृत वर्तमान में सबका नज़ारा मण्डी पर केन्द्रित है, उत्पादन पर केन्द्रित है तथा धन ही उसका आधार है। इसका सम्बन्ध प्रत्यक्ष रूप से आडम्बरपूर्ण जीवन पद्धति से है। बाज़ारी उत्पादों का भी आधार प्रकृति में उपलब्ध बहुविध संसाधन हैं। उद्योग की वृद्धि के लिए पानी चाहिए, स्थल चाहिए और विविध प्रकार के जैविक–अजैविक साधन चाहिए। उपभोग की तरक्की के साथ जल, थल, हवा का प्रदूषण भी स्वाभाविक रूप से हो जाता है। औद्योगिकीकृत समाज में मानव के विविध क्रिया–कलाप प्रदूषण से अभिन्न रूप से जुड़े हुए हैं। उपभोग की वस्तुएँ भी प्रदूषण के कारण अवश्य हो जाती हैं। यह सर्वस्वीकृत है कि उपभोग के विकास के लिए उत्पादन की ज़रूरत है तथा मण्डी की भी। इसके लिए खेती और अन्य फ़सलों को बड़े पैमाने पर उत्पादित करने के लिए कृत्रिम रासायनिक पदार्थों का इस्तेमाल किया जाता है। इससे पर्यावरण का प्रदूषण अवश्य हो जाता है। मानव को अवश्य ही उपभोग को त्याग कर उपयोग के सच्चे रास्ते पर उतरना चाहिए। हम सरल जीवन और उच्च विचार अपनाकर पर्यावरण और परिस्थिति को बचाने का दृढ़ संकल्प लें। जैव वैविध्य को बचाएँ ताकि वर्तमान और आगामी पीढ़ी के चेहरे पर ख़ुशी की लहरें तरंगायित हो जाएँ।

यह इतिहास सम्मत बात है कि चौदहवीं शताब्दी में पूँजीवाद का विकास हुआ। 1492 में कोलंबस अटलांटिक महासागर को पारकर अमेरिका गया तो उपनिवेश का भी दौर प्रारम्भ हुआ। इससे यूरोप के अनेक राष्ट्र विश्व के विविध देशों को अपना उपनिवेश बनाना शुरू किया, साथ ही वहाँ की सारी सम्पत्ति

लूटने की भी योजना बनायी। फरदानक ब्रादल ने ठीक ही कहा है कि विश्व भर की सम्पत्ति के हस्तगत होने से यूरोप निवासियों को पूँजीनिवेश करने की ताक़त प्राप्त हुई। इससे औद्योगिक क्रान्ति भी हुई, तद्वारा उत्पादन में वृद्धि हुई। ढेर लगे उत्पाद को बेचने की मण्डी की तलाश भी इससे शुरू हुई। विश्व भर इंग्लैंड एवं यूरोप का उपनिवेशीकरण मज़बूत होता गया। इस काल में हुए ज्ञान–विज्ञान की प्रगति ने शोषण के तन्त्र को और कारगर सिद्ध किया। प्रकृति के संसाधन को इन पूँजी निवेशकों ने अपनी आर्थिक एवं भौतिक उन्नति के हित में इस्तेमाल करने का कार्यक्रम भी तैयार किया। बड़ी–बड़ी मशीनें तैयार हो गयी तथा अनेकानेक कारख़ाने खड़े किये गये। इसका सख़्त प्रभाव पर्यावरण पर भी पड़ा। ऐसा लगता है कि प्राकृतिक संसाधनों के शोषण की भीषणता की वजह से मानव ख़ुद अपनी प्रजाति को इस धरती से हटा देगा।

औद्योगिकीकरण का मतलब यन्त्र के माध्यम से उत्पादन है। उत्पादन तो मण्डी का अनिवार्य अंग है। उत्पादन की वृद्धि से तात्पर्य यन्त्र संस्कृति के विकास से है जो मूलतः प्राकृतिक दोहन पर ज़ोर देता है। यह तन्त्र मुनाफ़े पर आधारित है। यन्त्र–औद्योगिकीरण–पूँजी निवेश की गति ज्ञान–विज्ञान तथा तकनीकी के विकास से और मज़बूत हो गयी। इसका घातक प्रभाव पर्यावरण की तन्दुरुस्ती को उजाड़ रहा है। यदि औद्योगिकीरण सम्भव नहीं हुआ होता तो शायद प्रकृति के संसाधनों का शोषण कर अमित उत्पादन करने का अवसर पूँजीपतियों को प्राप्त नहीं होता। प्रकृति पर आधिपत्य स्थापित करने का मौक़ा मानव को प्राप्त नहीं होता। औद्योगिकीरण के अतिशय विकास का कारण क्या है? एक ओर असमानता का भीषण ताण्डव, सम्पत्ति का केन्द्रीकरण, तथा प्राकृतिक सम्पत्ति का घोर विध्वंस। मानव को यन्त्र संस्कृति से उपलब्ध भौतिक विकास पर अंकुश लगाना ही चाहिए।

पूँजीवाद, औद्योगिकीकरण और यन्त्र संस्कृति आपस में सम्बन्धित हैं। पूँजीवाद असल में व्यक्ति केन्द्रित दर्शन है जो उत्पादन पर आधारित है तथा अर्थ केन्द्रित है। पूँजीवाद मण्डी की शक्तियों की सहायता से मानव के पास नवीन आवश्यकताओं का सृजन करता है, रुचियों में परिवर्तन करता है, सांस्कृतिक हस्तक्षेप करता है। अपनी साज़िशों के बल पर लाभ का हिमालय खड़ा करता है। वह सम्पूर्ण जगत को मण्डी के रूप में तब्दील करता है। वह एक प्रकार से माल की स्वतन्त्र बिक्री सुनिश्चित करता है तथा सीमाहीन व्यवस्था की वकालत भी करता है। इससे विश्वभर के साथ व्यापक सम्बन्धता की श्रृंखला स्थापित होती है। भूमण्डीकरण का जन्म पूँजीवाद की कोख में हुआ है। दूसरे विश्वयुद्ध के बाद भूमण्डलीकरण की तीव्रता बढ़ती गयी। मानव जीवन के विविध आयामों पर प्रभाव डालकर विश्व बाज़ार के प्रभाव से सांस्कृतिक परिवर्तन ने तेज़ रफ़्तार पकड़ ली है। हमारे मूल्य, दर्शन, आदर्श सब अदल–बदल रहे हैं। इसका प्रभाव मानव जीवन के सामाजिक पक्षों तक मात्र सीमित नहीं, बल्कि पारिस्थितिकी पर भी पड़ा है। लाभ केन्द्रित दृष्टिकोण अपनाकर प्रकृति के सीमातीत संसाधनों का शोषण कर उत्पादन में वृद्धि करके पूँजी निवेशक अपना स्वार्थ निभाते हैं। उनका धर्म धन है, उनका लक्ष्य लाभ है, लेकिन इन सबका आधार प्रकृति है, इसका परिणाम पर्यावरण का नाश है।

औद्योगिक क्रान्ति से विलायत में पूँजी बढ़ती गयी और भूमण्डलीकरण की प्रक्रिया तथा पूँजीवाद इसी पूँजी का विस्तार मात्र है। साम्राज्यवाद औद्योगीकृत पूँजी का दूसरा चेहरा मात्र है। पूँजीवाद का वर्तमान लक्ष्य यह है कि वह सबको अपनी मुट्ठी में बाँधने की कोशिश में लगा हुआ है। इससे विषमता का विष फैल जाता है। सम्पत्ति का स्वतन्त्र विनिमय सम्भव होता है। पूँजीवाद के विकास के साथ–साथ प्रकृति का सन्तुलन बिगड़ने लगा है।

धरती पर जीवन की शोभा लुप्त होने लगी है। पर्यावरण के नाश का मूलभूत कारण औद्योगीकृत वेस्ट है। आँकड़े यह बताते हैं कि पारिस्थितिक प्रदूषण भूतापन के ज़िम्मेदार, विश्व के औद्योगिकीकृत राष्ट्र हैं। अब हमें अन्य विकल्पों की तलाश की आवश्यकता है जिससे हम वर्तमान और भविष्य को पारिस्थितिक दुर्घटनाओं से बचा सकें।

कहा गया है कि प्रदूषण की दर दिन–ब–दिन बढ़ती जा रही है। पानी, हवा, मृदा आदि पल–पल प्रदूषित होते जा रहे हैं। अक्तूबर 2004 में सम्पन्न कोयरो अन्तर्राष्ट्रीय विकास सभा में यह बताया गया है कि शुद्ध जल के अभाव से रोगग्रस्त होकर हर साल विश्व भर में 20 लाख बच्चे मर जाते हैं। इसमें कोई सन्देह नहीं है कि अट्ठासी प्रतिशत बीमारियों का मूल कारण शुद्ध जल का अभाव है। पानी को प्रदूषित करने का श्रेय मनुष्य को ही जाता है। औद्योगिक, घरेलू एवं अन्य आवश्यकताओं के लिए पेड़ काटे जाते हैं। जंगल का प्रतिशत कम होता जा रहा है। जानवर प्रकृति को कलुषित नहीं करता। मानव अपने हस्तक्षेप से प्रकृति की सुन्दरता को नष्ट–भ्रष्ट कर रहा है। नदी के पानी के दूषित हो जाने पर समुंदर की समस्त जैव सम्पन्नता नष्ट होती जा रही है। मानव के हस्तक्षेप से कहा जाता है कि अमरीका की कोलराडो नदी, भारत की गंगा नदी आदि नदियाँ गर्मियों में समुन्दर तक नहीं पहुँच पाती हैं।

खेती भी एक प्रकार से प्रकृति–विरोधी है, पर्यावरण विरोधी है। सुमेरियन संस्कृति का नाश खेती की वजह से हुआ है। वहाँ के लोग खेती करने के लिए बाँध बाँधकर पानी बटोरते थे। इससे धरती के पानी का स्तर बढ़ गया है। इससे अगाध जड़वाली फसलें ख़त्म हो गयी। पानी के स्तर के बढ़ने से वाष्पीकरण के कारण पानी के लवण पदार्थ मिट्टी में जम गये और इसके परिणाम स्वरूप धीरे–धीरे मिट्टी बंजर होती गयी,

संस्कृति के चिन्ह हौले–हौले मिटते गये। मानव संस्कृति के पतन में प्रकृति विरोधी खेती का योगदान भूला नहीं जा सकता। पसफिक समुद्र के ईस्टर द्वीप के निवासी नाव बनाने के लिए बड़े–बड़े पेड़ काटते रहते थे। इससे जंगल का सम्पूर्ण नाश हो गया। इसके परिणामस्वरूप जीवन का नामोनिशान भी वहाँ से हट गया। दो जून की रोटी के लिए लोग वहाँ से भाग गये। प्रकृति का प्रदूषण समस्त पेड़–पौधों को, प्रकृति को जलवायु को आघात पहुँचाता है। स्पेडिंग जैसे विद्वान वायु प्रदूषण के कारणों के रूप में मानव के क्रिया–कलापों को ही स्वीकार करते हैं। मणिवासकन जैसे विद्वान भी इसका समर्थन करते हैं। वे सिद्ध करते हैं कि जल प्रदूषण से जल की नैसर्गिक प्रकृति प्रतिकूल हो जाती है और इससे जीवन की अवस्थिति में दिक्कतें खड़ी होती हैं। विविध प्रकार के पर्यावरण प्रदूषण से आहत होकर आजकल मानव स्थायी विकास की चर्चा कर रहा है। पारिस्थितिकी तन्त्र एवं पर्यावरण का संरक्षण ही इस सोच का आधार है। वसुन्धरा में मानव एवं अन्य प्राणियों को आराम से जीने के लिए स्वस्थ परिस्थिति का निर्माण अत्यन्त अपेक्षित है। भूतापन में ग्रीन हाउस इफेक्ट की भूमिका वैज्ञानिक लोग स्वीकार करते भी हैं। वननशीकरण एवं कार्बणीकरण की इस दुनिया में गर्मी की वृद्धि एकदम स्वाभाविक है। नासा के वैज्ञानिक भी इस तथ्य को कबूल करने में हिचकते नहीं कि प्रकृति का स्वाभाविक सन्तुलन तहस–नहस हो चुका है।

आज मानव का अतिक्रमण प्रकृति पर अवश्य हो रहा है। एम.टी. मुरली जैसे विद्वानों की राय में मानव के हस्तक्षेप से प्रकृति में जो हादसे हो जाते हैं उन्हीं को प्राक़ृतिक दुर्घटनाएँ कह सकते हैं। मानव अपनी लोभ–लिप्सा से प्रेरित होकर मशीनों के बल पर जब प्रकृति का नाश करता रहता है तब जीवन रूपी पंछी वहाँ से उड़ जाता है। धरती की उपजाऊ शक्ति ग़ायब हो जाती है, रोग सिर दिखाने लगते हैं और भीषण प्रकोप नागिन

सी रेंगने लगते हैं। दूसरे विश्वयुद्ध के समय दुनिया को परमाणु हथियारों की ताक़त का परिचय हुआ। लाखों लोग इससे मर गये। लाखों की तादाद में मानव अपाहिज हो गये, बीमारों के दास बन गये। इसके पश्चात् परमाणु संयन्त्रों के विस्फोट से चेर्नोबिल एवं त्रीमेल दुर्घटना घटित हुई जिससे पर्यावरण एवं मानव की हानि हुई। आजकल विकसित राष्ट्र नये परमाणु संयन्त्र नहीं खोल रहे हैं। जो कार्यरत हैं उसको बन्द करने की योजना बना रहे हैं। लेकिन विकासशील राष्ट्र पाश्चात्य तकनीकी का अन्धानुकरण कर उस अनुपयोगी एवं अवैज्ञानिक तन्त्र की विभूति को छोड़ने के लिए तैयार नहीं है। इससे ऐसे राष्ट्र अप्रत्यक्ष रूप से आपदाओं को न्योता दे रहे हैं। 28 मार्च, 1979 को अमेरिका में त्रीमेल दुर्घटना घटित हुई। शीतीकरण प्रक्रिया के ख़राब होने से हाइड्रोजन विस्फोट हो गया था। कहा जाता है कि इससे बारह लाख से ज़्यादा लोग वहाँ से भाग खड़े हुए थे, हज़ारों लोग रोगग्रस्त हो गये थे। जनितकीय परिवर्तन की वजह से शारीरिक विकार के शिकार हुए। 26 अप्रैल, 1986 को चेर्नोबिल परमाणु दुर्घटना हुई जिसमें संयुक्त राष्ट्र संघ की रिपोर्ट के अनुसार चार हज़ार लोगों की मृत्यु हो गयी। उक्रेन सरकार की रिपोर्ट के अनुसार इस दुर्घटना से पच्चीस हज़ार लोग गुज़र गये थे तथा तीस किलोमीटर प्रदेश के लोग इससे प्रभावित हुए। इसी प्रकार 1947 में हैकर केवीएल्स एण्ड प्लास्टिक कम्पनी ने बीस हज़ार टन विषैले पदार्थ को नयाग्रा नदी में बहा दिया तो क्या बतायें, इसका फल आज भी उस इलाक़े के लोग भुगत रहे हैं। 30 दिसंबर, 1984 कौ भोपाल दुर्घटना ग्रस्त हो गया। यूनियन कार्बाइड कम्पनी से मीथेल आइसोसाइनेड बाहर आ गया तो वहाँ मृत्यु का नृत्य रच गया। इसके बाद 1986 में सांटोस दुर्घटना से रैन नदी वीरान हो गयी। हाल ही में 13 नवंबर, 2005 में जूलियन कारखाने में भी दुर्घटना हुई जिससे

प्रकृति एवं मानव का भारी नुकसान हुआ। दुर्घटना छोटी हो या बड़ी इससे पर्यावरण एवं जैव–अजैव राशियों का नाश अवश्य होता है और हो रहा है। युद्ध के भीषण प्रकोप से भी प्रकृति का नाश आजकल हो रहा है। अफ़गानिस्तान, इराख़ जैसे युद्धों की वजह से एक ओर पूँजीपति अपना स्वार्थ निभाते हैं तो दूसरी ओर प्रकृति की गोद को खाली करते चले जाते हैं, प्रकृति की लयात्मक चाक्रिकता इससे भंग होती है।

2010 जैव वैविध्य वर्ष है। हम दृढ़ संकल्प लेकर आगे बढ़ते हैं कि जैव वैविध्य जो जीवन का आधार है उसको बचाये रखने की कोशिश करें। पर्यावरण संकट के इस युग में 01–1 प्रतिशत तक जैव वैविध्य प्रतिवर्ष नष्ट होते जा रहे हैं। मानव एक ऐसा प्राणी है जो अन्य प्राणियों के नाश का कारण बन जाता है। 1985 में वाल्टर जी. रोजन ने जैव वैविध्य शब्द का इस्तेमाल पहली बार किया। वैज्ञानिक लोग यह बताते हैं कि विश्व भर अभी तक उन्नीस लाख प्राणिजाल का नामकरण मात्र किया गया है। उनका कहना हैं कि अन्तरिक्ष के चालीस किलोमीटर तक जीव का रंग अवश्य है। जैव वैविध्य की कमी से जैविक क्षमता कम हो जायेगी। जनितकीय घटकों में परिवर्तन के माध्यम से जैव वैविध्य आता है जो मानव के लिए अत्यन्त उपयोगी है। भारतीय आयुर्वेद चिकित्सा पद्धति में एक हज़ार दो सौ से ज़्यादा पेड़–पौधों, जड़ी–बूटियों का इस्तेमाल किया जा रहा है। यदि वे उपलब्ध नहीं हैं तो मानव बीमारियों से कैसे मुक्त हो पायेगा? वैविध्य के नाश को सूचित करने के लिए नार्मन मायर्स ने 1988 में 'गरम केन्द्र' शब्द का इस्तेमाल किया। इसके संरक्षण का प्रयास किया जा रहा है। आगे कोस्टान्सा ने पारिस्थितिकीय मूल्य नामक परिकल्पना विकसित की तथा इस आधार पर एक दलदल की मूल्यवत्ता 6, 80,110 रुपये के बराबर मानते हैं। उनकी राय में विश्व भर तैंतीस ट्रिल्यन जैव

वैविध्य हैं जिसका मूल्य सम्पूर्ण विश्व बजट का 14,785 गुना है। आई.पी.सी.सी. 2007 की रिपोर्ट के अनुसार ईंधनादि के अमित उपभोग से जैव विविधता में कमी आ गयी है। रिपोर्ट के अनुसार दशमलव आठ प्रतिशत की दर से गर्मी बढ़ती जा रही है। अब तक दुनिया में दो डिग्री सेल्सियस की वृद्धि हुई है। यदि गर्मी की वृद्धि छह डिग्री सेलशियस तक बढ़ जायेगी तो सम्पूर्ण धरा रेगिस्तान हो जायेगी। वातावरण में कॉर्बन डाई ऑक्साइड की मात्रा की अधिकतम सीमा तीन सौ पच्चास पी.पी.एम. है, लेकिन अब उसकी दर तीन सौ सत्तासी पी.पी.एम. है। अतः मानव को सावधानी से काम लेना चाहिए। यदि एक बार जैव वैविध्य का नाश हो गया तो उसे फिर से पाने के लिए लाखों साल लग जायेंगे। जो सुविधा, जो सौजन्य, जो वरदान हम प्रकृति से ले रहे हैं वह हजारों वर्षों तक की कमाई है। उसको ध्वस्त करने में पल भर का समय काफ़ी है। जैव वैविध्य के अभाव में मानव की समस्त उपलब्धियाँ रेत के ढेर मात्र रह जायेंगी। जैव वैविध्य जीवन की विविधता का पर्यायवाची शब्द है। इसके अन्तर्गत विविध प्रजाति, पर्यावरण तन्त्र शामिल हैं। पारिस्थितिकी तन्त्र के नाश से जैव वैविध्य का नाश अवश्य हो जायेगा। जैव वैविध्य मानव जीवन की बुनियाद है जिसका बचाव मानव की वर्तमान माँग है।

पर्यावरण दर्शन का आधार मृत्यु का निरोध है, अमानवीयता का विरोध है। वह दर्शन सैंकत के कण–कण में विश्व को देखने की शिक्षा देता है, फूल में स्वर्ग देखने की कला सिखाता है। प्राकृतिक शक्तियों को सम्प्रीत करने का मतलब यही है कि प्रकृति के ऊपर हस्तक्षेप या अतिक्रमण न करके सरलता की, सहज ज़िन्दगी बिताएँ। प्राकृतिक शक्तियों की पूजा का दूसरा अर्थ यह है कि प्रकृति के वैभव को सम्पन्न बनाने के कार्यों में जुट जायें।

(2)

हम जिस आर्थिक व्यवस्था में ज़िन्दगी बिता रहे हैं, उसमें यह काम कठिन अवश्य है, पर हमारा आदर्श ऊँचा रहना चाहिए। हम पहाड़ की चोटी तक न पहुँच सकते तो कहीं तक तो पहूँच ही जायेगे जो ज़मीन पर पड़े रहने से कहीं अच्छा है। प्रेमचन्द भाषा मानव की बुनियादी पहचान है। यदि भाषा नामक औज़ार मानव को प्राप्त नहीं हुआ होता तो मानव को अन्य प्राणियों की तरह प्राकृतिक संचेतनाओं के बल पर जीवन चलाना पड़ता। भाषा मानव के संचित अनुभूतियों को/स्मृतियों को सुरक्षित रखने की प्रतीकात्मक–ध्वन्यात्मक व्यवस्था का ही दूसरा अभिधान है। प्रकृति में विद्यमान नानाविध पदार्थ विविध रूप–नामादि ग्रहणकर भाषा की प्रतीकात्मक व्यवस्था का हिस्सा बनकर मानव की आन्तरिक दुनिया में समानान्तर एक दुनिया का सृजन करते हैं। बाह्य भौतिक पदार्थ ही आन्तरिक दुनिया या बोध/विचार का निर्माण करता है अर्थात् भौतिक पदार्थ शब्द का रूप धारण करता है। प्रारम्भिक स्तर पर यह शब्द प्रतीक स्थूल एवं मूर्त तत्त्वों का प्रतिनिधित्व करता है, पर आत्मसत्ता के विकसित होने के अनुरूप वह सूक्ष्म एवं अमूर्त भावों को व्यंजित करने के माध्यम के रूप में बदल जाता है। इसका आशय यह हुआ कि प्रकृति या पर्यावरण के परिवर्तन के अनुरूप भाषा का कलेवर बदलता चला जाता है। इसके साथ–साथ भौतिक यथार्थता भी परिवर्तित होने लगती है, क्योंकि भाषा का स्वरूप भौतिक जगत के अनुरूप ही संरचित होता है। इस भाषिक संरचना में मानव के वैचारिक तत्त्व का कोड़ीकृत रूप अन्तर्निहित है। कुँवर नारायण के लिए 'शब्द कर्मों की भूमिका है।' उनके ही शब्दों में– ''मैं पहले सोचता हूँ/ अतः शब्द हूँ/यही मेरे कर्मों की भूमिका है।'' भाषा की प्रतीकी व्यवस्था इसलिए विचारों की कोड़ीकृत व्यवस्था का रूप धारण करती है। इस विचार के अनुरूप मानव का सर्जनात्मक कार्य

नियन्त्रित होता है। यही सर्जनात्मकता मानव की सामाजिक संरचना का ढाँचा खड़ी करती है। यह मानव की अस्मिता का आधार बन जाता है चाहे भाषा मानव की सटीक अनुभूति में बिखराव पैदा करती हो।

मानव अपनी भावनाओं की सटीक, सार्थक अभिव्यक्ति के लिए प्रकृति के उपादानों का आसरा ग्रहण करता है। विभिन्न जीव–जन्तुओं की आवाज़ें अनुरणनात्मक शब्द का रूप धारणकर भाषा में प्रयुक्त होती हैं। इसी प्रकार अपनी अभिव्यक्ति की पूर्णता के लिए उपमानों के रूप में प्रकृति के विभिन्न जीव जन्तुओं, पेड़–पौधों या वस्तुओं का उपयोग किया जाता है। इसलिए 'पत्थर' शक्ति का, 'फूल' सुन्दरता का, 'आसमान' विस्तार का, 'समुद्र' गम्भीरता का भाव ग्रहण कर हमारे सामने अवतरित होते हैं। यह मानव की सर्जनात्मक या कल्पनात्मक कार्य–व्यापार का नतीज़ा है। कल्पना का विस्तार मानव की अपनी चेतना का विस्तार है। इस ढंग से मानव अपनी जीवन व्यवस्था के समानान्तर भाषिक व्यवस्था का निर्माण करता है। 'बाघ' को 'राजा' की पदवी देना या 'लोमड़ी' में 'होशियारी' का आरोप असल में अपने ही 'राजत्व' एवं 'सामर्थ्य' का ही भाषिक प्रत्यंकन है। प्रकृति में अपनी ही चेतना का आरोप करते हुए सर्जनात्मक साहित्य की रचना विश्व भर के साहित्य में उपलब्ध है। साहित्य में प्रतिपादित प्रकृति के विभिन्न दृश्य, मेघ सन्देश, बारहमासा, आदि भी मानव की प्राकृतिक वस्तुओं के प्रति उपजने वाली प्रतिक्रिया का कल्पनात्मक व भावात्मक उत्प्रेरणा के निदान हैं। कहने का तात्पर्य यह है कि मानव की सर्जनात्मकता के विविध आयामों को प्रकृति या पर्यावरण रूपायित करती है। भाषा मानव की सहज प्राकृतिक जीवन का उत्पाद है। साहित्य में प्रयुक्त रूपक या अलंकार वास्तव में मानव के अन्तर्ज्ञान का ही दूसरा रूप है। मानव की ज्ञानात्मक स्थिति मानव की आन्तरिक चेतना के विकास के रूप में भी देखा जा सकता है। इस चेतना का

विकास प्रकृति के सान्निध्य से ही प्राप्त किया जा सकता है। बुद्ध एवं बोधि वृक्ष का सम्बन्ध इस भावात्मक सम्बन्ध का उदाहरण है।

प्राकृतिक विपुलता भाषा की विपुलता का आधार है। भारत में विश्व भर की भाषाओं की सत्रह प्रतिशत भाषाएँ बोली जाती हैं तो दक्षिण अफ्रीका में तीस प्रतिशत भाषाएँ बोली जाती हैं। इसका मूल कारण प्राकृतिक वैभव की विपुलता एवं बहुलता है। समस्त यूरोप में विश्व भर की भाषाओं की तीन प्रतिशत भाषाएँ बोली जाती हैं। इसका कारण प्राकृतिक सम्पन्नता का अभाव है, एकशिलात्मक संस्कृति का व्यापन है जो पूँजीवादी व्यवस्था के विकास से उपजी औद्योगिकीकृत व्यवस्था की स्वाभाविक परिणति है। भाषा की विपुलता संस्कृतियों की विपुलता का कारण बन जाती है। बहुलता एवं विपुलता जीवन के बहुविधात्मक सौंदर्यात्मक अभिव्यक्ति का कारण बन जाती है। 'वर्तमान पूँजीवादी व्यवस्था इस भाषायी विपुलता को ख़त्म कर रही है, जो उनके वाणिज्य एवं व्यापार का बाधक तत्त्व है। पूँजीवादी व्यवस्था एकल संस्कृति को पोषित करती है। भाषा के नाश से भाषा के भीतर सुरक्षित विराट ज्ञानराशि का नाश हो जाता है। एकल संस्कृति के विकास से मानव के सांस्कृतिक स्तर पर 'एकतानता' विकसित होती है जो सत्ता द्वारा नियन्त्रित होने की सहायक परिस्थितियों की पृष्ठभूमि तैयार करती है। भाषा केवल मानव की वैचारिकता के आदान–प्रदान का माध्यम मात्र नहीं होती, परम्परा से आकलित 'ज्ञान व्यवस्था' या 'संस्कृति' की वाहिका है।

पूँजीवादी व्यवस्था के परिणामस्वरूप विकसित औद्योगिकीकरण की प्रक्रिया प्रकृति के अतुल्य वैभव को ध्वस्त करते हुए आगे बढ़ती जा रही है। प्रकृति के वैभव का नाश भाषा के शब्द सम्पदा के नाश का कारण बन जाता है। शब्द यदि विचार है तो शब्दों के नाश से विचार करने की मानव की संस्कृति कुण्ठित होती चली जायेगी जो जंगलीपन के विस्तार

का कारण बन जायेगा। पूँजीवादी व्यवस्था मानव जीवन की आधारभूत सामाजिकता को पोषित नहीं करती, वैयक्तीकरण को प्रोत्साहित करती है। मानव की समस्त कौशलों का विकास, संस्कृतियों का जन्म, मानव की सर्जनात्मकता आदि का आधार सामाजिकता है। इसलिए सामाजिकता का उन्मूलन मानवीयता के निष्कासन का कारण बन जायेगा। सामाजिकता से उत्पन्न संवेदना एवं एकात्मबोध मानव के जैविक, सामाजिक, सांस्कृतिक अस्तित्त्व का आधार है। पूँजीवाद के बढ़ते प्रभाव के कारण एक ओर मानव की सर्जनात्मकता कुण्ठित हो जाती है। दूसरी ओर वही पूँजीवाद प्रकृति के सीमित संसाधनों को लूटता है और प्रकृति की विविधता को तहस–नहस करता है। भाषा और प्रकृति का आपसी सम्बन्ध स्वयं सिद्ध है। अतएव प्रकृति का बचाव भाषा का यानी संस्कृति का बचाव बन जाता है। संस्कृतियों की विविधता मानव की मनोवैज्ञानिक, सामाजिक, सौन्दर्यात्मक, सर्जनात्मक, वैयक्तिक विशेषताओं को प्रदर्शित करती है जो मानव समाज के सर्वतोन्मुखी विकास का नीव पत्थर है।

पर्यावरण मानव जीवन के विभिन्न आयामों को सख़्त रूप से प्रभावित करता है। उदाहरण के लिए मानव की वेश–भूषा, खान–पान, आचार–व्यवहार, परम्परा, सम्प्रदाय, अनुष्ठान, भावात्मक वैचारिक समृद्धि आदि के रूपायन में प्रकृति या पर्यावरण का विशेष योगदान रहता है। मानव अपने श्रम के बल पर उसमें निरन्तर परिवर्तन करता रहता है। यही सांस्कृतिक परिवर्तन है। यही मानवीय अस्तित्त्व का आधार है। अजय तिवारी के मतानुसार साहित्य का माध्यम भाषा है और भाषा सामाजिक अन्तर्क्रिया का भी साधन है। इसलिए वर्गीय मूल की अवधारणाओं को पहल करने और वर्गीय सीमाओं का अतिक्रमण करने की लेखक की संवेदना प्रेरणा वस्तु को धारण करने और विभिन्न वर्गों को सम्बोधित करने की अन्तर्विरोधी प्रक्रियाएँ एक साथ मौजूद होती हैं। किन्तु मनुष्य की सृजनात्मकता के जिन दो रूपों

का विकास उसके मानवीय अस्तित्त्व से सम्बद्ध है, वे हैं–श्रम और कला। इसका आधार प्रकृति है। एस. राजशेखरन की भाषा में प्रकृति ही संस्कृति है। भाषा की बहुस्तरीयता एवं विविधता मानव के व्यापक सांस्कृतिक वैपुल्य को साक्ष्यॉंकित करती है। प्रकृति के विनाश से, भाषाओं के नष्ट होने से, संस्कृतियों के डूब जाने से 'मानव' का मानवत्व संकुचित होता चला जायेगा, उसका वैचारिक जगत संकरा हो जायेगा। ऐसी स्थिति मानव की ऊर्ध्वगामी यात्रा को आगे बढ़ाने में सहायक नहीं होगी, जीवन में गतिशीलता नहीं रहेगी। प्रकृति या पर्यावरण के वैभव के घिस–घिसकर नष्ट हो जाने से मानव की सर्जनशील प्रतिभा भी सीमित होती चली जायेगी। पर्यावरण के ध्वंस से मानव की सांस्कृतिक एवं भौतिक समृद्धि नष्ट हो जायेगी। शम्भुनाथ इस पर विचार करते हुए कहते हैं–विज्ञान, टेक्नालॉजी और मुक्त बाज़ार तीसरी सहस्राब्दी के लिए जिस विज़न की खोज कर रहे हैं, उसमें संस्कृति की कोई खोज़ नहीं है। विकासशील भारत अब विकसित होने जा रहा है। उसमें आर्थिक समृद्धि, गाँवों का शहरीकरण और पश्चिमी मूल्यों के प्रति खुलापन होगा। बाज़ार को मुक्त करने के अलावा नयी अन्तर्दृष्टि को मानवीय आयाम देने के लिए शिक्षा, चिकित्सा और सामाजिक सुरक्षा के आश्वासन भी अवश्य गूँजेंगे।

भाषा मानव के वैचारिक जगत को रूपायित करती है। साहित्य भाषा के माध्यम से किये जाने वाला सांस्कृतिक कार्यकलाप है। भाषा मानव के उपकरणात्मक, विश्लेषणपरक व संचारात्मक कार्य का समुच्चय है, यही दूसरी भाषा में मानव के सामाजिक कार्य का रूप धारण करता है। अतएव कवि या साहित्यकार अपनी भाषा के ज़रिये मानव के वैचारिक बोध को नवीन ढाँचे में ढलने का प्रयास करता है। शब्द के भीतर अन्तर्भूत अर्थ या विचार मानव की सामाजिक क्रिया को नियन्त्रित करता है। विचारों के अनुरूप मानव के सामाजिक हस्तक्षेप के स्वरूप

निर्धारित होते हैं। इस प्रकार के कार्यों के अनुरूप मानव जीवन का बदलता चेहरा हमारे यहाँ उपस्थित होता है। मानव जीवन के सांस्कृतिक अस्तित्त्व को निरन्तर नवीन बनाने में साहित्य की भूमिका अतुलनीय है। जैविक क्रान्ति के परिणामस्वरूप मानव ने अपने पीछे के पैरों के बल पर खड़े होने की कला सीखी तो आगे के पैर हाथों के रूप में परिवर्तित हो गये हैं। 'मुक्त पैरों' की सहायता से प्रकृति की विभिन्न वस्तुओं को नये रूप देने की क्षमता मानव को प्राप्त हुई। साथ ही साथ गन्धनिर्भरता के आधार पर मानव अन्य प्राणियों की भाँति अपना जीवन बिताता था अर्थात् आहार प्राप्ति, मैथुन और आत्मरक्षा अपनी प्राकृतिक संचेतनाओं के आधार पर करता था। नाक और मिट्टी की दूरी खड़े होने की कला के सीख जाने पर अधिक हो गयी। ऐसी स्थिति में अपने विचारों को विनिमय करने हेतु नयी पद्धति अपनाने की स्वाभाविक ज़रूरत महसूस हुई, ध्वनि के माध्यम से निश्चित विचारों को विनिमय करने के उद्देश्य से भाषा का विकास हुआ होगा। होमो इरक्टस (खड़ा होने वाला मानव) होमो हाबिलस (औज़ार बनाने वाला मानव) होमोसापियंस (विवेकशील मानव) के रूप में मानव का विकास भाषा के विकास के साथ जुड़ा हुआ है। इससे मानव का अतिजीवन (सरवाइवल) पहले की तुलना में इसलिए आसान हुआ कि अपने हाथों की सहायता से वह औज़ार, हथियार आदि बनाने लगा। वह अपने विवेक के बल पर अपने को बचाने में सक्षम हुआ। इस ऐतिहासिक क्रान्तिकारी परिवर्तन के अनुरूप प्रकृति में मानव की संख्या में बढ़ोतरी होती चली गयी। खान–पान की उपलब्धता के उपलक्ष्य में खेती का आविष्कार किया गया। इसके साथ पारिवारिक व्यवस्था कायम हो गयी। निज सम्पत्ति, परिवार की रक्षा आदि के लिए शासन की व्यवस्था की स्थापना की गयी। ज़रूर खेती के विकास के साथ मानव की सामाजिकता सीमित एवं सशक्त हो गयी। श्रम से उत्पन्न सामाजिकता के बल पर पशुपालन, हथियार निर्माण,

प्रकृति में परिवर्तन, मिट्टी में परिवर्तन सम्भव हुआ और विभिन्न धान, अनाज, सब्जी, पेड़–पौधे, औषधि आदि परखने एवं उसको अपनी इच्छानुसार रूप परिवर्तन करते हुए उपयोग करने की प्रक्रियात्मक जानकारी विकसित होती गयी। इससे जुड़कर मानव की सामाजिकता को पुष्ट करने के उपाय के रूप में कला, साहित्य का पल्लवन हुआ।

'पर्यावरण' अपने आपमें एक विशाल अर्थवत्ता को अपने कलेवर में समेटने वाला शब्द है। सामान्य व्यवहार में यह शब्द किसी प्राणी की जैविक और अजैविक स्थितियों की ओर इशारा करता है जिनमें वह अपना अतिजीवन करता है। पर मानव केन्द्रित चिन्तन में इसकी अर्थवत्ता मानव की एवं मानव द्वारा निर्मित भौतिक, सांस्कृतिक स्थितियों तक सीमित हो जाती है। लेकिन साहित्यिक अध्ययन के सन्दर्भ में, साहित्य अपने विशाल परिप्रेक्ष्य में समाज की विरासत होने के कारण 'पर्यावरण' शब्द के भीतर मानव द्वारा निर्मित सांस्कृतिक–भाषिक परिवेश समाहित हो जाता है, क्योंकि वह सांस्कृतिक स्थिति विस्तृत फलक में प्रकृति या पर्यावरण की उपज कही जा सकती है। बाहरी प्रकृति के साथ मानव का भावात्मक या संवेदनात्मक सम्बन्ध अवश्य रहता है, उसकी अभिव्यक्ति साहित्य का अभिन्न हिस्सा है। यही भावात्मक या विचारात्मक सम्बन्ध एक प्रकार से मानव के सांस्कृतिक पर्यावरण का निर्माण करता है। इस अन्दाज़ में पर्यावरण शब्द भौतिकता/बाह्य स्थितियों के पर्यायवाची शब्द के रूप में नहीं स्वीकार किया जा सकता। पर्यावरण शब्द किसी प्राणी की भौतिक परिस्थितियों का प्रतिनिधित्व करता है, पर मानव के सन्दर्भ में मानव द्वारा निर्मित सांस्कृतिक परिवेश का भाव प्रस्तुत शब्द में समाया हुआ है। पर्यावरण के समानार्थी शब्द के रूप में कभी–कभी प्रकृति शब्द का इस्तेमाल किया जाता रहा है। इरफान हबीब अपनी रचना 'मनुष्य और पर्यावरण' में प्रकृति और पर्यावरण को समानार्थी शब्द के रूप में प्रयोग करते है।

लेकिन प्रकृति शब्द में जीवराशि के जीने योग्य हवा, जल, थल की गुणवत्ता का भाव अन्तर्भूत है। इस जगत के समस्त जैविक–अजैविक पदार्थों के बीच के आपसी सम्बन्ध एवं उनके बीच के सम्बन्धों से उत्पन्न समस्त द्वन्द्वात्मक क्रिया–प्रतिक्रियाएँ प्रकृति शब्द में शामिल है। व्यापक अर्थ परिकल्पना में मानव की संस्कृति एवं सभ्यता इस द्वन्द्वात्मकता का ही रूप कही जा सकती है। अन्य जानवरों की तुलना में मानव का जीवन ख़ास सांस्कृतिक विचारों से संचालित है, विस्तार से बताएँ तो उसके रहन–सहन, खान–पान, भाषा आदि अन्य प्राणिजातों से इसलिए भिन्न है कि मानव का जीवन केवल भौतिक स्थितियों के सम्पन्न होने से मात्र संचालित नहीं होता है। इसलिए पर्यावरणीय साहित्य की चर्चा के आलोक में पर्यावरण शब्द की अर्थ सीमा में मानव की भौतिक स्थितियों के साथ मानव की सामाजिकता से उत्पन्न सांस्कृतिक स्थिति समाविष्ट हो जाती है।

मानव और अन्य प्राणियों के बीच का मूलभूत अन्तर बोधात्मक स्तर पर आँका जा सकता है। इस बोधात्मकता के मूल में भौतिक व सांस्कृतिक कारण अवश्य हैं। मानव इस जगत के विभिन्न पदार्थों को ख़ास वस्तु के रूप में अनुभव करता है। उसके मन में अमुक वस्तु के प्रति विशिष्ट प्रकार की मानसिक प्रतिक्रिया उपजती है जो उस वस्तु को एक विशिष्ट प्रकार की अस्मिता प्रदान करती है। मानव इस जगत में ऐसा प्राणी है जो वस्तु को उसके रूप–नाम से परख सकता है। रूप–नाम आदि से अभिव्यंजित यह संसार मानव के बोधात्मक स्तर को निर्मित करता है। मानव के मन की पुनीत सर्जनात्मक ऊर्जा का विस्तार इस बोधात्मक स्तर को निर्मित करता है अर्थात् सांस्कृतिक धरातल पर मानव का बोध–मण्डल भौतिक जगत एवं मन की क्रिया–प्रतिक्रिया से उत्पन्न मानसिक या बौद्धिक ऊर्जा का अंजाम है। इसका आशय यह हुआ कि मानव अपनी आँखों से कुर्सी को देखते समय अन्य वस्तुओं से उसकी भिन्नता

या उस कुर्सी की विशिष्टताओं को पहचानता है तथा उसकी यह पहचान जीवन में परम्परा से आकलित पूर्व अनुभूतियों पर आधारित है। यह अनुभव संसार प्रतीकात्मक रूप में मानव के समक्ष भाषा के रूप में उपस्थित होता है तथा एक विशिष्ट प्रकार की भाषिक व्यवस्था में उसके भाव–बोध का जन्म होता है। उस ख़ास भाषिक समाज के प्रतीकों को अपनी इन्द्रियों के माध्यम से हर व्यक्ति अन्तर्भूत करता है। इस प्रक्रिया में अवश्य ही व्यक्ति की निजी सर्जनात्मकता का अंश जुड़ जाता है। वही उसके ख़ुद की पहचान के रूप में समझी जाती है। मानव के मन में उपजने वाली विभिन्न संकल्पनाएँ असल में मानव और प्रकृति के बीच के द्वन्द्वात्मक सम्बन्ध से विकसित होती हैं। आज का बढ़ता पर्यवरण विनाश मानव की भाषा की जड़ों को उखाड़ने के काम में लगा हुआ है।

भाषा की प्रतीकात्मक व्यवस्था समेकित सामाजिक समझौते का उत्पाद है। भाषा मूलरूप में ख़ास जनसमुदाय के एकजुट होने का प्रमाण पेश करती है। भाषा तो दो शरीरों के बीच की दूरी को अपने प्रतीकों से भरती है। तात्पर्य यह है कि सामाजिकता भाषा के जन्म होने का आधार है। मानव के आन्तरिक बोधात्मक व्यवस्था को संरचित करने में सामाजिकता के बल पर निर्मित प्रतीकात्मक व्यवस्था अहम भूमिका निभाती है। यह प्रतीकात्मक व्यवस्था इतिहास बोध पर या परम्परा पर आश्रित है। मानव के कायिक, मानसिक, बौद्धिक क्रियाओं के कालक्रमानुसार विकसित होने पर मानव के वैचारिक बोध के स्तर पर परिवर्तन आ जाते हैं। इस परिवर्तन के अनुरूप इस जगत के प्रति उसके बोध में या वैचारिक प्रतिक्रिया में बदलाव आ जाते हैं। इसके आधार पर वह प्रकृति की विभिन्न वस्तुओं का परीक्षण–निरीक्षण करता है। प्रकृति पर मानव का हस्तक्षेप मानव नामक जानवर को मानव बना देता है। वह प्रकृति के नियमों का अनुसरण नहीं करता, अपने अनुकूल प्रकृति के नियमों को बदलता है या प्रकृति के

समानान्तर अपनी क़ानूनी व्यवस्था को अमल में लाता है। इस प्रकृति के समस्त प्राणिजात प्रकृति के नियमों का अनुसरण कर घोंसला आदि बनाता है, उसके पीछे ख़ास प्राणी की नैसर्गिक जीवन–शक्ति कार्य करती है। मकड़ी का जाल सभी जगह एक जैसा ही होता है पर मानव जब अपना घर बनाता है। एक जैसा इसलिए नहीं होता है कि उसका सौंदर्यात्मक सांस्कृतिक बोध उसकी निर्मिति में योगदान देता है। इसका कारण यह हो सकता है कि प्रकृति के मानवेतर प्राणियों की ऊर्जा का केन्द्रीकरण वस्तु तक सीमित है, वस्तु विशेष तक नहीं। ख़ास वस्तु की असीमित सम्भावनाओं, विशेषताओं की ओर मानवेतर प्राणी का ध्यान नहीं जाता है, लेकिन मानव का वैचारिक बोध उस ख़ास वस्तु की बारीकियों की ओर उसको ले जाता है। यह सामाजिक, सर्जनात्मक प्रक्रिया का सांस्कृतिक रूपान्तरण है। यह मानव के अनुभव जगत के विकास के साथ परिवर्तित होता जाता है। यह अनुभव जगत मानव के श्रम का विकास है। सतत विकासशील सामाजिक श्रम मानव के सामान्य बोध को विकसित करता है। यह प्रकृति या पर्यावरण के साथ मानव के सतत सम्पर्क का ही फल है, यह मानव की समस्त उपलब्धियों का आधार है।

श्रम अपने आपमें मानव की बुनियादी एकजुटता का प्रत्यक्ष परिणाम है। इसी ने अनेक जैविक सामाजिक सम्बन्धों के बीजवपन का काम किया है। अपने ख़ास लक्ष्य की पूर्ति हेतु जब मानव कायिक एवं मानसिक कार्य करता है, वही श्रम है। उत्पल कुमार का कथन है–श्रम ऐसी प्रक्रिया है, जिसमें मनुष्य अपने कार्यकलाप द्वारा प्रकृति और अपने बीच प्रक्रियाओं को प्रारम्भ करता है, उनका नियमन करता है और उन पर नियन्त्रण करता है। श्रम से मनुष्य प्राकृतिक चीज़ों को सोद्देश्य रूप में प्रभावित करता है और उन्हें परिवर्तित करता है, बाह्य प्रकृति को परिवर्तित करते हुए मनुष्य साथ ही साथ स्वयं अपनी प्रकृति को भी परिवर्तित करता है। बाह्य प्रकृति को परिवर्तित करने का अर्थ

प्राकृतिक चीज़ों को मनुष्य की आवश्यकताओं के अनुकूल ढालना है।" आदिम समाज में जीविका की आवश्यकताओं की पूर्ति हेतु समस्त सामाजिक उत्पादन की प्रक्रिया में प्रत्यक्ष एवं अप्रत्यक्ष रूप से मानव जुट जाता था, पर मशीनीकृत उत्पादन व्यवस्था कायम होने से मानव की सर्जनात्मक कुशलता का उत्पादन व्यवस्था में कोई महत्त्व नहीं रहता है। मशीनीकृत उत्पादन व्यवस्था में उत्पादों की अधिकता होती है, अतएव उपभोग को बढ़ावा देने के लिए विज्ञापनों का झूठा जाल बिछाया जाता है। उपभोग के अनुरूप अपशिष्टों का भी ढेर लग जाता है, वह मानव के स्वास्थ्य को बिगाड़ देता है। इससे जुड़कर स्वास्थ्य केन्द्र, स्वास्थ्य पर्यटन, प्राकृतिक चिकित्सा केन्द्र, पर्यावरण पर्यटन, रिसॉर्ट हाऊस आदि का विकास होता है। अर्थात प्राकृतिक विध्वंस से उपजी हुई सामाजिक स्थिति भी मुनाफ़ा जुटाने का तरीक़ा बन जाता है। इसलिए आज के मानव के विकास को विनाश का विकास कहा जाता है। खेती के लिए जब मानव पेड़ों को जड़ों से उखाड़ फेंकता है तब पानी के श्रोत स्वाभाविक रूप से नष्ट हो जाते हैं, जब चरगाहों को सपाट बनाया जाता है तो स्वाभाविक रूप से मवेशी जात ग़ायब होने लगते हैं, ख़ुद मानव के जीवन के आधार ही हिलने लगते हैं। ऐसी विषमभरी स्थिति में मानव अपने नष्ट होते जा रहे वैभव को लेकर चिन्तित होने लगता है। आज की जीवन स्थिति मानव की सर्जानात्मकता और प्रकृति की उर्वर जैविकता को सम्पोषित नहीं करती है।

भाषा सामाजिक अनुभवों की संचित अनुभूति है। जब भाषा और मानव के विचार में तनाव उत्पन्न होता है तभी नवीन भाषा का निर्माण होता है। मानव की यह निर्माणात्मकता श्रम पर आधारित मानव की सामाजिकता का दूसरा रूप है। ज़रूर सामाजिक उभार और सर्जनात्मक उभार दोनों समानान्तर चलने वाली प्रक्रियाएँ हैं। 'श्रम में मानव और प्रकृति की संगति रहती है।

यही सामाजिक संगति मानव के सामाजिक अस्तित्त्व का आधार है। यही मानव के बोध को संरचित करता है', पर समकालीन जीवन सन्दर्भ में श्रम के परितोष से मानव वंचित हो जाता है। इससे मानव का अभ्यास/श्रम (लेबर) यन्त्रसमान बन जाता है। यन्त्रवत मनुष्य संवेदनहीन बन जाता है। मानव इस व्यवस्था में पृथक्करण का शिकार हो जाता है। इस पर विचार करते हुए उत्पल कुमार का कथन है–

पूँजीवादी आर्थिक और सामाजिक व्यवस्था में मेहनतकश लोगों का जो क्रूर शोषण होता है, वह उन्हें मानवीय नहीं रहने देता, बल्कि उन्हें अमानुषिक या पशु जैसा बना देता है, इस व्यवस्था में मनुष्य भौतिक वस्तुओं का उत्पादन या कलात्मक कृतियों का सृजन स्वेच्छा से स्वतन्त्रतापूर्वक अपने में नहीं कर सकता, क्योंकि इस व्यवस्था में मनुष्य श्रम से ही नहीं, बल्कि अपने आपसे भी पृथक हो जाता है।

मनुष्य इस प्रक्रिया के शिकार होकर चार प्रकार के पृथक्करण के वश में चला जाता है–एक ओर प्रकृति से, 2. अपने आप से यानी अपने कार्यकलाप से, 3. अपनी प्रजाति या समुदाय से, 4. दूसरे मनुष्यों से। नवीन सर्जनात्मक कार्य में जुटने के लिए जीवन में अन्य प्राणियों के साथ, मनुष्य के साथ भावात्मक या संवेदनात्मक सम्बन्ध स्थापित करना पड़ता है। आदिम समाज में जो उत्पादन होता था, उसका उपयोग वही लोग करते थे या उसका समाज करता था, पर आज का निर्माता उपभोक्ता नहीं बन सकता। इसलिए आधुनिक उत्पादकता को सर्जनशीलता का पर्याय नहीं कहा जा सकता। आज के श्रमिक को उत्पादन प्रक्रिया से हटाया जाता है। इतना तक नहीं कि मशीनीकृत उत्पादन में श्रम के वैविध्य का अभाव रहता है, उसमें वैयक्तिकता की छाप नहीं रहती है। इससे सामाजिकता ख़त्म हो जाती है, मानव की सौन्दर्यात्मकता की अनुपस्थिति रहती है। मशीनीकृत समस्त उत्पादन प्राकृतिक वस्तुओं/भौतिक पदार्थों

की सहायता से सम्भव होता है। प्रकृति यहाँ केवल एक 'भौतिक पदार्थ' मात्र रह जाती है, उसके साथ संवादात्मक, संवेदनात्मक, भावात्मक रिश्ता कट जाता है। ऐसे में असंवेदनशील मानव के जीवन के श्रम का सौन्दर्य नष्ट हो जाता है।

सर्जनशीलता के बल पर मानव अपने जीवन की सीमाओं को पार करता है, मानव की वर्तमानता को आगे ले जाने वाले उपक्रम का नाम सर्जनशीलता है। यह सामाजिक जीवन के विविध क्षेत्रों को प्रभावित करती है। यह सर्जनात्मकता मानसिक, शारीरिक, भावात्मक, राजनीतिक कार्य है जिसके माध्यम से मानव के सामाजिक जीवन में गुणात्मक परिवर्तन सम्भव होता है। पर आजकल पूँजीवादी ताक़तों के बल पर बाज़ारी भाषा कृत्रिम समरूपता का निर्माण करती है। भाषा की विविधता का दमन कर संस्कृतियों की बहुलता को ख़ारिजकर एकशिलात्मक संस्कृति की स्थापना सम्भव है। संस्कृतियों की समरूपता प्रकृति विरोधी है, क्योंकि प्रकृति हमेशा बहुलता या वैविध्य को पोषित करती है।

श्रम के माध्यम से मानव प्रकृति में विविध प्रकार के परिवर्तन का बीज बोता है। यह श्रम कायिक एवं मानसिक हो सकता है। विभिन्न शारीरिक इकाइयों के संग्रथित योजन से मानव इस प्रकृति की विभिन्न वस्तुओं पर परीक्षण करता है, निरीक्षण करता है, अपनी संचित सामाजिक पूर्वानुभूतियों के बल पर अपने आगामी कार्यों को नयी दिशा प्रदान करता है। इन विभिन्न मानसिक, बौद्धिक क्रियाओं की पृष्ठभूमि में 'युक्ति' कार्यरत है। यह धीरे–धीरे मानव के वैचारिक बोध का आधार निर्णीत करती है। जानकारी और दक्षता बोध के आधार तत्त्व हैं। पहले मानव छड़ी का इस्तेमाल करता था। बोध के विस्तार के साथ गोफन (काटापुल्ट) के इस्तेमाल करने की कला सीखी। वही बोध धीरे–धीरे विकसित होकर धनुष का रूप धारण करता है। इससे व्यक्त होता है कि अपने कायिक, बौद्धिक श्रम के बल पर प्रकृति

को अपने अनुकूल बनाने का काम श्रम के आधार पर मानव कर सकता है। मानव जीवन के बदलते परिवर्तन का यही रहस्य है। इस प्रकार प्राकृतिक जीवन के समानान्तर एक नवीन प्रकृति पर आधारित जीवन व्यवस्था निर्मित करने में मानव सफल हुआ है। यह व्यवस्था नित परिवर्तनशील है। पंछी अपनी प्राकृतिक संचेतना के बल पर अपना काम करता है तो मानव प्रकृति पर अपना दख़लअन्दाज़ी करता है। मानव की मूल–प्रकृति प्राकृतिक कार्य–कारण से बढ़कर सांस्कृतिक कार्य करने के लिए प्रेरित करती है। इसका तात्पर्य यह हुआ कि अपने श्रम के बल पर पंछी या मकड़ी अपना काम नहीं करता, पर मानव का श्रम सोद्देश्यपूर्वक होता है। दूसरे शब्दों में बिना किसी लक्ष्य के मानव श्रम नहीं करता है। बर्तन का निर्माण, घर का निर्माण, खाद्य पदार्थों का निर्माण सब सोद्देश्य से प्रेरित हैं। इस संचित सामाजिक बोध के बल पर मानव अपने सामाजिक जीवन को आगे बढ़ाता है। काल, समय आदि को लेकर जो परिकल्पना विकसित हुई, वह भी इसी का अंजाम है। प्रकृति की चाक्रिकता या आवर्तन–प्रत्यावर्तन की प्रक्रिया समय के बोध के पीछे कार्यरत है। जन्म–मरण की आवृत्ति, सूर्यास्त–सूर्योदय, मौसम की आवृत्ति आदि ने मानव के काल–समय बोध को निर्धारित एवं रूपायित करने में अहं भूमिका निभायी है। अपनी आँखों के सामने प्रत्यक्ष जगत मानव की चेतना को प्रभावित करता है। इस चेतनात्मक विस्तार के परिणामस्वरूप मनुष्य अपने जीवन अवस्था को परिवर्तित करने या सकारात्मक रूप में बदलने का काम करता है। अपने शरीर की स्थिति को बेहतर बनाने का कार्य चिकित्सा विज्ञान के उदय का कारण बना है या प्रकृति की मृत्यु के प्रतिभास को औषधि विज्ञान के माध्यम से मानव चुनौती देता है। अपने पैरों की सीमा को पहियों के माध्यम से वह चुनौती देता है। उड़ने की चाहत को वायुयान के आविष्कार से पूर्ण करता है। यही प्रकृति पर मानव के प्रभुत्व के उत्तम दृष्टान्त हैं।

अपनी ज़िन्दगी की सीमा को अनवरत लाँघने का प्रयास ही मानव की सभ्यता और संस्कृति का सीधा इतिहास है।

मानव के जीवन की समस्याओं का समाधान मानव के संयक एकजुटता से, अर्थात सामाजिकता से सम्भव है। यही मानव की जैविक सत्ता को गठित करती है, विचारों का सर्जन का कारण बन जाती है, मानव की जैविक स्थिति को सम्भव बनाती है। प्रकृति के साथ निरन्तर सम्पर्क से ही चेतना का विकास होता है। मानव अपने मन व मस्तिष्क से श्रम करता है, साथ ही उसका आस्वादन करता है। यदि मानव पृथक्करण का शिकार हो जाता है तो उसकी सत्त्व या एसेंस का नाश हो जाता है। श्रम से मानव की जैविक सत्ता बनी रहती है। अतः श्रम को जीवन का आधार कहा जाता है। आजकल पूँजी की ताक़तें मानव के इस श्रम की ताक़त को हटाकर निर्बल बनाती हैं। बाज़ार की ताक़तें मानव के श्रम को धन देकर खरीदती हैं, वहाँ उसका श्रम बाज़ारी माल बन जाता है। इस प्रकार मानव का अमानवीय हो जाना वर्तमान नियति है। यह भूलना नहीं चाहिए कि श्रम मानव की भौतिक सम्पन्नता का आधार है, आधुनिक काल में विकसित वैज्ञानिक उपकरण एक प्रकार से 'घनीभूत श्रम' का उदाहरण है। श्रम से उपजे उत्पन्न का जब क्रय–विक्रय किया जाता है तो वह बाज़ारी माल बन जाता है। इस पर भावात्मक या कल्पित मूल्य अध्यारोपित है।

प्रतिरोध का रास्ता अपनाकर मानव जीवन की असंगतियों को दूर करने हेतु कटिबद्ध होकर जीवन के प्रांगण में उतरता है। प्रतिरोधात्मक कार्य से समाज की प्रभुत्व शक्तियों के कार्यों को, उसके रूपायन के कार्य–कारण सम्बन्धों को खुलकर रखा जाता है। इसके साथ ही लोकतन्त्रात्मकता को सुदृढ़ करके जनपक्षधरता को पुष्ट किया जाता है और नूतन विकल्पों का अन्वेषण किया जाता है। समानान्तर रूप में भाषा एवं साहित्य को स्वस्थ सांस्कृतिक वातावरण के सृजन हेतु औज़ार के रूप

में सजाया जाता है। यही मानव की सर्जनशीलता है, इस सर्जनशीलता से बोध का परिष्कार होता है, नवीन वातायन खुलते हैं एवं जीवन की नयी दिशाएँ प्रशस्त होती हैं। पूँजीवादी दौर में मानव की सामाजिकता सीमित होती चली जाती है, भाषा का दायरा सँकरा हो जाता है तो अमानवीकरण प्रवृत्ति बलवती होती चली जाती है। साहित्य पर इसका दूरगामी प्रभाव पड़ सकता है, पर साहित्य सदैव अमानवीकरण का प्रतिरोध करता रहेगा और मानवीकरण की प्रवृत्ति की और सृजनशीलता की वैविध्यपूर्ण सम्भावनाओं को दर्शाता रहेगा।

पर्यावरण दर्शन का आधार मृत्यु का निरोध है, अमानवीयता का विरोध है। वह दर्शन सैंकत के कण–कण में विश्व को देखने की शिक्षा देता है, फूल में स्वर्ग को देखने की कला सिखाता है। प्राकृतिक शक्तियों को सम्प्रीत करने का मतलब यही है कि प्रकृति के ऊपर हस्तक्षेप या अतिक्रमण न करके सरलता एवं सहजता भरी ज़िन्दगी बिताएँ। प्राकृतिक शक्तियों की पूजा का दूसरा अर्थ यह है कि प्रकृति के वैभव को सम्पन्न बनाने के कार्यों में जुट जाएँ। गीता में इस बात का उल्लेख हुआ है। भारतीय ऋषि–मुनिगण त्यागकर भोग करने के पक्षपाती हैं। भारतीय परिकल्पना के अनुसार प्रकृति का पालन मानव का धर्म समझा जाता है। यहाँ प्रकृति के साथ संघर्ष नहीं, मैत्री है। उपभोग की संस्कृति भारत की मिट्टी में पनपने वाली नहीं थी। वे जानते थे कि काम की तृप्ति नहीं हो जाती। आग में घी की भाँति मन की तृष्णा जलती रहती है। प्रकृति की आराधना प्रकृति के संरक्षण का अभिन्न अंग है। हिमालय इसलिए पूज्य है कि वह संस्कृति का संरक्षक है, भारत के मौसम को नियन्त्रित करने में उसकी देन अमूल्य है। नदी जीवनदायिनी है, नदी का पानी जीवन रस है, जीवन की कला पानी की धारा से ही विकसित होती है। इसलिए नदी जीवन एवं संस्कृति का आधार है।

भारतीय ऋषि जब पेड़ काटते थे तब प्रार्थना करते थे कि हम जड़ से नहीं काटेंगे। वे सूर्य को पिता एवं नदी को माता के रूप में देखते हैं। इसका तात्पर्य यह है कि वे प्रकृति में अपने का ही विस्तार देखते हैं। बृहदारण्यकोपनिषद में कहा गया है कि वृक्ष मनुष्य है, पत्ते रोम हैं, छिलका चर्म है। वे पेड़ को पुत्र से भी बढ़कर मानते हैं। संघर्ष का रास्ता छोड़कर शान्ति का मन्त्र उनके दर्शन का आधार है। यह शान्ति दर्शन प्रकृति व अन्य प्राणि जातों के साथ समरस अवस्था या लयात्मक अवस्था का दूसरा नाम है। उनकी राय में पंचभूतों को शुद्ध करने की ताक़त पेड़–पौधों में है। प्रकृति के साथ आत्मस्थ सम्बन्ध रखने से वसुधैवकुटुम्बकम की स्थापना हो सकती है। यही भारतीय मुनियों का मनन है, भारतीय पर्यावरणीय दर्शन का बीज है।

मानव के इतिहास के अध्ययन से यह विदित होता है कि स्पेन का अल्ताजिरा, एलकास्टिलो आदि की गुफाओं में प्रकृति के चित्रण मौजूद हैं। इससे प्रकृति के प्रति मानव की आदिम प्रतिक्रिया का मिज़ाज़ प्राप्त होता है। इस प्रकार वेदों में प्रकृति का उल्लेख प्रभूत मात्रा में हुआ है। सूर्य का सम्बोधन 'अज' नाम से किया गया है। इस समस्त सृष्टि के आधार के रूप में सूर्य को मान्यता प्राप्त है। 'प्रजापति' शब्द का यही आशय निकलता है। प्रजापति से वैदिक वाङ्मय के अनुसार समस्त सृष्टि का विकास हुआ है। प्रजापति शब्द का व्युत्पत्तिपरक अर्थ समस्त जीवों का स्वामी होता है। इसके साथ ही जलप्लावन की कहानी का उल्लेख प्राचींन संस्कृत वाङ्मय में तथा बैबिल में भरा पड़ा है। आदिमाता के रूप में भारत में जिस प्रकार अदिति की कल्पना की गयी, उसी प्रकार पाश्चात्य देश में सियूस और 'हेरा' को प्रतिष्ठित किया गया। भारत में प्रचलित मनु की कथा के मूल में ध्वनित लय–विलय का भाव या जन्म–मृत्यु की चाक्रिकता की अवधारणा प्राकृतिक शक्ति के वर्चस्व या प्रभुता की ओर सख़्त इशारा है। इस भाँति इन्द्रिय प्रत्यक्ष जीवनानुभव

के रहस्य को, उसकी मूल भावना को जानने का अनथक प्रयास भारत में हुआ है। अद्वैतवाद, अणुवाद आदि इसके प्रमाण हैं। विभिन्न रूप–नामों से प्रतिभासित इस भौतिक जगत के मूलाधार का रहस्य क्या है? इसकी प्रोद्घोषणा अद्वैतवाद में हुई है। पंचभूतों से निर्मित या प्राकृतिक परमाणुओं से निर्मित प्रकृति का आवागमन या निरन्तरतापूर्ण चाक्रिकता का अवबोध मानव के मन में उद्भूत हुआ। भारतीय दर्शन का मानना है कि जीवन की स्थिति समस्त चर–अचर में है। शून्यता का विस्तार सर्वत्र दिखाई देता है। परमाणु के मूल में भी अनेक कण निरन्तर गतिमान है। गतिशीलता प्राणत्व का लक्षण है। जैव–अजैव में दिव्यत्व की कल्पना भारतीय दर्शन इसलिए करता है। भारतीय दर्शन वास्तव में आत्मकेन्द्रित या आत्मीय प्राकृतिक अभिगम का विरोध करता है। प्रकृति की अपरिमेय शक्ति विशेषता से भारतीय दर्शन परिचित है। इसलिए प्रकृति के साथ आत्मलयात्मक सम्बन्ध की सतत अनिवार्यता भारतीय दर्शन रेखांकित करता है। इसलिए इस जगत को 'नीड़' के रूप में, 'कुटुम्ब' के रूप में देखने की भावना विकसित हुई।

पाश्चात्य जगत की धारणा आरम्भ में यही रही कि जो इस संसार में प्रत्यक्ष एवं अप्रत्यक्ष होता है, वही प्रकृति है। इसका तात्पर्य यह हुआ कि पाश्चात्य जगत प्रकृति की जैविक चाक्रिकता में विश्वास रखता था। वे प्रकृति में निश्चलता का दर्शन नहीं करते थे। लेकिन ईसाई धर्म के प्रचारार्थ प्रकृति ईश्वर की एक सृष्टि के रूप में सामने आयी तथा ईश्वर प्रदत्त एक वस्तु के रूप में प्रकृति को देखने की परम्परा चल निकली। इससे मानव की सृजनात्मक कर्म व्यापार के एक अंश के रूप में प्रकृति की गिनती की जाने लगी। विज्ञान एवं प्रौद्योगिकी के विकास के साथ प्रकृति और मानव की द्वैतता की भावना चरम सीमा पर पहुँच गयी। 'अरस्तू' की राय में इस समस्त संसार का सृजन वस्तुओं से हुआ है और हर वस्तु बेहतर स्थिति में परिवर्तित होने

के लिए तरसती है। प्राणी में 'आत्मा' का अंश जुड़ जाता है। साथ ही, बोध का अंश उसमें है। यह बोध मानव के आत्मबोध का पर्याय है जो मानव के जीवन को आगे बढ़ाता है। मानव में यह बोध विस्तार मानव के इन्द्रियों की क्रियाओं का विस्तार है।

मानव के इन्द्रिय बोध के विकास के साथ ही प्रकृति के साथ मानव के जैविक सम्बन्ध में दरारें पड़ गयीं। प्रकृति को अपनी इच्छानुसार बदलने की क्षमता प्रकृति के वैभव के विध्वंस का कारण बना। इससे यह सम्भव हुआ कि प्रकृति पर मानव के साथ मानवेतर समस्त चेतन–अवचेतन वस्तुओं का भौतिक अस्तित्त्व पर प्रश्नचिह्न खड़े हो गये। अनेकानेक पर्यावरणीय समस्याएँ वर्तमान 'मानव जीवन को अनेक रूपों में' निगलने लगी हैं। इसलिए मानव के प्राकृतिक हस्तक्षेप के विध्वंसात्मक/निषेधात्मक या हानिकारक पक्ष में गुणात्मक परिवर्तन आज के समय की आवश्यकता है। इसके अनुसरण में अनेक प्रकार की वैचारिक सरणियाँ आधुनिक काल में उभरकर सामने आयी हैं। 'शोषण, प्रकृति का दोहन, आबादी की वृद्धि मानव को नये सिरे से सोचने–विचारने के लिए बाध्य कर रहे हैं।' प्रकृति के प्रति आज के संवेदनशील हृदय की प्रतिक्रिया का आधार मानव का ध्वंसात्मक रवैया ही रहा है। किस–किस ऐतिहासिक कारण से होकर इस प्रकार की मानसिकता ने आज के मानव के मन में नीड़ बना लिया है, यह भी पर्यावरणीय साहित्यिक विवेचना की मूल आकाक्षाएँ हैं। 'गहन पर्यावरणवाद जीवन प्रदान करने वाली प्रकृति की पुनस्थापना प्रकृति के अतिशय शोषण के काल में करता है।' चाप्ले का कथन है कि 'प्रकृति से ही पेड़–पौधे और जीव का आविर्भाव होता है जैसे स्त्री के शरीर से बच्चों का जन्म होता है।' इस जैव सम्बन्ध की तरफ़ आज की पूँजीवादी संस्कृति ध्यान नहीं देती, इसलिए नहीं देती है कि प्रकृति के संसाधनों के अभाव में पूँजी का बढ़ावा नहीं होगा। ऐसी विचारधारा पनपी जाती है, जिससे भोग का संस्कार विकसित हो,

उपयोगवादी दृष्टि का विकास हो। इसलिए आज का साहित्यकार जीवन की घनीभूत पीड़ा के उलझन में फँसकर 'जीवन की विषमताओं को नीलकण्ठ की तरह अन्तर्भूत करता है।' इसलिए आज की लेखनी भूमण्ड़लीकरण के तहत बाज़ारीकरण या उदारीकरण से पीड़ित भारतीय किसान, मज़दूर और निम्न मध्य वर्ग की दुर्गति, प्रकृति पर बलात्कार एवं प्रदूषण के घातक प्रभावों को अंकित करती है। यही वर्तमान जीवन की शिनाख़्त है। आज का मानव उसी प्रकार प्रकृति को चाहता है जैसे मरा हुआ आदमी ज़िन्दगी को वापस चाहता है।

पर्यावरणीय दर्शन के विविध आयाम

सुप्रिया के. पी.

पर्यावरण दर्शन

दर्शन शब्द 'दृश' धातु से बना है जिसका अर्थ होता है– देखना। इस आधार पर हम कह सकते हैं कि जिसके माध्यम से हम इस जगत को देखते हैं, वही दर्शन है। एक ख़ास विचार धारा के बल पर हम इस संसार का विवेचन–विश्लेषण करते हैं जिससे जगत का वास्तविक रूप हमारे सामने प्रत्यक्ष होता है। जीवन और जगत से सम्बन्धित तत्त्वों का तर्कपूर्ण आख्यान दर्शन का काम है। यह दर्शन मानव की अनंत जिजीविषा या जिज्ञासा वृत्ति का परिणाम कहा जा सकता है। अपने चारों तरफ़ प्रकाशित विभिन्न प्रतिभासों के तार्किक स्पष्टीकरण का अनुसन्धान करते हुए मनुष्य एक प्रकार से परितोष का अनुभव करता है। यह परितोष अज्ञान के बन्धनों से मुक्ति से मानव को प्राप्त होता है। इसकी प्राप्ति के लिए मानव सत्य का अनुसरण करता है। इसलिए सत्य का अनुसन्धान मानव के कर्म का मूल्य बन जाता है। इसलिए कोहन का कहना है कि सत्य के प्रति अत्यन्त निष्ठा का भाव ही दर्शन की महान उपलब्धि कही जा सकती है।[1] यह दर्शन मूल्यान्वेषण का काम करता है जो इस संसार को समझने का रास्ता बताता है। शिवकुमार मिश्र की राय में 'दर्शन जीवन की अर्थवत्ता की तलाशी है।' 'इस अन्दाज़ में दर्शन जीवन की विभिन्न स्थितियों की युक्तिसंगत आधार को ढूँढ़ता है और जीवन

मूल रहस्य को हमारे सामने प्रस्तुत करता है'।[2] इस आलोक में पर्यावरण दर्शन मनुष्य और पर्यावरण के बीच के सम्बन्ध को पारिभाषित करता है और जीवन को नये ढंग से रूपायित करने का संकल्प करता है। पर्यावरण दर्शन की मुख्यतरू चार धाराएँ हैं 1. गहन पारिस्थितिकी, 2. सामाजिक पारिस्थितिकी, 3. पारिस्थितिक समाजवाद, 4. पारिस्थितिक स्त्रीवाद इनपर आगे विचार किया जायेगा।

गहन पारिस्थितिकी

गहन पारिस्थितिकी अंग्रेज़ी के 'डीप इकोलॉजी' का पर्यायवाची शब्द है जो पर्यावरण अवबोध को गहराई से अभिव्यंजित करने वाली विचारधारा का सूचक है। इसका विकास 20 वीं शती में हुआ। इस वाद विशेष के प्रवर्तन का श्रेय नोर्वीजियन दार्शनिक अर्ने नेस को जाता है। बिल डेवल, जॉर्ज सेशंस, फ्रिजोफ काप्रे, ई.एफ. शुमैकर, अलेन ड्रेंगसन आदि गहन पारिस्थितिकी के प्रमुख समर्थक रहे हैं। यह दर्शन प्रत्यक्ष तथा परोक्ष रूप से पूर्व की दार्शनिक परम्परा से प्रभावित है। ताओयिज्म, सेन बुद्धिज़्म आदि के अलावा गांधी जी के दृष्टिकोण की भी छाप पर्यावरणीय चिन्ताओं में विद्यमान है। साथ ही अमेरिका के मूल निवासियों के परम्परागत दर्शन तथा सेइंट फ्रांसीस असीसी, स्पिनोजा, तोरो, जॉन म्युर, जार्ज सन्तायना, गैरी स्नाइडर आदि के प्रकृति सम्बन्धी दृष्टिकोण का प्रभाव भी इसमें देखा जा सकता है। गहन पारिस्थितिकी का और एक स्रोत पारिस्थितिकी रही है। यह विज्ञान की शाखा तो अवश्य है, किन्तु पश्चिम में पर्यावरण दर्शन के प्रारम्भिक विकास में इसके योगदान को नकारा नहीं जा सकता है। 1962 में रेचल कार्सन द्वारा प्रस्तुत 'सैलेंड स्प्रिंग' नामक रचना इसका उत्तम प्रमाण है। इसमें पारिस्थितिकी के बल पर जीवों का पारिस्थितिक तन्त्र के साथ जुड़ाव, खाद्य शृंखला और जैविक सम्बन्धों के संकीर्ण स्वरूप पर प्रकाश डाला गया है

और कीटनाशकों के प्रयोग से होने वाले जीव विनाश की समस्या पर ज़ोर दिया गया है। उक्त समस्या की पृष्ठभूमि को लेकर जीवन के बुनियादी मूल्यों में बदलाव लाने की अनिवार्यता पर कार्सन ज़ोर देती हैं।[3] गहन पारिस्थितिकी के सन्दर्भ में पारिस्थितिकी की प्रासंगिकता दरअसल उसे पारिभाषित करने के तरीक़े पर आधारित है। वह सिर्फ़ जीवमण्डल के प्रबन्धन में सहायक विज्ञान की शाखा नहीं, बल्कि पॉल शेपेर्ड की राय में वह 'एक प्रतिरोधात्मक आन्दोलन' है।[4] आल्डो लियोपोल्ड जैसे इसके कर्णधार मनुष्य और पर्यावरण के आपसी सम्बन्ध को विशाल अर्थ में ग्रहण कर लेता है और प्रभुत्ववादी सामाजिक प्रतिमानों को चुनौती देता है। लियोपोल्ड का 'लैंड एथिक' नामक ग्रन्थ इस सन्दर्भ में उल्लेखनीय है। वे नैतिकता की कसौटी पर मानव के आपसी सम्बन्धों को ही नहीं परखते, बल्कि मनुष्य का प्रकृति के साथ के व्यवहार को इसी दृष्टि से देखते हैं। वे 'समाज' की सीमाओं को विस्तृत करना चाहते हैं 'जिसमें मिट्टी, ज़मीन, पानी, पेड़–पौधे, जीव–जन्तु सब समाहित हैं।'[5] लियो पोल्ड समस्त जैव समुदाय की साकल्यता पर ज़ोर देकर उसके आन्तरिक मूल्य को पहचानते हैं। इसी को गहन पारिस्थितिकी ने अपना केन्द्रीय तत्त्व स्वीकार कर लिया है।

गहन पारिस्थितिकी अथवा 'डीप इकोलॉजी' में प्रयुक्त 'डीप' शब्द पर्यावरण अवबोध के सन्दर्भ में काफ़ी विवेचना की माँग रखता है। 1972 में प्रकाशित 'द शालो एंड द डीप लांग रेंज इकोलॉजी मूवमेंट : ए समरी' शीर्षक लेख में पर्यावरण से जुड़कर नेस ने इस शब्द का प्रयोग किया। नेस के अनुसार पर्यावरण रक्षा को उसके गहनतम अर्थ में समझना चाहिए। तत्काल में उठने वाली किसी समस्या को सुलझाने की कोशिश पर्याप्त नहीं है। ऐसी कोशिशों को नेस 'शालो इकोलॉजी' पुकारते हैं जिनसे पर्यावरण संकट रूपी समस्या का आंशिक सुधार सम्भव है। प्राकृतिक संसाधनों के शोषण, प्रदूषण आदि के

विरुद्ध होने वाले अधिकांश प्रयास सतही तौर का है जो सिर्फ़ प्रत्यक्ष लक्षणों के साथ लड़ते हैं। इन लक्षणों को ग़ायब करना ही नहीं, बल्कि समस्या के कारणों को पहचानकर उन्हें समूल उखाड़ना गहन पारिस्थितिकी का कार्य है। उदाहरण स्वरूप जहाँ शालो इकोलॉजी अम्लीय वर्षा के प्रभाव को कम करने के लिए अम्लीयता को सहन करने लायक पेड़ों की नयी प्रजातियों की खोज़ पर बल देती है। पर गहन पारिस्थितिकी प्रदूषण के लिए उत्तरदायी आर्थिक व्यवस्था और तकनीकी का विरोध करती है। 'वह पर्यावरण की किसी भी समस्या को काल विशेष, स्थान विशेष या प्रजाति (मानव प्रजाति) विशेष के सन्दर्भ में नहीं देखती है, बल्कि समस्त जीव समुदाय के सन्दर्भ में उसकी विवेचना करती है।'[6] उसकी दृष्टि दूरगामी है, ह्रस्वकालिक है। इसलिए प्रत्येक राजनीतिक, आर्थिक नीति को लेकर वह निरन्तर 'क्यों' वाला प्रश्न छेड़ती रहती है। गहराई के स्तर से उठने वाले ये सवाल पर्यावरण समस्या के लिए उत्तरदायी मूल्य दर्शन का विश्लेषण करते हैं और नये जीवन मूल्यों की प्रतिस्थापना करते हैं। एलेन ड्रेंगसन के अनुसार–'गहन पारिस्थितिकी की खासियत गहराई के स्तर से उठने वाले सवाल हैं और सवाल करते–करते गहन पारिस्थितिकी के समर्थक मूलभूत प्रतिमानों तक पहुँचते हैं।'[7] गहन पारिस्थितिकी का मुख्य चिन्तन बिन्दु जैविक समानता और मनुष्य केन्द्रिता का विरोध रहा है। 1984 में अर्ने नेस और जार्ज सेशंस की ओर से प्रस्तुत गहन पारिस्थितिकी के आठ बुनियादी तत्त्वों के विश्लेषण से उपर्युक्त कथन की पुष्टि होगी।

(1) इसके प्रथम तत्त्व के अनुसार पृथ्वी के समस्त जीव रूपों का एक आन्तरिक मूल्य है जो मनुष्य की उपयोगिता–अनुपयोगिता पर निर्भर नहीं है।[8] यहाँ जीव रूप शब्द का प्रयोग विशाल अर्थ में समझना चाहिए। इसमें जीव विज्ञानियों द्वारा पारिभाषित जीव मात्र नहीं, बल्कि नदी, लैंडस्केप, पारिस्थितिक तन्त्र सब शामिल हैं जिन्हें साधारणतया अजैविक शब्द से सूचित किया जाता है।[9]

ये जीवरूप एक दूसरे से इतना सम्बद्ध है कि जिससे एक जीवमण्डलीय जाल की परिकल्पना साकार होती है। प्रत्येक जीवरूप इस जाल में एक तन्तु की भूमिका निभाता है। मनुष्य इसका एक अंश है जिसे दूसरों के जीने के हक को रोकने का अधिकार नहीं है। जैविक समानता की उपर्युक्त भावना का तिरस्कार मनुष्य द्वारा प्रकृति को अधीन करने में परिणत हो जाता है। गहन पारिस्थितिकी उक्त मनुष्य केन्द्रिता के स्थान पर प्रकृति केन्द्रिता की स्थापना चाहती है।

(2) गहन पारिस्थितिकी का दूसरा तत्त्व जीव रूपों की विविधता और समृद्धि को बनाये रखने पर बल देता है। आन्तरिक मूल्य की अवधारणा को स्वीकार किये बिना इसे साकार नहीं किया जा सकता है।[10] विविधता के प्रति गहन पारिस्थितिकी का आग्रह विचारों की विविधता की स्वीकृति के रूप में विद्यमान है। नेस विचारों की बहुलताओं को इतना अधिक महत्त्व प्रदान करते हैं कि वे गहन परिस्थितिवादी कहने के स्थान पर 'गहन पारिस्थितिकी के समर्थक' शब्द का प्रयोग करते हैं। उनकी राय में गहन पारिस्थितिकी के समर्थक धार्मिक या दार्शनिक रूप से विभिन्न पृष्ठभूमि से जुड़े हो सकते हैं तथा उनके मूलभूत प्रतिमान भिन्न हो सकते हैं, मगर उस पर खड़े होकर वे गहन पारिस्थितिकी का समर्थन कर सकते हैं।[11] स्वयं नेस अपने को पर्यावरण स्त्रीवाद, सामाजिक पारिस्थितिकी, आदि का समर्थक मानता है और अपने पर्यावरण दर्शन को इकोसोफी–टी पुकारता है। 'टी' से उनका यही तात्पर्य है कि यह अक्षर सिर्फ़ नेस के विचारों का प्रतिनिधान करता है, न गहन पारिस्थितिकी के सभी समर्थकों के विचारों का। वे तो अलग–अलग मूल्य दर्शन विकसित कर सकते हैं और उसे इकोसोफी ए, बी....सेड के रूप में सूचित किया जा सकता है।[12]

(3) जीव विविधता और समृद्धि की रक्षा के सम्बन्ध में नेस इस बात को जोड़ते हैं कि मनुष्य को अपने जीवन को बनाये

रखने के लिए प्रकृति के वैभव में कमी लाने का कोई अधिकार नहीं है।[13]

(4) गहन पारिस्थितिकी आबादी को कम करने पर ज़ोर देती है, क्योंकि उसके नजरिये से मनुष्येतर प्राणियों के जीवन की रक्षा के लिए और मानव संस्कृति की रक्षा के लिए यह कमी अनिवार्य है।[14]

(5) गहन पारिस्थितिकी के पाँचवें तत्त्व के अनुसार मनुष्येतर प्रकृति में मनुष्य का हस्तक्षेप काफ़ी बढ़ गया है और यह इसी तरह जारी रहें तो पर्यावरण की स्थिति और ख़राब हो जायेगी।[15] नेस के अनुसार इस हस्तक्षेप की एकाएक समाप्ति सम्भव नहीं है। इसके लिए नीतियों में परिवर्तन लाना पड़ेगा। इसे वे अगले तत्त्व के रूप में प्रस्तुत करते हैं। साथ ही हस्तक्षेप शब्द को व्याख्यायित करने का प्रयास करते हैं। उनके अनुसार हस्तक्षेप के विरोध का यह मतलब नहीं है कि मनुष्य दूसरी प्रजातियों की भाँति पारिस्थितिक तन्त्र को परिवर्तित न करे। मनुष्य के विकास का आधार ही प्रकृति पर मानव का सर्जनात्मक हस्तक्षेप है और जीवन के भविष्योन्मुखी सफ़र में यह जारी रहेगा।[16] लेकिन सवाल उस परिवर्तन की सीमा और स्वरूप को लेकर है। प्रकृति की सहजता, उसकी अरण्यता की रक्षा का प्रयास आवश्यक है।[17] इसकी सफलता वर्तमान जीवन–नीतियों में बदलाव के बिना असम्भव है।

(6) जीवन नीतियों में लाने वाले परिवर्तन का प्रभाव आर्थिक, तकनीकी और सैद्धान्तिक संरचनाओं के बदलाव के रूप में देखा जा सकता है।[18]

(7) जीवन की नीतियों या जीवन के सिद्धान्तों के परिवर्तन से तात्पर्य भौतिक समृद्धि के परे जीवन की गुणात्मकता को स्वीकार करना है। 'श्रेष्ठ' और 'अधिक' के अन्तर को ठीक तरह से समझना चाहिए।[19] अर्थात् गहन पारिस्थितिकी आर्थिक समृद्धि को जीवन की उच्चता के परिचायक के रूप में स्वीकार नहीं करती है, बल्कि वह सरल जीवन और उच्च आदर्श की हिमायत करती है।

(8) गहन पारिस्थितिकी का अन्तिम तत्त्व इसके समर्थकों द्वारा इन तत्त्वों को अमल में लाने के दायित्व को सूचित करता है।[20]

गहन पारिस्थितिकी के सन्दर्भ में नेस के पर्यावरण दर्शन 'इकोसोफी–टी' की विवेचना भी आवश्यक है। इकोसोफी–टी अपने चरम प्रतिमान के रूप में आत्मबोध को मानती है। आत्मबोध को नेस विशाल अर्थ में प्रयुक्त करते हैं। सेल्फ अथवा आत्म को वे 'मोटे अक्षर एस' से सूचित करते हैं जो सीमित अहं का प्रतिनिधित्व नहीं करता है, बल्कि समस्त जीव रूपों को अपने में समाहित करता है। अर्थात् यह पेड़–पौधे, जीव–जन्तु या सम्पूर्ण जीव मण्डल के साथ मनुष्य के एकात्म होने की स्थिति है।[21] मैकल ज़िम्मेरमेन की राय में इस एकात्मकता को पाने के लिए मनुष्य के अवबोध के स्तर पर समूल परिवर्तन की ज़रूरत है।[22] आत्मबोध अथवा एकात्मकता को सर्वाधिक विकसित करना नेस का लक्ष्य है जिसका मतलब जीना और जीने देना है।[23] गहराई के स्तर पर होने वाला आत्मबोध और उसी के आधार पर होने वाली सहकारिता और हित रक्षा पर नेस की गहरी आस्था है। पर्यावरण संकट का सुलझाव इसी से हो सकता है। दूसरी ओर दायित्वपूर्ति के रूप में होने वाली 'निस्वार्थता' मात्र कृत्रिमता का पर्याय है।

गहन पारिस्थितिकी पर कभी मनुष्य विरोध का आरोप लगाया जाता है जो कि सही नहीं लगता है। इसका प्रथम तत्त्व ही सभी जीवों के आन्तरिक मूल्य पर ज़ोर देता है। जिसमें मनुष्य भी शामिल है। गहन पारिस्थितिकी मनुष्य के ख़िलाफ़ नहीं, बल्कि वह मनुष्य के एकाधिकार की आलोचना करती है और उसकी उपभोगवादी मानसिकता में बदलाव लाना चाहती है।

सामाजिक पारिस्थितिकी

इस दार्शनिक धारा के प्रवर्तन का श्रेय मुर्रे बुकचिन को है जो पर्यावरण समस्या को सामाजिक समस्या के रूप में स्वीकार करता है।

यह विचारधारा बुकचिन के द्वन्द्वात्मक प्रकृतिवाद, श्रेणीबद्धता के विकास सम्बन्धी विचार आदि के आधार पर विकसित है। द्वन्द्वात्मक प्रकृतिवाद के अनुसार मनुष्य एकसाथ जैविक (प्राकृतिक) और सामाजिक विकास का उत्पाद है। उसके विश्लेषण करने के लिए वे सिसेरो की प्रथम प्रकृति और द्वितीय प्रकृति जैसी संकल्पनाओं को स्वीकार करते हैं। प्राकृतिक दुनिया, जैविक परिणाम, जैव समुदायों का रूपायन इत्यादि प्रथम प्रकृति की कार्य परिणति है जबकि दूसरी संकल्पना मनुष्य के सामाजिक–सांस्कृतिक विकास को द्योतित करता है।[24]

प्रकृति शब्द के प्रयोग की आवृत्ति द्वारा बुकचिन दोनों के बीच के सम्बन्ध की अनुस्यूति को दर्शाते हैं, जबकि द्वितीय शब्द द्वारा पहले से उसकी भिन्नता का, उसकी निजी विशेषताओं का परिचय कराते हैं। बुकचिन समाज और प्रकृति के सम्बन्ध को ऐसे व्यतिरेकी तत्त्वों के सम्बन्ध मानते हैं जिनकी निजी विशेषताएँ हैं, लेकिन एक दूसरे से गहराई के स्तर पर जुड़े हुए हैं। मनुष्य, उसका समाज और संस्कृति जैविक व्यवस्थाओं से विकसित हैं और सांस्कृतिक–सामाजिक विकास के साथ स्वतन्त्रता, पेचीदगी, अवबोध जैसे तत्त्वों की प्राप्ति की कामना की जाती है। उनके बीज दरअसल प्रकृति की संकीर्णता में अन्तर्लीन हैं। बुकचिन की यह मान्यता प्रकृति और स्वतन्त्रता को अलग करने वाली पश्चिमी विचारों का विरोध करती है।[25]

सामाजिक पारिस्थितिकी की दृष्टि से मनुष्य के सामाजिक विकास के अन्तर्विरोधों से जिस श्रेणीबद्धता का विकास हुआ, वही एकसाथ सामाजिक विषमता को पैदा करती है और पर्यावरण संकट के लिए उत्तरदायी होती है। बुकचिन श्रेणीबद्धता को आज्ञा और पालन की सांस्कृतिक, पारम्परिक, मनोवैज्ञानिक व्यवस्था मानते हैं और उसे मात्र अर्थ और राजनीति से जुड़े वर्ग और राष्ट्र के सन्दर्भ में परिभाषित करना उचित नहीं समझते हैं।[26]

अर्थात् श्रेणीबद्धता का स्वरूप बहुस्तरीय है और वह एक का दूसरे पर वर्चस्व स्थापित करने और उसके शोषण करने का कारण बन जाती है। इसकी शुरुआत आयु के आधार पर होने वाली श्रेणी से हुआ, फिर पितृसत्ता, राष्ट्र, पूँजीवाद जैसे इसके कई रूप सामने आये। इस दर्शन के अनुसार श्रेणीबद्धता का आधार जैविकता नहीं है, यह एक अनिवार्यता या नियति नहीं है।[27] मतलब इसका उन्मूलन किया जा सकता है।

श्रेणीबद्धता के विकास से जुड़कर दो प्रक्रियाबद्ध मोड़ पर बुकचिन प्रकाश डालते हैं–जैव समाज से श्रेणीबद्ध समाज की ओर होने वाला परिवर्तन और श्रेणीबद्ध समाज के ही अन्तर्गत पूँजीवादी पूर्व समाज से पूँजीवाद की ओर होनेवाला परिवर्तन। जैव समाज बुकचिन के अनुसार मानव समाज का प्रारम्भिक रूप है जो श्रेणीबद्ध समाज के विपरीत सामुदायिक आदर्शों और सरल जीवन पर आधारित है। इसमें मनुष्य का आपसी सम्बन्ध जिस तरह सामंजस्यपूर्ण रहा है, उसका प्रतिफलन प्रकृति के साथ के रिश्ते में देखने को मिलता है। इनके जीवन तरीके अधिकाधिक प्रकृति के अनुकूल थे। वे वस्तुकरण, निजी सम्पत्ति, बाज़ार केन्द्रित अर्थ व्यवस्था, लाभ की लालसा, शोषण आदि से रहित इस अतीत समाज की स्मृतियों को सुरक्षित रखना चाहते हैं।[28] लेकिन अतीत के समाज को पूरी तरह से आदर्शपूर्ण दिखाना न तो बुकचिन का उद्देश्य रहा है न ही प्रकृति की ओर वापसी भी उनकी इच्छा रही है। लेकिन श्रेणीबद्ध समाज के विकल्प प्रस्तुत करने के लिए जो सहायक तत्त्व पूर्ववर्ती समाज से प्राप्त किया जा सकता है उसका सदुपयोग करना वे चाहते हैं ताकि पर्यावरण संकट एवं सामाजिक संकट से रहित समाज का रूपायन सम्भव हो सके। साथ ही यह इस ग़लत अवधारणा को निष्कासित करने के लिए भी है कि सामाजिक जीवन हमेशा लाभ, प्रतियोगिता, प्रकृति से अलगाव आदि पर आधारित है।

सामाजिक पारिस्थितिकी के अनुसार पर्यावरण संकट का मूल कारण सामाजिक होने के नाते इसके सुधार के रास्ते का स्वरूप भी उसके अनुरूप (सामाजिक और संस्थानपरक) होना चाहिए। वह एक नयी प्रकार की राजनीति की स्थापना चाहती है और ऐसे सामाजिक आन्दोलनों के उदय की ज़रूरत को रेखांकित करती है जो पर्यावरण रक्षा को प्रोत्साहित करने वाले और मनुष्य में विद्यमान स्वतन्त्रता प्राप्ति की क्षमता आदि को पहचानने लायक एक समाज की पुनरुसंरचना को सम्भव बनाती है। ऐसे समाज की स्थापना उसका उद्देश्य है जिसमें सहकारिता, समानता आदि के आधार पर जीवन को व्यवस्थित किया जाये ताकि मनुष्य–मनुष्य और मनुष्य–प्रकृति के बीच की समरसता स्थापित हो जाये। मनुष्य के विभिन्न प्रकार की सामाजिक भूमिका रहे, किन्तु सहयोग के साथ उन्हें पूरा करें, प्रतियोगिता और वर्चस्व के स्थान पर एक दूसरे का आदर–सम्मान करें। संक्षेप में मनुष्य के आपसी सम्बन्ध में बदलाव लाना और श्रेणीबद्धता से मुक्त होना पर्यावरण संकट से मुक्ति के उपाय हो सकते हैं।

पारिस्थितिक समाजवाद

पर्यावरण संकट के मूल कारणों को मार्क्सवादी दर्शन के आधार पर विश्लेषित करने का काम पर्यावरणीय समाजवाद करता है। समाजवाद मुख्यतः पूँजीवाद के विपक्षी होकर उसके लाभकेन्द्रित उत्पादन, आर्थिक वितरण की असमानता, मज़दूरों का शोषण आदि की आलोचना प्रस्तुत करता है। वह सामाजिक न्याय, समानता के तत्त्वों पर आधारित उत्पादन का पक्ष लेता है। पर्यावरणीय समाजवाद का उदय पूँजीवाद के विरोध में हुआ है जो पर्यावरण संकट और आर्थिक विकास को परस्पर सम्बद्ध मानता है। इसीलिए कहा जाता है कि पूँजीवादी शोषण से जनता को उन्मुक्त करने का प्रयास पर्यावरण को बचाने का

प्रयास साथ–साथ चलता है।[29] सरल सरकार मानते हैं कि हमारी सारी समस्याओं को दो वर्गों में विभाजित कर सकते हैं– मनुष्य और मनुष्येतर प्रकृति के बीच के रिश्तों से सम्बन्धित समस्या और मनुष्य–मनुष्य के आपसी सम्बन्धों से जुड़ी हुई समस्या। इन समस्याओं के परिहार से पर्यावरण संकट से मुक्ति और स्वस्थ समाज का सृजन सम्भव होगा।[30] इन समस्याओं के निवारण के लिए समष्टिगत चिन्तन की ज़रूरत है जो पर्यावरणीय समाजवाद के रूप में साकार हो रहा है। यहाँ यह स्पष्ट करना अनिवार्य है कि साम्यवाद और समाजवाद दोनों पूँजीवाद का विरोध करता है, पर साम्यवाद आवश्यकताओं के आधार पर उत्पादन का समर्थन करता है, पर समाजवाद व्यक्ति सर्जना शक्ति के अनुरूप उत्पादन करने का समर्थन करता है।[31]

एक दार्शनिक धारा के रूप में पर्यावरणीय समाजवाद का उदय बीसवीं शती के अन्तिम तीन दशकों से हुआ, किन्तु इस बात की कभी उपेक्षा नहीं की जा सकती कि इसकी पृष्ठभूमि में चार्ल्स फोरियर, मार्क्स, एंगल्स, विलियम मोरिस जैसे पूर्ववर्ती विचारकों की महत्त्वपूर्ण भूमिका रही है। प्रादेशिक स्तर पर और सामाजिक दायित्व पर आधारित उत्पादन सम्बन्धी चार्ल्स फोरियर के विचार को पर्यावरणीय समाजवाद समर्थन करता है।[32] मार्क्स ने मनुष्य और प्रकृति की सम्बद्धता को पहचाना है और उस पर गहराई से विचार किया है। मार्क्स की राय में प्रकृति मनुष्य का अजैव शरीर है तथा मानव की जीवन प्रक्रिया का आधार है।[33] अपने जीवन को क़ायम करने के लिए प्रकृति से प्राप्त पानी, वायु, सूर्य आदि से हम ऊर्जा ग्रहण करते हैं। इस ग्रहण करने की प्रक्रिया को उपापचय कहा जाता है। उत्पादन प्रक्रिया इस ऊर्जा का परिवर्तित रूप है, इसे सामूहिक उपापचय की संज्ञा दी जा सकती है। इसी के आधार पर मनुष्य का सामाजिक जीवन रूपायित होता है। नैसर्गिक सामूहिक उपापचय

से प्रकृति में परिवर्तन अवश्य होता है, लेकिन उससे कोई दोषकारी परिणाम नहीं निकलता। लेकिन जब पूँजी इकट्ठा करने के उद्देश्य से उत्पादन किया जाता है तो प्राकृतिक संसाधनों के नाश की गति बढ़ जाती है, मज़दूरों का श्रम बढ़ जाता है और पूँजी की वृद्धि हो जाती है। इसके परिणाम स्वरूप प्रकृति के साथ मानव का स्वाभाविक सम्बन्ध नष्ट होता है। इसका तात्पर्य यह है कि मानव का श्रम और प्रकृति माल बन जाते हैं। इससे पृथक्करण की स्थिति पैदा होती है।'[34] पृथक्करण से समुदाय के अन्य सदस्यों से, प्रकृति से और अपने ही श्रम के फल से मानव अलग हो जाता है। यह उसकी सृजनात्मकता, आस्वादन क्षमता और आपसी सहकारिता के क्षय का कारण बनता है। मार्क्स के अनुसार पूँजीवादी खेती एक ओर मिट्टी की उर्वरता को समाप्त करता है तो दूसरी ओर मजदूर की शारीरिक–मानसिक क्षमता को तबाह करता है।[35]

पर्यावरण विनाश के प्रसंग में एंगल्स के विचार मार्क्स से ज़्यादा चर्चित हैं। उनकी राय में प्रत्येक प्राणि जीने के क्रम में अपने वातावरण में जाने–अंजाने परिवर्तन करता है। प्रकृति में मनुष्य द्वारा लाये जाने वाले परिवर्तन सबसे ज़्यादा है और सबसे ख़तरनाक भी है जो महत्त्वाकांक्षा का परिणाम है।[36] मार्क्स और एंगल्स के परवर्ती विचारकों ने पूँजीवादी उत्पादन के पर्यावरण विनाशकारी पक्ष पर विचार–विमर्श किया है। विल्यम मोरिस बुनियादी ज़रूरतों की पूर्ति के लक्ष्य में उत्पादन को बदलकर अतिरिक्त मूल्य की सम्भावनाएँ समाप्त करने पर ज़ोर देते हैं। आगे चलकर पीपर क्रोपोटकिन, अलक्सांडर, अलक्सानड्रोविच, बोग्दनोव, अनातलिवसिलेयविच लूणाच्चास्कीं तथा व्लाडिमिर व्लाडिमिरोविच स्टानचिस्की जैसे बोलशोविक; ल्यूयी मंफोर्ड आदि ने भी मार्क्सवाद के आधार पर पर्यावरण अवबोध को विकसित करने का प्रयास किया। प्रकृति और मनुष्य के आपसी सम्बन्ध को मार्क्सवादी दृष्टि से व्याख्यायित करने में फ्रांकफर्ट शाखा के

प्रमुख विचारकों–मैक्स हॉक हैमर, तियडोर अडोनो, हेर्बर्ट मर्क्यूस, हेबरमास आदि के नाम भी स्मरणीय हैं।

पर्यावरणीय समाजवाद के नजरिये से पर्यावरण संकट और आर्थिक संकट अनन्त वृद्धि का परिणाम है। पूँजीवाद वृद्धि या मृत्यु के नारे को लेकर चलने वाला है। वह न तो उत्पादन शक्तियों की सीमा को पहचानता है, न उत्पादन व्यवस्था की रक्षा की आवश्यकता महसूस करता है। पूँजीवाद और पर्यावरण की रक्षा एक साथ सम्भव नहीं है और अब तक का अनुभव साक्षी है कि पर्यावरणीय पूँजीवाद किसी भी हालत में पर्यावरण समस्या का सही समाधान नहीं है। इसलिए पर्यावरणीय समाजवाद उत्पादन के विकेन्द्रीकरण पर ज़ोर देता है।[37] विकेन्द्रित उत्पादन से तात्पर्य बाज़ार केन्द्रित उत्पादन न होकर बुनियादी ज़रूरतों की पूर्ति हेतु होने वाला उत्पादन एवं पूँजीवादी शक्तियों की केन्द्रिता से मुक्ति है। यह उत्पादन प्रक्रिया एक साथ उत्पादकों की सहकारिता, स्वतन्त्रता, सृजनात्मकता और श्रम में परितोष को बनाये रखने में सहायक होती है। पूँजीवादी उत्पादन में पैदा होने वाले पृथक्करण की स्थिति इसमें नहीं होती और मज़दूर का काम यन्त्रवत न रहकर परितोष प्रदान करने लायक होता है। साथ ही समाजवाद प्राकृतिक संसाधनों के समुचित उपयोग, उत्पादन की पर्यावरण अनुकूलता आदि पर ध्यान रखता है। पर्यावरणीय समाजवाद विभिन्न प्रकार के प्रतिरोधात्मक आन्दोलनों को अपने भीतर समेट लेता है। वह अधिकारों की रक्षा, सामाजिक–आर्थिक न्याय की हिमायत करता है। पर्यावरणीय समाजवाद की प्रमुख मान्यताओं को यों समेट सकते हैं–

1. पूँजीवाद और पर्यावरण की रक्षा एक साथ सम्भव नहीं है, क्योंकि पूँजीवाद वर्तमान पर्यावरण संकट और आर्थिक संकट के लिए उत्तरदायी है। इसीलिए इन्हीं समस्याओं को अलग–अलग रूप में सुधारने के स्थान पर समष्टिगत दृष्टिकोण अपनाना चाहिए।

2. पूँजीवादी उत्पादन के शोषणात्मक स्वरूप को पहचानने के लिए उत्पादन और उपभोग को नैतिकता की कसौटी पर कसना चाहिए।

3. सीमातीत वृद्धि के स्थान पर स्थायित्व को अर्जित करना अनिवार्य है। इसके लिए पूँजीवादी उत्पादन प्रणाली के स्थान पर विकेन्द्रित, पर्यावरण अनुकूल, सामाजिक दायित्व पर आधारित उत्पादन के तरीक़े अपनाने चाहिए।

4. पर्यावरण नीति, आर्थिक नीति और सामाजिक नीति एक दूसरे से सम्बन्धित है। इसीलिए जीने के अधिकार की रक्षा को लक्ष्य करने वाले सभी प्रकार के आन्दोलनों की अनिवार्यता और आन्तरिक एकरूपता को पहचानना ज़रूरी है।

5. पर्यावरणीय समस्याओं के समाधान के रूप में प्रस्तुत पर्यावरणीय पूँजीवाद का सही विश्लेषण अनिवार्य है।

6. पर्यावरण के बचाव का प्रयास वैयक्तिक स्तर पर ही नहीं, बल्कि राष्ट्रीय–अन्तर्राष्ट्रीय स्तर पर भी होना चाहिए जिससे एक क्रान्तिकारी सामाजिक–राजनीतिक परिवर्तन सम्भव हो जाये।

पारिस्थितिक स्त्रीवाद

पारिस्थितिक स्त्रीवाद अथवा इकोफेमिनिज़्म एक ऐसी दार्शनिक धारा है जो एक साथ पर्यावरणवाद और नारीवाद से जुड़ी हुई है। स्त्री और प्रकृति के शोषण एवं दमन की समानान्तरता और सम्बद्धता की अवधारणा पर यह विचारधारा आधारित है। 20वीं शती के सातवें दशक में जब एक ओर नारी मुक्ति का प्रयास चल रहा था और दूसरी ओर पर्यावरण की रक्षा के प्रति जागरूकता विकसित हो रही थी, इस सन्धि पर पारिस्थितिक स्त्रीवाद की शुरुआत हुई। 1974 में फ्रांसीसी स्त्रीवादी लेखिका फ्रांस्वा द यूबोन ने 'फेमिनिज़्म और डेथ' नामक ग्रन्थ के ज़रिये 'इकोफेमिनिज़्म' शब्द को संसार के सामने रखा। पारिस्थितिक स्त्रीवाद का वास्तविक विकास 1980 के मध्य से शुरू होता है।

इसके विकास के परिप्रेक्ष्य में नाभिकीय विध्वंस, सैनिकीकरण, विषैले अपशिष्ट, वन विनाश आदि के पर्यावरण के विरुद्ध और स्त्री के विरुद्ध पक्षों के ख़िलाफ़ औरतों की सक्रिय भागीदारी में आयोजित विभिन्न आन्दोलनों का मुख्य हाथ रहता है। साथ ही हाल में प्रकाशित कुछ पुस्तकें– मेरी डाली की 'गैन/इकोलॉजी', सूसन ग्रिफिन की 'वुमन एंड नेचर', रोसमेरी राडफोर्ड रूथर की 'न्यू वुमन न्यू एर्थ' आदि पारिस्थितिक स्त्रीवाद से विशेष रूप से जुड़ी हैं। इसके अलावा 1980 में नेस्त्रा किंग, ग्रेज पाली आदि के नेतृत्व में आमहेस्ट में आयोजित 'विमन एंड लाइफ ऑन एर्थ : ए कोनफेरेंस ऑन इकोफेमिनिज़्म इन दी एटीस' का भी उल्लेखनीय स्थान है। यह कानफेरेंस थ्रिमेल दुर्घटना के परिप्रेक्ष्य में आयोजित था जिसने स्त्रीवाद, सैनिकीकरण, पर्यावरण विनाश आदि के बीच के सम्बन्धों पर सूक्ष्म विचार किया।

पारिस्थितिक स्त्रीवाद को स्त्रीवाद के विभिन्न सिद्धान्तों की नींव पर खड़े होकर पर्यावरणीय समस्याओं को सम्बोधित करने वाली और उससे मुक्ति की राह खोजने वाली एकाधिक विचारधाराओं का संकलित रूप माना जा सकता है।[38] पुरुष केन्द्रिता का विरोध इसका मुख्य विचार बिन्दु है क्योंकि इसके नजरिये से स्त्री और प्रकृति दोनों इसके शिकार है। यह इतिहास सम्मत बात है कि खेती के संचालन को अपने हाथ में लेने और परिवार की स्थापना करने से पुरुष ने पृथ्वी और स्त्री दोनों पर अपना अधिकार जमाया। परिवार से जुड़े दायित्वों के नाम पर उसने स्त्री को हाशियेकृत किया। पहले तो अज्ञानता और दुराग्रह्यता से उत्पन्न भय के कारण प्रकृति और स्त्री उसके लिए आराधना के पात्र रहे थे। प्रकृति को स्त्री के रूप में पूजते थे। मातृदेवताओं की मूर्तियाँ इसके प्रमाण हैं। लेकिन पुरुष के केन्द्र स्थान पर आने से स्त्री और प्रकृति दोनों की स्वतन्त्र सत्ता नष्ट होकर उपभोग की वस्तु के रूप में बदलने लगी। 16वीं, 17वीं शती की प्रबुद्धता ने भी मनुष्य/प्रकृति, पुरुष/स्त्री,

मन/शरीर, युक्ति/विकार जैसे विभिन्न द्वैत प्रस्तुत करके पुरुष की प्रभुता को न्यायसंगत घोषित किया। अर्थात् इस श्रेणीबद्ध द्वैतता में प्रकृति–स्त्री, शरीर–विकार आदि निम्न श्रेणी के हैं जिस पर मनुष्य, पुरुष, मन, युक्ति आदि का वर्चस्व है।[39] विज्ञान और तकनीकी के क्षेत्र में हुई प्रगति इस श्रेणीबद्धता को लागू करने का सशक्त हथियार रही है। करोलिन मेर्चेंड ने 'डेथ ऑफ नेचर' में दिखाया है कि आधुनिक पूर्व यूरोप में मौजूद प्रकृति के दो बिम्ब हैंदृ एक पालन करने वाली माँ का, दूसरा प्रचण्डकारी रूप। इनमें से विज्ञान और तकनीकी के विकास के साथ दूसरे का प्रचलन होने लगा।[40] जो प्रकृति के ऊपर मनुष्य/पुरुष के अधिनायकत्व का समर्थन करने वाला है। ये दोनों बिम्ब प्रकृति को स्त्री के रूप में प्रस्तुत करने वाले हैं। मतलब यह है कि प्रकृति को अधीन करने के सारे के सारे प्रयास स्त्री की गुलामी को सुदृढ़ बना देते हैं। जागरण की आड़ में 'विच–हंट' के नाम से हुई औरतों की हत्या, साथ ही पर्यावरण की रक्षा हेतु पीढ़ियों से पलित वर्जनाओं का उल्लंघन करके 'पृथ्वी की कोख रूपी खदानों' के खनन द्वारा उसकी राज़ खोलने का प्रयास इसका सबूत है।[41]

पारिस्थितिक स्त्रीवाद दरअसल एक बहुलतावादी दर्शन है। स्त्री और प्रकृति के आपसी सम्बन्ध के स्वरूप को लेकर पारिस्थितिक स्त्रीवाद एकमत नहीं है। 'पारिस्थितिक स्त्रीवाद की एक धारा सांस्कृतिक पारिस्थितिक स्त्रीवाद की राय में स्त्री और प्रकृति में नैसर्गिक रूप में कुछ ख़ास गुण विद्यमान हैं जो पूर्व निर्धारित एवं अपरिवर्तनशील है। प्रकृति एवं स्त्री दोनों सृजन के विशेष वरदान से विभूषित हैं जिनकी वजह से स्त्री और प्रकृति अपने आपमें आने वाली पीढ़ी को जन्म देने एवं पोषित करने में सफल निकलती है'।[42] इस नैसर्गिक गुणवत्ता की वजह से स्त्री और प्रकृति में समान जैविक प्रवृत्ति को यह वाद विशेष स्वीकार करता है। इस वाद विशेष के अनुयायी सारवाद का अनुगमन

करते हैं जो स्त्री, पुरुष और प्रकृति में निश्चित गुणों की पूर्व स्थिति को स्वीकार करता है। प्रजननात्मकता और अन्य गुणवत्ता के आधार पर स्त्रियाँ प्रकृति के बचाव के संघर्ष में विशेष भूमिका निभा सकती हैं। स्त्री के गुणों के पल्लवन से या मातृत्व के गुणों के विकास से प्रकृति की उर्वरता या लयात्मक जैविकता को पुनःस्थापित किया जा सकता है। यह वाद विशेष प्राकृतिक अवबोध, प्राकृतिक आध्यत्मिकता, मातृबिम्बों की आराधना, श.रीरिक विशेषताओं के आधार पर स्त्री के राजनीतिक हस्तक्षेप को हमारे सामने रखता है। शेरी ओटिनर जैसे विचारक विज्ञान और उद्योग को विध्वंसकारी इसलिए बताती हैं कि वह प्रकृति एवं स्त्रीत्व के शरीर, सामाजिक भूमिका, मनोभूमि को नष्ट करता है।[43] मातृत्व की परिकल्पना का विकास पर्यावरणीय दर्शन के विभिन्न पड़ाओं में हुआ है। इस मातृत्व की परिकल्पना को फ्रांस्वा सर्जनात्मकता का समतुल्य मानती हैं। उनके अनुसार पुरुष केन्द्रित मानसिकता स्त्री और प्रकृति को अपनी इच्छानुसार, अपने लिए लाभ की सामग्री जुटाने के लिए इस्तेमाल करती है। वे स्त्रीत्व का अर्थ मात्र स्त्री की सत्ता के रूप में नहीं, बल्कि अधिकारहीनता या सत्ताहीनता के रूप में लेना चाहती हैं। यहाँ स्त्रीत्व सभी चर–अचर की नैसर्गिक रचनात्मकता का पर्याय है जो सभी में परिव्याप्त है। इसलिए स्त्रीत्व की प्रतिष्ठा इस ग्रह में हो जाये जिससे वह फूलित–फलित हो जाये।[44] वन्दना शिवा पुरुष के भीतर के स्त्रीत्व की प्रतिष्ठापना की बात करती हैं। वे भारतीय सांख्य दर्शन की प्रकृति–पुरुष संकल्पना के आधार पर प्रकृति और स्त्री को आदि ऊर्जा स्वीकार करती है और मानव मुक्ति की संकल्पना पर ज़ोर देती है। उनके अनुसार स्त्रैण तत्त्व स्त्री और पुरुष दोनों में विद्यमान है जिसका स्वरूप सृजनात्मक है। इसलिए पुरुष में स्त्रैणता को पुनरुजीवित करना प्रकृति या पर्यावरण के बचाव के लिए आवश्यक है, क्योंकि इस प्रकृति को जीने योग्य बनाना इसका मकसद है।

सर्जना का तात्पर्य क्रिया की उदात्तता से है, लेकिन आजकल उसका रूप विनाशकारी होता जा रहा है। सत्ता का सम्बन्ध मानव की क्षमताओं के सांस्कृतिक विकास से है, लेकिन वही आज प्रभुता का कारण बन गया है। ऐसी सांस्कृतिक परिस्थिति में पुरुष के भीतर का स्त्रीत्व नष्ट हो जाता है। पुरुष के भीतर के स्त्री को प्रतिष्ठित किये जाने पर प्रकृति का पल्लवन होगा, उसका कुसुमन सम्भव होगा।[45] संक्षेप में पुरुष केन्द्रिता का तिरस्कार और स्त्रीत्व की सर्जनात्मकता का समर्थन करने वाला यह दर्शन पर्यावरण रक्षा व स्त्री मुक्ति के नवीन दार्शनिक आधार को हमारे सामने रखता है। लेकिन यहाँ उल्लेखनीय है कि सांस्कृतिक पारिस्थितिक स्त्रीवाद की सीमा यह है कि सांस्कृतिक स्त्रीवाद एक आध्यात्मिक शक्ति की तरफ़ से गुणवत्ता के निश्चित होने के विचार को प्रसारित करता है तथा स्त्री–पुरुष की सांस्कृतिक विकास की अवधारणा को नकारता है'। आज की वैचारिकता के बल पर इसे युक्तिसंगत नहीं कहा जा सकता है।[46] सांस्कृतिक पारिस्थितिक स्त्रीवाद की दृष्टि से पुरुष और स्त्री की भिन्नता शाश्वत है जबकि पारिस्थितिक स्त्रीवादियों का दूसरा पक्ष स्त्री और प्रकृति का सम्बन्ध विशेष सामाजिक, सांस्कृतिक, ऐतिहासिक सन्दर्भों का परिणाम मानता है। उपर्युक्त मत भिन्नता सांस्कृतिक पारिस्थितिक स्त्रीवाद, सामाजिक पारिस्थितिक स्त्रीवाद, समाजवादी पारिस्थितिक स्त्रीवाद, उदारतावादी पारिस्थितिक स्त्रीवाद जैसी मुख्य धाराओं में अभिव्यक्त हुई है।

सामाजिक पारिस्थितिक स्त्रीवाद को प्रस्तुत करने का श्रेय मुर्रे बुकचिन के सोश्यल इकोलॉजी सेंटर के कार्यकर्ताओं को है। सांस्कृतिक पारिस्थितिक स्त्रीवाद से भिन्न यह स्त्री और प्रकृति के आपसी सम्बन्ध को पूँजीवादी पितृसत्तात्मक समाज द्वारा संरचित मानता है। पूँजीवादी पितृसत्ता का सिद्धान्त दमन, प्रभुता और श्रेणीबद्धता के आधार पर गठित है। इसीलिए प्रकृति की रक्षा और स्त्री की मुक्ति के लिए सभी प्रकार की प्रभुता को

समाप्त करने वाले सामाजिक परिवर्तन की कामना करता है।[47] सामाजिक पारिस्थितिक स्त्रीवाद एक ऐसे समाज के रूपायन की आशा करता है, जहाँ मनुष्य द्वारा मनुष्य का शोषण न हो, आर्थिक, सामाजिक आदि क्षेत्रों में श्रेणीबद्धता न हो। यह लोकतन्त्रात्मक विकेन्द्रित आर्थिक व्यवस्था या संगठन का समर्थन करता है जहाँ औरत को सार्वजनिक जीवन में स्वतन्त्र भागीदारी के अवसर प्राप्त हों। 'यह वाद विशेष सांस्कृतिक पारिस्थितिक स्त्रीवाद के सारवाद का खुला खण्डन करता है और उसकी मान्यता यह है कि स्त्री को मात्र पोषक, संरक्षक और प्रकृति का पर्याय मानना उसके दमन का कारण है। यह स्त्री की व्यापक सामाजिक भूमिका को सीमित करता है'।[48]

सामाजिक पारिस्थितिक स्त्रीवाद की तरह समाजवादी पारिस्थितिक स्त्रीवाद भी स्त्री और प्रकृति के सम्बन्ध को पूँजीवादी पितृसत्ता द्वारा संरचित स्वीकार करता है। पूँजीवाद श्रेणीबद्धता को बढ़ाता है; विविधता व समानता को मानने वाला नहीं है। इसके नजरिये से जैविक विविधता का न तो कोई मूल्य है, न ही स्त्री–पुरुष की समतुल्यता का। इसीलिए यह एक ओर स्त्री को 'सेकेंड सेक्स' के रूप में गौण स्थान प्रदान करता है, दूसरी ओर प्रकृति में पौधों की विविधता को समाप्त करके एकजातीय फ़सलों को प्रोत्साहित करता है।[49] पूँजीवाद प्रकृति के महत्वपूर्ण वरदानों को तुच्छ मानता है, उत्पादन की प्रक्रिया में प्रकृति की स्वाभाविकता को तबाह करता है। वैसे उत्पादन–पुनरुत्पादन की प्रक्रिया में वह स्त्री के योगदान को नगण्य मानकर उसे मुख्यधारा से अलग कर देता है। पूँजीवाद सहजता को स्वीकारने वाला नहीं है। जैव–तकनीकी, पुनरुत्पादन तकनीकी आदि के माध्यम से वह सहज मातृत्व को चुनौती देता है। पूँजीवाद के प्रसार के साथ आयी उत्पादन की नयी प्रणाली प्रकृति के साहचर्य में रहने वाली तीसरी दुनिया के देशों की ग्रामीण औरतों की सामाजिक पदच्युति के लिए कारण

बनी है, क्योंकि इसने प्रादेशिक स्तर पर स्त्रियों की ओर से होने वाले खाद्य उत्पादन को समाप्त किया है। पूँजीवाद की ओर से प्रस्तुत 'विकास' से उत्पन्न पर्यावरण विनाश का सर्वाधिक बुरा असर इन औरतों को भुगतना पड़ता है। ग्रामीण इलाक़ों में पूरे परिवार के लिए पानी, खाद्य पदार्थ, ईंधन आदि इकट्ठा करने का दायित्व औरतों का है। जिसके लिए वे आसपास के प्राकृतिक संसाधनों पर निर्भर रहती हैं। वन विनाश, जल संकट आदि के होने पर इन ज़रूरतों की पूर्ति के लिए औरतों को घण्टों तक यात्रा करनी पड़ती है, जिससे उनकी तबीयत ख़राब हो जाती है तो दूसरी ओर शिक्षा–प्राप्ति से भी वे वंचित रह जाती हैं। अतः समाजवादी पारिस्थितिक स्त्रीवाद उत्पादन और जैविकीय पुनरुत्पादन के पूँजीवादी हस्तक्षेप को समाप्त करने के पक्ष में है। सामाजिक समानता और पर्यावरण रक्षा को साकार करने के लिए स्त्री–पुरुष सम्बन्धों में, आर्थिक–राजनीतिक ढाँचे में, समाज की उत्पादन प्रणाली में परिवर्तन हो जिससे पर्यावरण के साथ नूतन सम्बन्ध का विकास हो, स्वस्थ मानवीय संवेदना का विकास हो और पर्यावरणीय विविधता क़ायम हो।

लिबरल फेमिनिज़्म वैयक्तिक और सामाजिक जीवन में स्त्री और पुरुष की समता पर ज़ोर देता है। उसके अनुसार जैविकीय दृष्टि से पुरुष से भिन्न होने पर भी उस जैविकता की सीमाओं से ऊपर उठकर विकसित होने की तार्किक क्षमता औरत में है। स्त्री शिक्षा, स्वास्थ्य, सामाजिक सुरक्षा के उपायों के माध्यम से अपने जीवन की असमानता का समाधान कर सकती है। वर्तमान पर्यावरणीय संकट का आधार स्वार्थ केन्द्रित वैयक्तिक दर्शन, पूँजीवादी द्रुत और अमित उत्पादन प्रणाली और पर्यवरण को असन्तुलित करने वाले वस्तुओं का इस्तेमाल है। इसको क़ानूनी प्रबन्धन, विज्ञान के विकास, शिक्षा के माध्यम से दूर किया जा सकता है। पर्यावरण विनाश के माहौल में प्राकृतिक संसाधनों की सुरक्षा की दिशा में स्त्री भी अहम भूमिका निभा सकती है।

इसके लिए स्त्री को पितृसत्ता के मूल्यों से मुक्ति प्राप्त करनी चाहिए। सीमोन द बोअर और बेटी फ्रेडन इस वाद विशेष के प्रमुख प्रयोक्ता रही हैं।[50]

पर्यावरण और भाषा

मनुष्य और मनुष्येतर प्राणियों की अपनी–अपनी भाषा होती है जिसके माध्यम से वे विचारों का अभ्यन्तरीकरण एवं उन अभ्यन्तरीकृत विचारों का संप्रेषण करता है। मनुष्य के पास भाव–सम्प्रेषण के कई तरीक़े होते हैं जिसके माध्यम से वह अपनी जैविक सीमा का उल्लंघन कर सांस्कृतिक वातावरण का सृजन करता है। साधारण बोल–चाल से लेकर साहित्य, नृत्य, चित्र, मूर्ति आदि साधन विचारों के आदान–प्रदान में सहायक भाषा के विविध रूप हैं।

भाषा और पर्यावरण का सम्बन्ध सर्वविदित है। भाषा प्रकृति के साथ मानव मन के बोधात्मक संवाद की परिणति है। भौतिक जगत की विभिन्न वस्तुएँ शब्दाकार में मानव के मस्तिष्क में छायी हुई हैं। इन शब्दों का कल्पनात्मक विन्यास साहित्य का रूप धारण करता है। भाषा अपने आप में एक प्रतीकात्मक व्यवस्था है, इसलिए मानव के बोध का प्रतीकात्मक रूपांतरण को भाषा कही जा सकती है। दूसरी ओर प्रत्येक भाषा की शब्द सम्पदा, व्याकरण, ध्वनियाँ आदि पर्यावरण को प्रतिबिम्बित करते हैं। उदाहरण के लिए समुद्र तट पर रहने वाले आदिम जनजातियों की भाषा में समुद्री जीवों से जुड़ी सूक्ष्मतम जानकारी उपलब्ध है। वैसे ही पहाड़ी क्षेत्रों में रहने वालों को तराइयों की निवासियों की अपेक्षा प्रकृति के साथ निरन्तर मुठभेड़ करना पड़ता है। इसी का प्रतिफलन उनकी भाषा में भी कठिन और खुरदरे शब्दों व सरल, मीठी वाणी के अन्तर के रूप में विद्यमान है।[51] पर्यावरण को मनुष्य जिस तरह आत्मसात करता है उसीके अनुरूप उसकी भाषा का स्वरूप बनता है। आसपास में किसी वस्तु या जीव

की उपस्थिति मात्र से भाषा में उसे सूचित करने वाले शब्द नहीं आता, बल्कि उस वस्तु या जीव की ठीक पहचान भाषा–भाषी समाज के जरिए होना आवश्यक है।[52]

भाषाओं की विविधता का आधार दरअसल पर्यावरण की विशेषताएँ हैं। डानियल नेटिल ने अपने अध्ययन के आधार पर साबित किया है कि वर्षा ऋतु की अवधि और भाषाओं की संख्या आपस में सम्बद्ध है। पश्चिमी अफ्रीका के उन प्रदेशों में जहाँ ग्यारह महीनों तक वर्षा होती है वहाँ भाषाओं की संख्या अधिक हैं और जहाँ कम अवधि में बरसात होती है वहाँ भाषाएँ सीमित हैं। कारण यह है कि पर्याप्त वर्षा मिलने वाले प्रदेशों की जनता जीवन यापन के लिए आवश्यक खाद्य पदार्थों का उत्पादन वहीं पर कर सकता है, बाहरी दुनिया से उसे ज़्यादा सम्पर्क नहीं करना पड़ता है। इसलिए चीज़ों के आदान–प्रदान के लिए एक सामान्य भाषा की ज़रूरत भी नहीं विकसित होती है। प्रत्येक दल की भाषाओं की विविधता बनी रहती है। दूसरी ओर जहाँ ऋतु विशेष के आधार पर फ़सलें उत्पादित करती हैं, वहाँ अकाल की सम्भावना ज़्यादा है। अतः खाद्य पदार्थों को प्राप्त करने के लिए एक सामाजिक अन्तर्जाल बनाया जाता है जिसमें एक ही सामान्य भाषा का प्रयोग सम्भव है ताकि विचार–विनिमय आसानी से हो सके।[53]

पूँजीवाद की ओर से होने वाले संस्कृतियों के एकशिलात्मक रूप तैयार करने का प्रयास भाषाओं की विविधता और सृजनात्मकता को तबाह कर रहा है। पूँजी के आग्रह में जिस तरह मनुष्य–प्रकृति के सम्बन्ध में दरारें उत्पन्न हुई हैं, उसी के अनुरूप भाषा से जीवन्तता के अंश ग़ायब होते जा रहे हैं। आजकल हर कहीं एक ऐसी तकनीकी भाषा का प्रचलन है जो काफ़ी शुष्क एवं नीरसपूर्ण है। तकनीकी कृत्रिम है, वह प्रकृति की तरह सहजता और अनुभवों की बहुरूपता नहीं प्रदान कर सकती है। अनुभवों का वैविध्य ही मनुष्य की चिन्ताओं और

सपनों का रूप निर्धारित करता है। लेकिन जब प्रकृति का ही नाश हो रहा है तो भाषा से भी बहुत कुछ छूट जाते हैं। यह लोप शब्दों के रूप में ही नहीं, उससे जुड़ी कल्पनाओं के रूप में भी देखा जा सकता है। कल्पना भाषा के सौन्दर्य का आधार है। उसका नाश मानव के अन्तस के मरुस्थलीकरण और भाषा की शुष्कता के रूप में प्रतिफलित होती है। दूसरी ओर पर्यावरण में आने वाला बदलाव पीढ़ियों के बीच भावना के स्तर पर अन्तर पैदा करता है। प्रकृति के जिन दृश्यों के आधार पर पुरानी पीढ़ी की भाषा के बिम्ब और प्रतीक रचे हैं, उन्हीं दृश्यों के अभाव में आने वाली पीढ़ी के साथ भावनाओं का हस्तान्तरण नामुमकिन है यानी प्रकृति की हरियाली का विनाश भाषा की हरियाली को भी समाप्त करता है।

पर्यावरण और कविता

कविता मानव मन के 'स्व'–'पर' के भेदभाव को मिटाकर उसमें मानवीयता का संचार करने वाला सर्वोत्तम साधन है। समस्त चराचर के बीच का समरसात्मक सम्बन्धों की संवेदनात्मक व्याख्या साहित्य की अन्तर्वस्तु कही जा सकती है। जब इस लयात्मक सम्बन्ध में बिखराव आ जाता है तब कविता अपनी प्रतिरोध की संस्कृति दर्शाती है। साहित्य सांस्कृतिक बोध की उपज है जो उच्चस्तीरीय जीवन का सपना देखता है जिससे प्रकृति के हर एक कण अपनी नैसर्गिकता का अनुभव कर सकें। व्यापक धरातल पर भाषा एवं संस्कृति भौतिक जगत का ही प्रतीकात्मक विस्तार है। यही कारण है कि स्वस्थ पर्यावरण का संकल्प हमेशा साहित्यिक रचनाओं में प्रत्यक्ष होता है। वेद, पुराण एवं इतिहास संहिताओं में मनुष्य और पर्यावरण के आपसी सम्बन्ध का आदर्श रूप प्रस्तुत किया गया है। प्राचीन समाज में पर्यावरण के प्रत्येक अंश के प्रति श्रद्धा का जो भाव विद्यमान था, उसका हू–ब–हू चित्रण तत्कालीन साहित्य में उपलब्ध है।

ऋग्वेद में पृथ्वी को माँ के नाम से अभिहित किया गया है। 'प्रकृति उनके लिए विश्वम्भरा एवं हिरण्यवक्षा है (विश्वंभरा वसुधानी प्रतिष्ठा हिरण्यवक्षा जगतो निवेशनी/वैश्वानरं बिभ्रती भूमिरग्निं मिन्द्रो ऋष मा द्रविणे नादधातु।।); अथर्ववेद में पृथ्वी माँ से अन्न, जल और सुरक्षा की प्रार्थना है; जीवन प्रदान करने वाले वायु, जल जैसे तत्त्वों की महिमा का गायन उपनिषदों से प्राप्त है। तैत्तियोपनिषद में वायु को प्रत्यक्ष ब्रह्मा माना गया है। पेड़–पौधों व जड़ी–बूटियों तक में देवत्व का संचार मानकर नमन करने की परम्परा का उल्लेख इन ग्रन्थों में देखा जा सकता है'।[54]

साहित्य को पर्यावरण की सृष्टि कहने में कोई अत्युक्ति नहीं है। स्वयं आदिकाव्य रामायण इसका सुबूत है। क्रौंच पक्षी के प्रति उत्पन्न कवि की संवेदना प्रस्तुत रचना का प्रेरणास्रोत रहा है। वाल्मीकि के अलावा कालिदास, भास, बाणभट्ट जैसे महान रचनाकारों की रचना में प्रकृति का साहचर्य प्राप्त किया जा सकता है। प्रकृति काव्यशास्त्रीय भाषा में यहाँ आलम्बनत्व या उद्दीपनत्व धर्म का निर्वाह कर रही है। अभिज्ञानशाकुन्तलम में आश्रम में पलित ज्योत्सना, मृगशावक आदि के प्रति अभिव्यक्त शकुन्तला का प्यार सहअस्तित्त्व व प्रकृति के प्रति मानव के स्वस्थ रागात्मक सम्बन्ध के सन्देश को बुलन्द करने वाला है।

कहा गया है कि मानव भावों के आलम्बन के रूप में साहित्य में कई बार प्रकृति का अवतरण हुआ है। प्रकृति के विभिन्न कार्य और भाव मनुष्य में कुतूहलता उत्पन्न कर देते हैं; करुणा, प्रेम, क्रोध जैसे अनेक भावों की सृष्टि करते हैं। प्रकृति के सौन्दर्य से वशीभूत होकर मनुष्य जिस प्रकार आनन्द का अनुभव करता है, उसी प्रकार प्रकृति का प्रचण्ड रूप उसमें भय उत्पन्न कर देता है। मानव हृदय में जागृत भाव को उद्दीप्त करने की दृष्टि से भी साहित्य में प्रकृति की महत्ता परम्परा से रही है। उद्दीपन के रूप में प्रकृति का चित्रण अधिकतर संयोग–वियोग के प्रसंग में हुआ है, हिन्दी का रीतिकालीन साहित्य इसका मिसाल है।

षडऋतु वर्णन एवं बारहमासा वर्णन पद्धति मानव के भावों के सूक्ष्म अंकन के सफल साधन रहे हैं।

आलम्बन, उद्दीपन के अलावा स्वतन्त्र रूप में प्रकृति का चित्रण साहित्यकारों के जरिये काफ़ी हो चुका है। प्राकृतिक सुषमा के अंकन की दृष्टि से छायावादी कविता, अंग्रेज़ी की रोमाँटिक पोयेट्री आदि की विशेष भूमिका रही है। *"छोड़ द्रुमों की मृदु छाया / तोड़ प्रकृति से भी माया / बाले तेरे बाल जाल में कैसे उलझा दूँ* लोचन"[55] वाली पंक्तियाँ प्रकृति के प्रति गहन आस्था और उससे बिछुड़ होने की अस्वीकृति का परिचायक है। प्रकृति में व्याप्त चेतना को स्वीकारते हुए उसके मानवीकरण की प्रवृत्ति भी साहित्य में मौजूद है। 'संध्या को मेघमय आसमान से उतरने वाली परी–सी'[56] तथा 'पवन में हिलते जुही की कली को प्रिय आलिंगन से सिहर उठनेवाली'[57] नायिका के रूप में चित्रित करने में हिन्दी के कवि सफल हैं। रूप, गुण तथा जीवन की विभिन्न दशाओं के अंकन के लिए साहित्यकार पर्यावरण से उपमान चुनते हैं, जैसे सुन्दर वदन की उपमा चाँद से की जाती है, नेत्रों का नीले कमल से और अशान्त मन का तरंगायित सागर से। प्रतीक विधान की दृष्टि से साहित्य में पर्यावरण का विशेष स्थान है। फूल कोमलता का, काँटा परुषता का, जल तरलता का तथा पृथ्वी सहनशीलता के प्रतीक स्वरूप साहित्य में प्रयुक्त होते हैं।

रहस्यवाद की अभिव्यक्ति के लिए प्रकृति को माध्यम बनाया गया है। एक ओर साधक प्रकृति के कण–कण से अलौकिक सत्ता की निकटता की अनुभूति पाता है तो दूसरी ओर स्वयं प्रकृति के मानवीकरण द्वारा उस पर रहस्यवादी प्रवृत्ति का आरोप करता है। परम तत्त्व के वियोग में निर्झर का रो–रोकर शरीर को जलमय करना, पर्वत का आत्मविभोर होकर परमात्मा का गान सुनना, कलिकाओं द्वारा परमात्मा के लिए हृदय–थाल में आरती सजाना तथा तारक मुक्ताओं से आपूर्ण नील–मणि के विशाल

थाल में चन्द्रमा की वर्तिका जलाकर आकाश द्वारा उसकी आरती उतारने का वर्णन इसके उदाहरण हैं।[58]

यद्यपि साहित्य के आरम्भ से अब तक असंख्य रूपों में प्रकृति या पर्यावरण उसका अभिन्न हिस्सा रहा है तो समकालीन सन्दर्भ में लिखी जाने वाली पर्यावरणीय कविता प्रकृति कविता होते हुए भी अलग सन्दर्भ की कविता है। वर्तमान पर्यावरण संकट के समय में साहित्यकार पर्यावरण असन्तुलन की भयावहता को उसके ऐतिहासिक, सत्तात्मक कारणों के साथ प्रस्तुत करते हैं और नूतन जीवन दर्शन का प्रसार करते हैं। दुबली होती नदी, शुष्क होते वन, ज़हरीले वायु एवं पानी, विकास के नाम पर होने वाले विध्वंस, प्राण रक्षा के लिए तड़पते मानव एवं अन्य जीव–जन्तु, सिकुड़ती भाषा एवं बदलती संस्कृति पर समकालीन रचनाकार काफ़ी चिन्तित हैं। वर्तमान पर्यावरण विध्वंस का प्रतिरोध करके तथा अतीत के सन्तुलित पर्यावरण को पुनरूप्राप्त करने की आकांक्षा रखने वाली समकालीन कविता सच्चे अर्थों में साहित्यकार के जागृत विवेक का दस्तावेज़ है जो अपनी उपस्थिति से सांस्कृतिक जीवन के विविध आयामों में क्रान्तिकारी परिवर्तन का आह्वान करती है।

सन्दर्भ

1. Kohen, Morns Rapheal. *AmericUn Thought*. Collier Books : New York, 1962. Print. pg. 319
2. मिश्र, शिवकुमार दर्शन, सा:हित्य और समाज. अरुणोदय प्रकाशन : दिल्ली, 1992, मुद्रित, पृ. 1
3. Drengson, Alan & Bill Devall. "The Deep Ecology Movement : Origins Development, and Future Prospects (Towards a Transpersonal Ecosophy)" *International Journal of Transpersonal Studies-* Vol. 30 (2011) : 101-17. Print. 4. Devall, Bill. "The Deep Ecology Movement" Ecology: Key Concepts in Critical Theory. Ed. Carolyn Merchant. Rawat Publications : New Delhi, 2007. p. 125-39. Print.
5. All ethics so far evolved rest upon a single premise that the individual is a member of a community of inter dependand parts. His instincts prompt him to complete for his place in that community, but his

ethics prompts him also to co-operate (perhaps in order that there may be a place to compete for) The land ethic simply enlUrges the boundaries of the communities to include soils, waters, plants and animals or collectively : the land. (Leopold, Aldo. "*The Land Ethic*". N.p.*http://www.waterculture. org/uploads /Leopold -The land ethic. pdf.n.d.* 29.4.2016. Web.)

6. Deep Approach : Pollution is evaluated from a biospheric point of view, not focussing exclussively on its effects on human health, but rather on life as a whole, including the life conditions of every species and system. The shallow reaction to avoid rain, for example is to tend to avoid action by demanding more research, are the attempt to find species of trees which will tolerate high acidity etc. The deep approach concentrates on what is going on in the total ecosystem and calls for a high priority fight against the economic conditions and the technology responsible for producing the acid rain...The priority is to fight the deep causes of pollution, not merely the superficial, short range effects (pg.71-2) (Naess, Arne "The Deep Ecological Movement: Some Philosophical Aspects". Deep Ecology for the Twenty First Century. Ed. George Sessions, Shambhala : Boston,1995. P. 64-84. Print.)
7. In deep questioning we move forward ultimate premises and norms. In the process of derivation and application we move forward platform support and developing policies and practical actions.(pg. 3) (Drengson, Alan. *"Eco philosophy, Eco Sophy and The Deep Ecology Movement : An over View".http:/ecospherics.net/india.html. web .1999.* 18 feb 2013. Web.)
8. The well being and flourishing of human and non-human life on Earth have value in themselves (synonyms; intrinsic value, inherent value) These values are independent of the usefulness of the non-human world for human purpose. Deep Ecology Platform. (pg. 68) (Naess, Arne. "The Deep Ecological Movement : Some Philosophical Aspects". Deep Ecology for the Twenty First Century. Ed.George Sessions. Shambhala: Boston, 1995. P. 64-84. Print.)
9. The term "life" isused here in a more comprehensive non-technical way also to refer to what biologists classify as non-living, rivers (watersheds), landscapes, ecosystems. (Ibid)
10. Richness and diversity of life forms contribute to the realisation of these values and are also values in themselves. (Ibid)
11. Drengson, Alan. Bill Devall. "The Deep Ecology Movement : Origins Development, and Future Prospects (Towards a Transpersonal Ecosophy)" *International Journal of Transpersonal Studies* Vol. 30 (2011) : 101-17. Print.
12. To avoid unfruitful polemics I call my philosophy 'Ecosophy T, using the character T just to emphasize that other people in the movement

would, if motivated to, formulate their world view and general value priorities, arrive at different ecosophies : Ecosophy 'A', 'B'...Z... (pg. 44-5)

(Hay, Peter. *Eco Philosophy*, Rawat Publications: New Delhi, 2002.)

13. Humans have no right to reduce this richness and diversity except to satisfy vital needs. (pg. s68) (Naess, Arne.s "The Deep Ecological Movement: Some Philosophical Aspects". Deep Ecology for the Twenty First Century. Ed. George Sessions. Shambhala : Boston,1995. P. 64-84. Print.)
14. The flourishing of human life and cultures is compatiable with a substantial decrease of the human population. The flourishing of non-human life requires such a decrease." (Ibid)
15. Present human interference with the non-human world is excessive, and the situation is rapidly worsening. (Ibid)
16. The slogan of "non-interference" does not imply that humans should not modify some ecosystems, as do other species, humans have modified earth over their history and will probably continue to do so. At issue is the nature and extent of such interference (Ibid 69).
17. The fight to preserve and extend areas of wilderness and non-wilderness (free Nature) should continue. (Ibid)
18. Policies must therefore be changed. These policies effect basic economic, technological and ideological structures. The resulting state of affairs will be deeply different from the present. (Ibid 68)
19. The ideological change is mainly that of appreciating life quality (dwelling in situations of inherent value) rather than ad+hering to an increasingly higher standards of living. There will be profound awareness of the difference between big and great. (Ibid)
20. Those who subscribe to the foregoing points have an obligation directly or indirectly to try to implement the necessary changes. (Ibid)
21. Ecosophy 'T' has only one ultimate norm – 'self realisation' I do not use this expression in any narrow individualistic sense. I want to give it and expanded meaning based on the distinction between a lUrge comprehensive self and narrow egoistic self as concieved of incertain Eastern traditions of atman. This lUrge comprehensive self (with a capital 'S') embraces all the life forms on the planet(and elsewhere?) together with this individual selves (Jivas). (Ibid 80)
22. The second component of deep ecology is what Arne Naess calls the need for human self-realisation. Instead of identifying with our egos or our immediate families, we would learn to identify with trees and animals and plants, indeed the whole ecosphere. This would involve a pretty radical change of consciousness, but it would make our behaviour more consistent with what science tells us is necessary for the well-being of life on Earth. (pg. 2) (Zimmerman, Michael.

Interview Alan Atkinson. "*Deep Ecology is New Word to think about our relationships to the earth and thinking as prelude to action*". Context Institute.*http://www.context. org/iclib/ic22/ zimmerman: 1997.* Web. 18 Feb. 2013. 19 March 2016. Web.)

23. If I were to express this ultimate norm in a few words, I would say : Maximize (long-range, universal) self realization! Another more colloquial way to express this ultimate norm would be to say 'Live and Let Live. (pg. 80) (Naess, Arne.' The Deep Ecological Movement : Some Philosophical Aspects". Deep Ecology for the Twenty First Century. Ed. George Sessions. Shambhala : Boston, 1995. P. 64-84. Print.)

24. Bookchin refers to what is typically called *nature* as the natural world or first nature, the process of biological evolution and formation of animal communities(as distinguished from human societies). First nature is contrasted to second nature,the humanly created world,the process of social evolution. By second nature, I mean the development of a uniquely human culture,with a vide vUriety of institutionalized human communities, effective human techniques, richly symbolic languages, and carefully managed sources of nutriment" (pg-339) (Best, Steven. "Murray Bookchin's Theory of Social Ecology" *Organization and Environment*. Vol.11. No. 3. (September 1998) : 334-53. Print.)

25. ibid. 340

26. Bookchin defines hierarchy as the cultural, traditional, and psychological systems of obedience and command, not merely the economic and political to which the terms as class and state most appropriately refer. (Ibid341)

27. ibid.

28. ibid. 340

29. In a nutshell, eco socialists start with the premise that environmental degradation and social injustice stem from the same source; a world where profit is the highest goal. This implies that the emancipation of people from capital and its masters goes hand-in hand with the emancipation of the earth and its biosphere from the cUncer of capitalism.

    ('*What is Eco Socialism*' *http : // systemchangenotclimatechange. org/ sites/ default/files/images/ scncc-pamphlet-v2. pdf.* Web. 28/6/2015. Web.)

30. There are many other problems and issues in this world. They cUn be broadly classified under two headings 1. those concerning the relations of humans to the rest of nature and 2) those concerning the relations of humans to each other. Directly or indirectly all these problems and issues are relevant to the broad twin goals of overcoming the ecological crisis and creating a tolerably good human society, which is impossible

unless and until the ecological crisis is overcome. (Sarkar, Saral. *Eco Socialism or Eco Capitalism?*. Orient Longman Limited : New Delhi, 1999. Print. pg. 7-8)

31. Huberman. Paul M. Sweezy. *Introduction to Socialism*. Aakar Prakashan: New Delhi.Print.pg-69
32. मधुसूदनन. जी. भावुकत्वम इरुपत्तियोन्नाम नूट्टांडिल, करन्ट बुक्स : कोट्टयम, 2009, मुद्रित, पृ. 139
33. The universality of man appears in practice precisely in the university which makes all nature his inorganic body both in as much as nature is (1) his direct means of life, and (2) the material, the object and the instrument of his life activity. Nature is man's inorganic body-nature, that is in so far as it is not itself the human body. Man lives on nature- means that nature is his body, with which he must remain in continuous interchange if he is not to die. (pg. 112) (Parsons, Howard. 'Marx and Engels on Ecology' Ecology : Key Concepts in Critical Theory. Ed. Carolyn Merchant. Rawat Publications : New Delhi, 2007. p.28-43. Print.)
34. गणेश के.एन. प्रकृतियुम मनुष्यनुम, केरला शास्त्रसाहित्य परिषद : त्रिश्शूर, 2014, मुद्रित, पृ. 203–6
35. All progress in capitalist agriculture is a progress in the art, not only of robbing the laborer, but of robbing the soil; all progress in increasing the fertility of the soil for a given time, is a progress towards ruining the lasting sources of that fertility…capitalist production, therefore develops technology, and the combination together of vUrious processes as into a social whole, only by sapping the original sources of all wealth the soil and the laborer. (pg-40) (Parsons, Howard. 'Marx and Engels on Ecology' Ecology : Key Concepts in Critical Theory. Ed. Carolyn Merchant. Rawat Publications : New Delhi, 2007. p. 28-43. Print.)
36. एंगल्स, फ्रेडेरिक, प्रकृतियुडे वैरुध्यात्मकता, चिन्ता पब्लशर्स: तिरुवनतंपुरम, 2012, मुद्रित, पृ. 189
37. O' Connor, James. 'Socialism and Ecology.' Ecology : Key Concepts in Critical Theory. Ed. Carolyn Merchant. Rawat Publications : New Delhi, 2007. p. 163-72. Print.
38. Just as there is not one feminism, there is not one ecofeminism… ecological feminism is the name given to a vUriety of positions that have roots in vUrious feminist practices and philosophers which reflect different understandings of the nature and solution to pressing environmental problems. (Gamble, Sarah. (Ed.) *Feminism and Post Feminism*. Routledge: London, 2006. print. p. 90)
39. Plumwood, Val. *Feminism and the Mastery of Nature*. Routledge : London, 1993. Print. p. 2
40. Central to the organic theory was the identification of nature, especially the earth, with a nurturing mother: A kindly beneficent

female who provided for the needs of mankind in an ordered, planned universe. But another opposing image of nature as female was also prevalent; wild and uncontrollable nature that could render violence, storms, droughts and general chaos. Both were identified with female sex and were projections of human perceptions onto the external world. The metaphor of the earth as a nurturing mother was gradually to vanish as a dominant image as the scientific Revolution proceeded to mechanize and to rationalize the world view. The second image, nature as disorder, called forth an important modern idea, that of power over nature. Two new ideas, those of mechanisms and of the domination and mastery of nature, became core concepts of the modern world.'(Pg-270)
(Merchant, Carolyn. 'The Death of Nature' Environmental Philosophy: From Ancient Rights to Radical Ecology". Ed. Michael Zimmerman.Prentice Hall: New Jersy, 1933. P. 269-78. Print.)

41. Shiva, Vandana. Maria Mies. *Eco Feminism*. Rawat Publications : New Delhi,2010. Print. pg.44

42. Dechamma, Soumya. *Eco feminism: The theory and its discontents*. University of Hyderabad: Hyderabad. 2006. Print. pg.16.

43. Merchant, Carolyn. *Radical Ecology : The Search for the a Livable World*. Routledge : New York, 2005. Print. pg. 201-4

44. Consequently, with a society finally in Feminine, which will mean nonpower (and not power to women) it will be proven that no other human category could have accomplished the ecological revolution, for no other was as directly concerned at all levels. And the two sources of wealth diverted for male profit will once again become an expression of life and no longer an elaboration of death; and the human being will formally be concerned first as a person, and not above all else as a male or female. And the planet placed in the feminine will flourish for all." (pg-194) (D'Eaubonne, Francoise. 'The time for Ecofeminism'. Ecology : Key Concepts in Critical Theory. Ed. Carolyn Merchant. Trans. Ruth Hottell. Rawat Publications : New Delhi, 2007. p.174-97. Print.)

45. शिवा, वन्दना जीवन्टे निलनिल्पु, अनु. पी.एस. मनोज कुमार, मातृभूमि बुक्स, कोषिक्कोड, 2014, मुद्रित, पृ. 102

46. Carlassare, Elizabeth. 'Essentialism in Ecofeminist Discourse'. Ecology: Key Concepts in Critical Theory. Ed. Carolyn Merchant. Rawat Publications: New Delhi, 2007. p. 220-34. Print.

47. ibid-221-2

48. ibid 222

49. The construction of women as the 'second sex' is linked to the same inability to cope with difference as is the development paradigm in the biological world. The patriarchal world view sees man as the measure of all value, with no space for diversity, only for hierarchy. Women,

being different, is treated as unequal and inferior. Nature is diversity is seen as not intrinsically valuable in itself, its value is conferred only through economic exploitation for commercial gain…Destruction of diversity and the creation of monocultures becomes an imperative for capitalist patriarchy." (Shiva, Vandana. Maria Mies. *Eco Feminism*. Rawat Publications : New Delhi, 2010. Print. pg. 164

50. Merchant, Carolyn. *Radical Ecology: The Search for the a Livable World*. Routledge: New York, 2005. Print. pg. 200
51. Fill, Alwin. Peter Muhlhausler. *Ecolinguistics Reader*. Continnum : London, 2001. Print. pg. 16
52. ibid.14.
53. ibid.165-6
54. चातक. गोविन्द. पर्यावरण और संस्कृति का संकट : नयी शती की चुनौतियाँ तक्षशिला प्रकाशन, नयी दिल्ली, 2004, मुद्रित, पृ. 11–29
55. पन्त, सुमित्रानन्दन, पल्लविनी, राजकमल प्रकाशन, नयी दिल्ली, 1983, मुद्रित, पृ. 56
56. नवल, नन्द किशोर, निराला रचनावली भाग–1, राजकमल प्रकाशन, नयी दिल्ली, 1983, मुद्रित, पृ. 65
57. वही, 31
58. सक्सेना, लालता प्रसाद, हिन्दी काव्य में मानव तथा प्रकृति, हिन्दी साहित्य भंडार, लखनाऊ, 1962, मुद्रित, पृ. 429

जंगल गाथा को पढ़ते हुए

सुप्रिया. के. पी.

'जंगल गाथा' नमिता सिंह के कहानी संकलन 'जंगल गाथा' की पहली कहानी है। बैगा आदिवासियों के जीवन पर आधारित कहानी मनुष्य और प्रकृति के बीच के रागात्मक–तालात्मक सम्बन्ध की सूक्ष्म अभिव्यंजना करती है। साथ ही पूँजीवादी उपभोक्तावादी संस्कृति की घुसपैठ से उत्पन्न तालभंग की आकुलता को कहानी वाणी देती है और अन्ततः प्रकृति के सम्मुख परास्त होने वाले पूँजीवादी अहं का निदर्शन भी प्रस्तुत करती है। जंगल ख़ुद इस कहानी का केन्द्र है जिस पर जनजाति की संस्कृति टिकी हुई है। जंगल के लोग जानते हैं कि 'जंगल नष्ट होगा तो टोला भी ख़त्म हो जायेगा'। जंगल अथवा प्रकृति टोले वालों के लिए आजीविका का साधन ही नहीं एक मानसिक ज़रूरत भी है। प्रकृति के साहचर्य में उनका सौंदर्य दृष्टि विकसित होती है, प्रकृति का ताल उनके संगीत का ताल बन जाता है, ऋतु चक्र के घुमाव के साथ मनाये जाने वाले पर्व–त्योहार से वे अपने आनन्द की बुनावट करते हैं। प्रकृति के साथ उनका मन इतना एकात्म हो जाता है कि वे गोल–गोल सूरज और उनकी किरणों का चित्र अपने शरीर में अंकित करते हैं। उनकी कल्पनाएँ, विश्वास–अन्धविश्वास, मिथक सब प्रकृति के आधार पर रचे –गढ़े होते हैं। सेंहा पक्षी की चीख़ को अपशकुन मानना, घर के पिछवाड़े हड्डी दबाकर भयमुक्त होना आदि इस बात की सूचना देती है

कि प्रकृति उसके रग–रग में समाई हुई है। प्रकृति में ही टोले के लोग अपना आसरा ढूँढ लेते हैं, रात माई और सूरज देवता का संरक्षण उन्हें आश्वस्त करता है। जंगल उनका पहरेदार है, बंजारिन (वनदेवता) के सामने वे 'प्रार्थना के पत्थर' चढ़ाते हैं। ये छोटे–बड़े अनगिनत पत्थर प्रकृति और मनुष्य के आत्मीय सम्बन्ध के अनगिनत क्षणों के सूचक हैं। 'जंगल तो टोले वालों का रोज़ का साथी है'–साथी तो वही होता है जो सदा साथ देता है और साथीपन में एक दूसरे के प्रत्येक भाव और भाव परिवर्तन को आसानी से भाँप लेने की क्षमता रहती है। मित्रता भय की भावना को रोक देने वाली है और भय स्वयं अज्ञान की उपज है। टोले के लोगों के मन में जंगल भय का संचार नहीं कराता, क्योंकि वे उसके हर रूप–भाव को आत्मसात कर चुके हैं। जंगल उनका जीवन है और उन्हें पूरा विश्वास है कि 'घना और दूर तक फैला रहने पर भी जंगल कभी भयानक और हत्यारा नहीं निकलता'। उनका ड़र अरण्यता से नहीं, शहरीपन से है जिनके तौर–तरीक़े उन्हें अज्ञात हैं, जिनके मुखौटों से मित्रता की अनुभूति कतई सम्भव नहीं। यही कारण है कि टोले के लोग साहब बहादुर से डरते हैं।

जंगल/प्रकृति की संरक्षण–सीमा में रहने वाले लोग इस बात से भी अवगत हैं कि प्रकृति के साथ होने वाला स्वरभंग का मतलब है, जहाँ बैठी हो उसी शाखा पर कुल्हाड़ी मारना। इसीलिए जब कुछ अनहोनी घटित होती है, वे प्रकृति के साथ के रिश्ते का पुनरीक्षण करते हैं ताकि अपनी ओर से कुछ भूल चूक होने पर उसे सुधरा जाये। जब विसातू के छोटे लड़के का बाघ द्वारा मारे जाने की ख़बर फैल जाती है तो टोले के लोगों को यही चिन्ता सताती है–'कौन देवता रिसा गया? क्या भूल–चूक हो गयी? पिछले साल धान की कटाई के समय ख़ूब धूमधाम से टोले वालों ने नवा पर्व मनाया था। जंगल के बाघ, भालू सभी को हिस्सा चढ़ाया गया था'। धान की कटाई का

हिस्सा चढ़ाने में दरअसल दुआ की कामना ही नहीं मनुष्येतर जगत के जैव अधिकार का मन ही मन अंगीकार करना भी है। 'हिस्सा' शब्द इस तथ्य को रेखांकित करता है कि इस प्रकृति पर सबका अपना–अपना अधिकार है अथवा यह पृथ्वी सब की है। मनुष्य और प्रकृति का उपरोक्त सम्बन्ध मनुष्य–मनुष्य के आपसी सम्बन्ध में प्रतिफलित होता है, दूसरे शब्दों में ये सम्बन्ध एक दूसरे के पूरक हैं। कहानी में जिस टोले का चित्रण किया गया है, वहाँ के लोग अलग–अलग मकानों में तो रहते हैं, मगर पूरा टोला एक परिवार जैसा है। आदिवासी जीवन में जिस सामूहिकता का सफल निर्वाह होता है वह व्यक्तिगत लाभ–लोभ की चिन्ता से परे है अर्थात् पूँजीवाद की स्वार्थ पूर्ण दृष्टि के ख़िलाफ़ है। अपने से इतर के दुख–दर्द को आत्मसात करना, उनकी ख़ुशी में झूम उठना, निज–पर के सीमित दायरे से मुक्त होने की स्थिति है। उस स्थिति में मनुष्य अपने भीतर की चेतनता को जैसा अनुभव करेगा, प्रकृति के प्रत्येक कण में उसी जीवन्तता का दर्शन करेगा। टोले के लोगों द्वारा जंगल में पहरेदारी और जागरूकता का भाव पाया जाना इसी जैविक अवबोध का प्रमाण है। जिस जंगल/प्रकृति में वह प्राणत्व का दर्शन करते हैं, उसको पीड़ा न पहुँचाने की कोशिश वे करते रहते हैं। धरती पर हल चलाने के लिए टोले के लोग कभी तैयार नहीं होते, क्योंकि धरती उनके लिए माई है, हल चलाकर वे 'माई की छाती, देह नहीं दुखा करेंगे'। जब जीवन निर्वाह की ज़रूरत पड़ जायेगी, आग जलाकर जंगल साफ करके वे बीज बिखेर देते हैं और 'माई जितनी मर्जी होगी वापस दे देगी' की कामना करते हैं। धरती को लेकर आदिवासी समाज में मौजूद वर्जनाओं की ओर भी कहानी का संकेत है, प्रकृति के खदानों को खोदना, या धरती पर हल चलाना उनकी दृष्टि में माँ की कोख को कुरेदना है, उसकी उर्वरता को भंग करना है, उसकी नींव हिलाना है। यद्यपि खेती का उपरोक्त तरीक़ा भी प्रकृति की

सहजता के अनुकूल नहीं, लेकिन यह जीवन निर्वाह के लिए की जाने वाली 'लीस्ट वायलेंस' की स्थिति है, लाभ लोग के चक्कर में पड़कर किया जाने वाला प्रकृति का अन्धाधुन्ध शोषण नहीं। दूसरी ओर प्रकृति को तबाह करके लाभ का साम्राज्य खड़ा करने की प्रक्रिया का जंगल के लोग साक्षी हैं जिसे वे अपनाना नहीं चाहते। 'पूरी जुताई–पेराई के साथ ढंग से खेती करने पर मिलने वाले लाखों रुपयें की जानकारी उन्हें है, मगर उसके लिए वे प्रकृति की बली नहीं चढ़ाएँगे। लाभ केन्द्रित दृष्टि की वजह से प्रकृति में आने वाले हर बदलाव की सम्भावना पर वे व्याकुल रहते हैं। टोले के लोग जानते हैं कि 'जंगल की जगह सीमेंट कंक्रीट का जंगल पैदा करने पर जानवर नहीं रह जायेंगे, उनका स्थान चिमनियाँ ग्रहण करेंगी, चिड़ियों की चटर–चटर तथा पेड़ों और पत्तों की सर्र–सर्र की जगह चिमनियों से बाहर निकलने वाला काला–भूरा धुआँ चारों ओर फैल जायेगा, दूर दिखते धुन्धले पहाड़ धुएँ के गुब्बार में हमेशा के लिए खो जायेंगे, मान्दर की थाप और चुटकियों के लय को मात्र स्मृति शेष करते हुए उसके स्थान पर मशीनों का धरड़–धरड़ शोर गूँज उठेगा। प्रकृति की जीवन्तता, स्वच्छता और लयात्मकता को तहस–नहस करने वाले औद्योगिकीकरण की गहरी आलोचना कहानीकार यहाँ करती है। जंगल की अवैध कटाई से लेकर कंक्रीट जंगल की प्रतिस्थापना को आजकल कथित विकास के नमूने के रूप में पेश किया जाता है। विकास की तेज रोशनी चकाचौंध पैदा करने वाले ज़रूर है, लेकिन पथ भटकाने वाली भी। विकास की आंधी में आम जनता की, आदिवासी की स्थिति सचमुच तिनके की तरह है जो इधर–उधर बिखर जाते हैं। कुविकास की अन्धी दौड़ में प्रकृति पर निर्भर रहने वाले कितनों को विस्थापन का दर्द झेलना पड़ता है, कितनों के जीने के अधिकार भंग किये जाते हैं, सपनों के खो जाने से कितनों की ज़िन्दगी खोखली हो जाती है कहानीकार अप्रत्यक्ष रूप में इस ओर इशारा करती है।

कहानी में स्पष्ट संकेत है कि जो जंगल टोले के लोगों के जीवन की, सपनों की आधार भूमि रही है, अब उस पर पूँजीवादी शक्तियों का हस्तक्षेप जारी है। टोले वालों का अपना जंगल इंग्लिसिया कोठी के मालिक वीरभद्र बहादुर की निजी सम्पत्ति सा हो गया है। बहादुर मनमोहक मुखौटे में घिनौना चेहरा छिपाने वाले पूँजीवाद के प्रतिनिधि रूप में कहानी में प्रस्तुत है। परमू जो उसका चाकर है, जो दूसरों के सम्मुख उसका गुण गान करता है, ख़ुद बहादुर की मुस्क़राहट में छिपी घिनौनी हँसी से भीतर ही भीतर डरता है। बस्तीवालों में यह ग़लतफ़हमी फैली हुई है कि जंगल बहादुर का प्राण है इसीलिए वह जंगल साफ़ नहीं करता, लेकिन वे यह नहीं जानते कि जंगल रूपी ख़ज़ाने को छिलके में परिवर्तित करने में उसकी असली बहादुरी निहित है। जंगल के विभिन्न जानवर नाखून, सींग के रूप में उसके कमरे की शोभा बढ़ाने के साधन हैं। एक हिरन की खोज में जंगल की मिट्टी को वह रक्त से सनी हुई बनाती है। परमू के शब्दों में साहब 'जंगल के राजा है, वही बघेश्वर देवता भी'। साहब को राजा की हैसियत देने का मतलब है कि जंगल के बारे में निर्णय लेने का अधिकार सिर्फ़ उसी को है, वहाँ सिर्फ़ उसी का राज चलेगा। बहादुर जनता के सीधे सम्पर्क में नहीं आता, सिर्फ़ उनके दलाल ठाकुर, परमू इत्यादि आते हैं जो उसका गुणगान करता है। यही अज्ञानता जनता में उनके प्रति भय मिश्रित भाव पैदा करता है ताकि कोई उनके क्रियाकलापों पर उँगली न उठाएं। देवता तो वही है जिसे सृष्टि और स्थिति का ही नहीं संहार का भी अधिकार है। बहादुर को बघेश्वर देवता मानने पर कहानी के इन सवालों का उत्तर मिल जायेगा कि जंगल में आजकल जिस बघेश्वर का आतंक फैला है और आदिवासी लड़कों की हत्या और गायब होने के पीछे किसके हाथ है। फेकू की दाई के विश्वास को यह सही साबित करता है–"शहर के लोग यहाँ बस्ती में आते हैं और हमार लड़कों–बच्चों को उठाकर ले जाते हैं।

बघेश्वर देवता नहीं रिसाये हैं। शहरी लकड़बग्घा आया है कोई।" गुनिया के अनुसार जंगल का बाघ भेंट–पूजा से तुष्ट हुआ है इसीलिए बस्ती के लोगों को देखकर बकरी की तरह सिर झुकाकर चलता है। तात्पर्य यह है कि जंगली जानवर सिर्फ़ अपनी भूख मिटाने के लिए हमला करता है, लेकिन बकरी की घाल ओढ़ने वाली पूँजीवादी लाभकेन्द्रित व्यवस्था की तुष्टि कभी नहीं हो जायेगी। परमू बहादुर के भीतर निरन्तर उग आने वाले जिस जंगल की बात करता है, वह जंगल दरअसल हरियाली और भावनाओं की स्वच्छता का प्रतीक न होकर उसके कभी समाप्त न होने वाली उपरोक्त महत्त्वाकांक्षा का प्रतीक हो सकता है। पूँजीवाद के प्रसार के साथ होने वाले सांस्कृतिक संक्रमण की समस्या को भी कहानी सम्बोधित करती है। कहानी के चौतू, दरसू जैसे लोग पैसे के मोह में शहर चले जाते हैं, दरसू अपना रूप नाम बदलकर शहरी बनकर वापस आ जाता है। लाभ की तलाश में निज संस्कृति को त्यागने वाले नौजवानों का, प्रकृति से अलग हो जाने की आशंका कहानी में बनी रहती है। जंगल के बुजुर्ग लोग यहाँ तक कि सुरसत्ती भी अपनों के शहराती होने को पचा नहीं पाते। फीकू का दरसू के साथ शहर जाने की इच्छा का उसका माँ–बाप विरोध करते हैं। यही नहीं सुरसत्ती जो शहर गये चौतू के इन्तज़ार में बैठी है, चौतू के साथ शहर में रहने का प्रस्ताव सुनते ही व्याकुल हो जाती है।

प्रकृति और स्त्री के शोषण की समानान्तरता कहानी की एक चर्चित बिन्दु है। जंगल की अवैध कटाई करने वाला ठेकेदार सुरसत्ती को भी अपने अधीन करना चाहता है। सुरसत्ती के सींग की खोज करने वाला बहादुर का शिकारी मन और गिद्ध दृष्टि प्रकृति के अनछुये, अनदेखे अंश की, उसके राज़ की तलाशी करता है। इसमें सहज कौतूहलता नहीं, लाभ और शोषण की नयी सम्भावनाएँ खोजने की पूँजीवादी दृष्टि निहित है। कहानी के वाचन में कहीं–कहीं लगता है कि सुरसत्ती स्वयं प्रकृति है,

उसे बहादुर के पास पहुँचाने वाले दलाल परमू और ठेकेदार प्रकृति की ही बिक्री करते हैं। सुरसत्ती के सुडौल शरीर की भँगिमा और उसमें छिपाया गया सींग प्रकृति के कोमल–रौद्र रूप का प्रतिनिधान करती है। सुरसत्ती के कपाल का सींग दरअसल स्त्री/प्रकृति के प्रतिरोध को सूचित करता है जिससे वे ख़ुद की रक्षा करती हैं। ठेकेदार और बहादुर दोनों इसके दर्शन मात्र से भयचकित हो जाते हैं। यहीं पर सुरसत्ती अपनी छेड़खानी से प्रकोपित प्रकृति का ही आभास देती है। उसी के सामने बहादुर का मन परास्त होता है, वह पागलपन की स्थिति में पहुँच जाता है। यह पराभव पूँजीवादी अहमकेन्द्रिता का पराभव है। दूसरे शब्दों में कहें तो यह प्रकृति की, उसकी अरण्यता की अजेयता को दर्शाती है। इस दृष्टि से कहानी का स्वर आशावादी है।

'जंगलगाथा' को सचमुच प्रकृति की गाथा सिद्ध करने में कहानी की भाषा की सराहनीय भूमिका है। जब कहानीकार लिखती हैं–"किशोरी किरण बालाएँ हाथ–पैरों में महावर रचा, अपने सुनहरे बालों को झटकती, आसमान में झाँकती नीचे उतरने के लिए पैर बढ़ा रही थीं। धरती पर पसरी रात माई को सूरज दादा का सन्देश देने के लिए नीचे उतर कर आना था उन्हें।" प्रकृति के प्रत्येक कण की जीवन्तता को मन ही मन स्वीकारने वाली कहानीकार की संवेदनशीलता सिद्ध होती है। संक्षेप में प्रकृति और मनुष्य के आत्मीय सम्बन्ध की परतें जंगलगाथा में स्वयमेव खुल जाती हैं।

(**सारांश**: जंगल/प्रकृति की संरक्षण–सीमा में रहने वाले लोग इस बात से भी अवगत हैं कि प्रकृति के साथ होनेवाला स्वरभंग का मतलब है जहाँ बैठी हो उसी शाखा पर कुल्हाड़ी मारना। इसीलिए जब कुछ अनहोनी घटित होती है, वे प्रकृति के साथ के रिश्ते का पुनरीक्षण करते हैं ताकि अपनी ओर से कुछ भूल चूक होने पर उसे सुधरा जाये। जब बिसातू के छोटे लड़के का बाघ द्वारा मारे जाने की ख़बर फैल जाती है तो टोले

के लोगों को यही चिन्ता सताती है–'कौन देवता रिसा गया? क्या भूल–चूक हो गयी? पिछली साल धान की कटाई के समय ख़ूब–धूमधाम से टोले वालों ने नवा पर्व मनाया था। जंगल के बाघ, भालू सभी को हिस्सा चढ़ाया गया था।' धान की कटाई का हिस्सा चढ़ाने में दरअसल दुआ की कामना ही नहीं मनुष्येतर जगत के जैव अधिकार का मन ही मन अंगीकार करना भी है। 'हिस्सा' शब्द इस तथ्य को रेखांकित करता है कि इस प्रकृति पर सबका अपना–अपना अधिकार है अथवा यह पृथ्वी सब की है। मनुष्य और प्रकृति का उपरोक्त सम्बन्ध मनुष्य–मनुष्य के आपसी सम्बन्ध में प्रतिफलित होता है, दूसरे शब्दों में ये सम्बन्ध एक दूसरे के पूरक हैं। कहानी में जिस टोले का चित्रण किया गया है, वहाँ के लोग अलग–अलग मकानों में तो रहते हैं, मगर पूरा टोला एक परिवार जैसा है। आदिवासी जीवन में जिस सामूहिकता का सफल निर्वाह होता है वह व्यक्तिगत लाभ–लोभ की चिन्ता से परे है, अर्थात् पूँजीवाद की स्वार्थ–पूर्ण दृष्टि के खिलाफ़ है। अपने से इतर के दुख–दर्द को आत्मसात करना, उनकी ख़ुशी में झूम उठना, निज–पर के सीमित दायरे से मुक्त होने की स्थिति है। उस स्थिति में मनुष्य अपने भीतर की चेतनता को जैसा अनुभव करेगा, प्रकृति के प्रत्येक कण में उसी जीवन्तता का दर्शन करेगा। टोले के लोगों द्वारा जंगल में पहरेदारी और जागरूकता का भाव पाया जाना, इसी जैविक अवबोध का प्रमाण है। इसके साथ ही प्रकृति को अपदस्त करने वाली शक्तियों का परिचय भी प्रस्तुत कहानी करती है।

बलि...बलि...बलि

प्रभाकरन हेब्बार इल्लत

स्वयंप्रकाश की 'बलि' कहानी जब मैंने पूरी पढ़ी तो न जाने कैसे, मेरा कलेजा 'बलि' के संहारात्मक रूपों से आहत होकर चूर–चूर हो रहा था। जिन विचारों से होकर मैं गुज़र रहा था, उनका बयान करना तो मेरे लिए गौरीशंकर की चोटी से कम नहीं लग रहा है। कैसे मैं अपनी भावनाओं को शब्दों का आकार दूँ, यही फ़िकर अब मेरा दिमाग़ खा रहा है। सोचने पर लगता है कि 'बलि' के भीतर एक ओर आत्म–समर्पण, त्याग, बलिदान आदि की भावना रहती है तो दूसरी ओर एक श्रेणीबद्ध व्यवस्थागत संरचना के भीतर किसी शक्ति सम्पन्न व्यक्ति, सत्ता, अतीन्द्रिय शक्ति, संस्कृति आदि के आगे निस्सहाय खड़े होकर अपने सर्वस्व की बलि चढ़ाते हुए उसकी अधीनस्थता को ग्रहणकर कुछ न कुछ पाने की प्रवृत्ति भी बलवती रहती है। बलि में सत्ता का विन्यास है और स्वयमेव उसमें हिंसा की विकरालता अन्तर्लीन होती है। बलि का अनुष्ठानपरक रूप हो या ग़ैर अनुष्ठानपरक रूप, वह व्यवस्था के भीतर शक्त–अशक्त का स्तरीकरण करता है। इस स्तरीकृत या सोपीनीकृत तन्त्र में ध्वंसात्मकता छुपी हुई रहती है। प्रस्तुत कहानी में कहानीकार स्वयंप्रकाश शक्ति सम्पन्न पूँजीवादी तन्त्र की ध्वंसात्मकता से उत्पन्न बलि के नाना रूपों को दर्शाते हैं। यह हमारा अनुभव है कि मामूली आदमी सत्ता के अधीन विवश होकर नंगा हो जाता है, निस्सहाय खड़े होकर

विलाप करना उसकी नियति रह जाती है। कहानी में पूँजी की ताक़तों के सामने समाज के अशक्त जन सब ताश के पत्ते की तरह उड़ जाते हैं। जब पूँजी का संचलन शुरू होता है तो बलि का अनुक्रम भी शुरू होने लगता है। विकास के नाम पर की जाने वाली 'प्रकृति की बलि', सांस्कृतिक अधिक्रमण की वजह से होने वाली जन के 'निजत्व की बलि', लाभ–लोभ के मोह में मानव द्वारा की जाने वाली 'जैविक आधारों की बलि', महत्त्वाकांक्षा से प्रेरित होकर अपने जीवन के टिकाने 'ज़मीन की बलि', 'अस्मिता की बलि', 'अधिकारों की बलि', पितृसत्ता के आगे की जाने वाली मासूम 'लड़की' की 'आत्मबलि' तक पहुँचते 'बलि' का सिलसिला कहानी में ख़त्म तो हो जाता है, पर अविराम घटित होने की सख्त सम्भावना कहानी छोड़ती भी है।

आज के जीवन के वातावरण में एक ऐसा नशा छा गया है जिसके वश प्रकृति के सपाट शोषण को विकास की संज्ञा दी जाती है। प्रकृति का उपभोग विकास का पर्याय बन चुका है। यह उपभोग प्रकृति के वस्तुकरण के स्वाभाविक परिणाम के रूप में स्वीकार किया जाना चाहिए। इससे प्रकृति के साथ मानव का भावात्मक सम्बन्ध कट जाता है, फिर वहाँ हिंसा का विकृत चेहरा मात्र बचा रह जाता है। 'उत्पाद–बाज़ार–उपभोग–लाभ' के चार स्तम्भों पर टिकी पूँजवादी व्यवस्था के कारनामे कैसे जीवन में प्रवेश करते हैं, कहानी अच्छे से दर्शाती है। 'उपभोग' और 'लाभ' जीवन के मूल्य के रूप में परिवर्तित होते जाने के वर्तमान परिदृश्य में 'सत्यनाश' का दुःस्वप्न हमारे मन में तारोताज़ा रहता है। प्रकृति की गोद में, उसके सान्निध्य में पली जीवन–पद्धति हमारे लिए आज अंनजान है। जैविक–अजैविक वस्तुओं के भीतर के चैतन्य को देखने की आँखें जीवन के किस मोड़ पर हमने खो दी हैं, पता नहीं चल रहा है। ऐसे में जैविक समानता, जैविक अधिकार आदि शब्द हमारे लिए 'क्लीशे' हो गये हैं। साकल्यवादी जीवन दर्शन का अर्थ हमारी खोपड़ी में घुसता ही नहीं।

ऐसा समाज आगे अधिक दिन सरकेगा नहीं। वर्तमान विभ्रामक–अविवेकी जीवन परिवेश में हम यह भूल चुके हैं कि प्रकृति की सजीवता ही मानव के जीवन की जीवन्तता है। इस जीवन्त बोध के अभाव में मानव की ज़िन्दगी किस–प्रकार उलटी–तिरछी हो जाती है, यह कहानी सिखाती है।

कहानी की प्रारम्भिक पंक्तियाँ प्राकृतिक सम्पन्नता के भूतकाल की स्मृतियों की ख़ुशबू ले आती हैं। यहाँ भूतकाल की स्मृतियाँ वर्तमान के अभाव को सूचित करती हैं। कहानी प्रकृति की वैभवमयता को इस प्रकार हमारे सामने ला खड़ी करती है– "घनी हरियाली थी, जहाँ उसके बचपन का गाँव था। साल, शीशम, आम, कटहल और महुए के पेड़। ये बड़े–बड़े पेड़। पेड़ के नीचे खड़े होकर एकदम ऊपर देखो तो सूरज न दिखाई दे। चारों तरफ़ धान के खेत, छोटे–बड़े पोखर और कुछ दूर इच्छा नदी। लकड़ी–मिट्टी–घास–गोबर के मकान और केले के पेड़, लौकी, कद्दू की बेलें और बैंगन–टमाटर की बाड़ी।" पर पूँजीवादी विकास के आन्तक के वर्तमान में प्रकृति की सारी हरीतिमा पूँजीपतियों के हवाले चली जाती है। मानव मात्र के विकास के नाम पर जिस प्राकृतिक सम्पत्ति की बलि चढ़ाई जाती है, समझना चाहिए कि उस प्राकृतिक सम्पत्ति पर केवल मनुष्य का नहीं, सब चर–अचर का समतुल्य अधिकार है। विकास की चढ़ाई जब शुरू होती है, अपनी जैविक अस्मिता को बचाने का विपुल संघर्ष प्रकृति में भी शुरू हो जाता है। इशारों से अपनी बात रखने वाली कहानी कहती है– "परिन्दे सुखी होते हैं, लेकिन वे भी लड़ते हैं पेड़ की एक शाखा विशेष के लिए...मादा विशेष के लिए...वहाँ भी लड़ाइयाँ थीं।" लड़ाई से आपूरित जीवन में सुख का विस्तार होता नहीं है। अतीत की ओर एक बार फिर मोड़ लेकर कहानी कहती है कि आदिवासियों के बीच भी छोटी–छोटी बातों को लेकर लड़ाइयाँ थोड़ी मात्रा में होती थीं, पर 'कोई पराया नहीं होता था।' आदिवासी जीवन की अपनी सीमाएँ तो

रही हैं, पर किसी पर सत्ता स्थापित करने की ललक उसमें नहीं होती थी, यही उसकी जीवन–पद्धति की ख़ूबी थी, ताक़त थी। उसके जीवन में सामाजिकता की भावना प्रबल रही है और प्रकृति की गोद में उसकी संस्कृति पलती–बढ़ती है।

आज का समय साक्षी है कि पूँजी की ताक़त के विस्तार के परिणामस्वरूप हमारे समाज और जीवन–पद्धति के आधार हिल जाते हैं। पूँजी की संस्कृति से विकसित आभिजात्य वर्ग की सोच जीवन में आक्रामक रवैया अपनाते हुए आगे बढ़ते दिखाई देती है। पूँजीवादी सोच में मानवता, सामाजिकता, सहकारिता की भावनाएँ मूल्यहीन रह गयी हैं। व्यक्ति की आत्मकेन्द्रिता की प्रबलता की वजह से जीवन का रंग धूमिल होने लगता है। यही मानव के भीतर असांस्कृतिक तत्त्व उपजने की उर्वर भूमि तैयार करती है। असांस्कृतिक होने का तात्पर्य सामाजिकता के बन्धन का ढीला हो जाना ही है। सामाजिक बन्धन से मुक्त मानव भीड़ में तब्दील हो जाता है, उसे कठपुतली का दर्जा मात्र प्राप्त होता है। एक दूसरे के सुख–दुख में भागीदार होने के जीवन की कला इससे गुम हो जाती है। इसके चलते मानव अकेला, संवेदनहीन तथा असामाजिक होता जाता है। इसकी परिणति क्रूरता के रूप में देखी जा सकती है, 'बलि' कहानी इन सबकी कलात्मक अभिव्यक्ति है।

अतीत के क्षणों की तरफ़ हमारा ध्यान आकृष्ट कर कहानी यह बताती है कि एक शान्त झरने की तरह आदिवासी जनता अपना जीवन व्यतीत करती थी। पूँजी के दानव के आगमन के पहले छोटी–छोटी बातें उसके जीवन में चौकड़ियाँ ज़रूर भरती थीं। 'खेल माने शर्त बन्द कर नदी पार करना... किसी का बछड़ा खोल देना...किसी का कटहल चुरा लेना...किसी को कीचड़ में धक्का देना...' आदि उसके जीवन के हिस्से थे। मासूमियत उसके जीवन में छलांग अवश्य मारती थी। पर आज उसका गाँव 'देखते–देखते एक कारख़ाना बन गया। पेड़ कटे।

उनकी जगह पक्के मकान खड़े हो गये। भूमि समतल कर दी गयी। अब जो कुछ अच्छा था... सब बेचे जाने के लिए था। अपने उपभोग के लिए नहीं। न दूध, न माछ, न सब्जी, न भात।' गाँव की प्रकृति की सुषमा ग़ायब हो गयी, ज़मीन के आकार–प्रकार परिवर्तित हुए। आदिवासी जीवन में पणन की संस्कृति प्रवेश करती गयी, जीवन का बाज़ारीकरण सम्भव हुआ, अर्थ की सत्ता अपनी जड़ें जमाईं। पूँजी की पूजा में प्रकृति की बलि चढ़ा दी गयी। फिर बचा क्या है–'रुपये और भस्मासुरी इच्छाएँ।'

धन का लोभ और भौतिक सुख–भोग के बीच अभेद्य सम्बन्ध है। यह लोभ संकीर्णता के बन्धन में जीने के लिए मानव को उत्प्रेरित करता है और जिसके प्रभावस्वरूप आसुरी प्रवृत्तियाँ हृदय में उदित होती हैं। भौतिक भोग की लिप्सा की पूर्ति के लिए अपने 'निजत्व' तक को गिरवी में रखने के लिए भी आदमी सन्नद्ध होता है। इसी सन्नद्धता की आड़ से गुलाम होने की प्रवृत्ति सिकुड़कर बैठी हुई होती है। गुलामी या दासता की प्रवृत्ति के पल्लवित होने से आदमी पूँजीपति के हाथ का खिलौना मात्र रह जाता है। 'अप्राप्य' की 'प्राप्ति' के मोह में 'मशीन से ज़मीन में घर्रर्र छेद करते समय', 'पत्थर की पूरी लाठी' उठाकर ले जाते समय, 'धातु का पत्थर' लादकर ले जाते समय कुत्ते की भाँति दुम सिकोड़ आदमी खड़ा होता है और अपनी लाचारी प्रदर्शित करता है। मिट्टी से 'सीसा' निकालने के लिए पतलून पहने हुए लोग गाँव आते–जाते हैं तो पूरी मशीनी प्रक्रिया के बाद वही सीसा वेश बदलकर 'बन्दूक की गोली' के रूप में वापस आता है! इस प्रतीकात्मक अंकन के माध्यम से स्वयंप्रकाश सम्पूर्ण पूँजीवादी विकास प्रक्रिया के भीतर छिपी हिंसात्मकता के दृश्य को दर्शाने में सफल हुए हैं। लोभवश विवेक की बलि चढ़ाकर पूँजी के समक्ष चुप्पी साधने का फल यही होता है। पूँजीवादी व्यवस्था के दबे पांव आने का ख़तरा पहले किसी को होता ही नहीं,

पर अपने आसुरी दंश से सबको जब वह अपनी चपेट में कर लेती है तो फिर वहाँ कुछ बाक़ी नहीं रहता है। पूँजी के पैर पसारने का तरीक़ा यही होता है–"मरद दिन भर साहब लोगों के पीछे–पीछे कुत्तों की तरह घूमते थे और हर रात दारू में धुत्त नज़र आते थे। खेत पड़े रहते थे उपेक्षित। महिलाएँ जितना कर पातीं, उसी से घर चलता था। कइयों की ज़मीनें चली गयीं। बदले में कुछ नोट और नौकरी का आश्वासन।" कुत्तों की सी निष्ठा दिखाकर आदिवासी को कुछ नहीं मिला। सबका मुँह मीठा करके पूँजीपति आदिवासी को अपने पैरों तले दबा देने में सफल निकलता है। क्षण भर का सुख, क्षण भर की लोलुपता आदमी को कहाँ से कहाँ तक पहुँचाता है, कहानी बोल उठती है। पूँजी के आगे ज़मीन गिरवी में रख दी गयी, उसकी उर्वरता की बलि चढ़ा दी गयी। बलि के बाद जो बचा रहा, उसकी झाँकियाँ भी आह्लादकारक नहीं थीं। प्रकृति की हरियाली कम होती गयी, उसी अनुपात में आदिवासी जनता की ज़िन्दगी की हरियाली भी कम होती गयी। प्रकृति में बिजली की कौंध की भाँति फ़ौरन परिवर्तन की लहरें उठीं। "देखते–ही–देखते वहाँ एक कारख़ाना बन गया। पेड़ कटे। उनकी जगह पक्के मकान खड़े हो गये। भूमि समतल कर दी गयी। बड़ी–बड़ी मशीनें। मकान... और मकान के बीच भी डामर की सड़क।" इस पंक्ति के आगे का वाक्य मार्के का है, वह इस प्रकार है– "सारी ज़िन्दगी बदल गयी।"

किसी दूसरे की संस्कृति की नक़ल करना तो जीवन को सुधारने का रास्ता कदापि नहीं होता है। संस्कृत होने या सुधरने का अर्थ अपने जीवन की जड़ों से कट जाना नहीं होता है। गुलामी मानसिकता से प्रेरित होकर किसी का नक़ल करना असभ्यता का प्रमाण पेश करना होता है। जो अपनी ज़िन्दगी के मूल्यों से अवगत नहीं होता है, वे जल्द ही जल्द किसी के

अन्धानुकरण के लिए उतावला होकर निकल जाता है। इस गाँव के साधारण लोगों के साथ यही होता है। "पतलून पहने आदमी... जूते पहने बच्चे... गोरे–गोरे... और सिनेमा के परदे से मानो निकल कर आयी हों ऐसी औरतें" गाँव वालों के दिल में विभ्रामक स्थिति उत्पन्न करते हैं। यह स्थिति तो वास्तव में अविवेक की स्थिति कही जा सकती है जिसके चलते अभिजन लोगों की संस्कृति के नक़ल करने के लिए आदिवासी तैयार होता है। इससे धीरे–धीरे आदमी 'अपने' का तिरस्कार करते हुए 'उच्च/उत्कृष्ट' कही जाने वाली संस्कृति की कॉपी करता है, फिर भी उसकी सामाजिक प्रतिष्ठा, मर्यादा जो पूर्ववत् थी, वही रह जाती है। यह एक फन्दा है, जिसमें कोई आराम से फँस सकता है। आदिवासी जनता के साथ भी यही हुआ। अपनी परम्परा, संस्कृति, मूल्य आदि की बलि देकर पाया कुछ नहीं, पर खोया बहुत। बाहर से आदिवासी मर्द–औरत साहब–साहिबा जैसे दिखते हैं, फिर भी वे बहिष्कार के शिकार होते जाते हैं, अपवर्जित होकर 'सभ्य' से कट जाते हैं और उन्हें 'असभ्य' का चिट्ठा चिपकाकर सैर करना पड़ता है। इस गाँव के लोग 'सभ्य' के लिए एक साधन मात्र हैं। जंगल में रास्ता दिखाने, ज़मीन दिखाने के लिए उस इलाक़े के कुछ लोगों की ज़रूरत उन्हें थी। अपने स्वार्थ साधने के बाद आदिवासी सन्तरे का छिलका हो जाता है। इस मारीच तन्त्र से अनभिज्ञ होकर 'गाँव के लोग साहब लोगों का गुमसुम नक़ल करते हैं। सुन्दरगढ़ से पतलून सिलवाकर लाते हैं। सिगरेट पीते हैं। साईकिल की ज़िद करते हैं। नौकरी का ख्वाब देखते हैं। गाँव की सड़क पर तरह–तरह के बाहर के लोग आने–जाने लगे, दुकानें खुलने लगीं। कोई कद्दू बेच रहा है, कोई चाय–भजिया।' संवेदनशील गाँव की औरतें चिन्तित तो ज़रूर थीं, भय की सिहरन मन ही मन दौड़ रही थी। 'जर्जर और कृशकाय औरतें सभ्य समाज का चाल–चलन जिन नज़रों से देखती थीं, उनमें कुतूहल कम होता था, भय ज़्यादा।'

भय के कारण बहुत थे। उनको ऐसा लग रहा था कि पैरों तले की मिट्टी घिस–घिसकर नष्ट होती जा रही है। वे अनुभव करने लगीं कि 'उनकी ज़मीन कारख़ाने में चली गयी या चली जा रही है, ऐसा अहसास हो रहा था कि नौकरी का आश्वासन कभी पूरा नहीं होने वाला है, उनका अनुभव यही रहा कि मुआवज़े की राशि के लिए भूमि में स्वामित्व के अकाट्य प्रमाण प्रस्तुत करने थे... लोग पटवार घर–तहसील–कचहरी–वकील–दलाल–पंच–प्रधान आदि–आदि के चक्कर काट रहे थे और उन्हें जो भी अपने पास था, एक–एक करके भेंट चढ़ा रहे थे। उन्हें हर दिन नये सिरे से पता चलता था कि उनसे बड़ा मूर्ख दुनिया में दूसरा नहीं और हर दिन बताया जा रहा था कि जो आदमी होकर भी काँइयाँ नहीं हुआ, उसका तो जन्म ही अकारथ है, जीवन भी एक तरह से अवैध है।' जीवनाधार तक की बलि चढ़ाकर बेज़ान रहने के लिए सबके सब विवश होते जा रहे थे।

यह कहानी असल में 'बलियों' की कहानी के साथ–साथ भोली–भाली आदिवासी अनाम 'लड़की' की भी कहानी है, जिसे अपनी जान तक कहानी के अन्त में कुर्बान करना पड़ा। उसकी तक़दीर ऐसी रही कि सच में वह इस घाट की न रही, न उस घाट की। जब कारख़ाने का काम शुरू हुआ तो किसी अधिकारी के घर लड़की की नौकरी लग गयी, आश्वासन बस इतना ही था कि ग़रीबी के दिनों से राहत मिल जायेगी। गाँव वालों के बीच वह 'हीरोईन' बन गयी इसलिए कि सभ्य समझे जाने वालों के साथ उसकी संगति लग गयी है। अपने अन्तस की अनबुझी चाहत को गाँव वाले इस प्रकार के सवालों के माध्यम से व्यक्त करते थे कि उस घर के साहब लोग क्या खाते हैं, कैसे बोलते हैं, क्या करते हैं... क्या अपनी घरवाली को बिल्कुल नहीं मारते? इन सवालों के जरिये अनुवाचक यह अन्दाज़ा लगा सकता है कि आदिवासी जनता के मन में कम्पनी के लोगों की 'सभ्यता' के रंग को समझने–अपनाने की जिज्ञासा व कुतूहलता दिमाग़ में बैठी हुई है।

कमबख़्त की बात यह है कि सभ्य समझे जाने वाला तथाकथित अधिकारी वर्ग आदिवासी जनता को घृणा–जुगुप्सा की नज़रों से देखता है और अपनी सांस्कृतिक वितृष्णा को खुले तौर पर व्यक्त करने तक से हिचकता नहीं है। जब लड़की नौकरानी के रूप में 'मामी' के घर घुस गयी तो उसे हीन व्यवहार का सामना करना पड़ा था। फटकार के साथ उसे नीची नज़रों से देखने की प्रवृत्ति से लड़की का दिल आहत था, पर क्या किया जाये? मामी कहती है–"परे हट के बैठ, कालीन गन्दा हो जायेगा। नहाकर आई? सिर क्यों खुजा रही है?... ठीक से पकड़ बेबी को, मुँह दूर रखा कर उसके मुँह से, सुबह लटरीन जाकर साबुन से हाथ धोती है या नहीं?..." यहाँ तक कि आदिवासी की भाषा–बोली तक को उपहास व व्यंग्य भरी नज़रों से मामी देखती है। "मसलन कहेगी, कैसी भाषा बोलते हो तुम लोग! जैसे लोटे में कंकड़ डालकर हिला रहे हो! या क्या वाहियात इलाक़ा है... जंगली के जंगली!" यह 'मामी' द्वारा अपने सांस्कृतिक वर्चस्व को स्थापित करने की यन्त्रणा का प्रारम्भिक क़दम है। 'जंगली' सम्बोधन अपने आप में मामी की मानसिकता को दर्शाती है। शहर/गाँव के विलोम भाव को सूचित करने के लिए सामान्यतः जंगली शब्द का प्रयोग बराबर किया जाता है। इस प्रयोग से सभ्य–असभ्य का भाव–अथन्तिर खुल जाता है जो एक सोपानीकृत सत्तात्मक व्यवस्था को रचता है। लगातर किसी की संस्कृति को अपभ्रंश घोषित करते हुए उसके प्रति जुगुप्सात्मक–विद्वेषात्मक तरीक़ा अपनाया जाता है तो ज़िन्दगी की विवशता से आक्रान्त होकर ऐसे लोग सभ्य के अनुकूलन–अनुकरण करने के लिए तत्पर निकलते हैं। सत्ता–सुविधा सम्पन्न 'सभ्य' समाज की ज़िन्दगी के तौर–तरीके उनके लिए मानक हो जाते हैं। ज़िन्दगी की बुनियादी ज़रूरतों से वंचित लोग अपनी सामाजिक ज़रूरतों की पूर्ति नहीं कर पायेंगे। ऐसे माहौल में व्यक्ति धीरे–धीरे मन ही मन यह स्वीकार करने लगता है कि हममें कुछ नहीं है, जो उसे प्राप्त है या साथ है वह 'अपकृष्ट' या 'निम्न' है।

भीतर ही भीतर उसके मन में एक खोखलापन व्यापक होता हुआ अनुभव होता है। अपने को नये सिरे से ढालकर उसी में अपने जीवन की अर्थवत्ता को खोजने वाली कहानी की लड़की धीरे–धीरे उसी के चंगुल में दब जाती है, फिर उसके लिए 'घर वापसी' सम्भव नहीं हो पाती है। अपनी अस्मिता को बचाकर रखना लड़की के लिए असम्भव था, इसलिए उसने यह तय कर लिया कि "जिस दिन मामी मान जायेगी कि ये जंगली लोग भी उनसे किसी बात में कम नहीं, बस मौक़ा मिलने की बात है... और जिस दिन मनुष्य की तरह व्यवहार करने लगेगी, जंगली लोगों से बराबरी का बस, वह उसे उसके हाल पर छोड़कर अपनी दुनिया में वापस आयेगी, एक उन्मुक्तता और उत्फुल्ल प्राकृतिक दुनिया, जिसका रूप, रस गन्ध और स्पर्श मामी जैसों के नसीब में ही नहीं है।" अपनी संस्कृति के प्रति लड़की के मन में अनुराग तो है, पर अपने को दूसरी संस्कृति के साथ समायोजित करने की लड़की की योजना जीवन की विषमता–विवशता थी। सभ्य कहे जाने वाले लोगों के कृत्रिम व्यवहार से आदी होकर 'परिस्थितियों को छिपाकर सामने आने वाले को खुश करने वाली बातें करना लड़की ने सीख लिया।' कृत्रिमता के घेरे में ग्रस्त होते हुए भी मन की अतुल गहराई में वह छुप–छुप के अनुभव कर रही थी कि 'जैसे पालतू जानवर होते हैं क्या वह पालतू जानवर बनायी जा रही है?' वह अनुभव करती है कि किसी का वर्चस्व यूँ ही स्वीकार करना तो कठिनाई की बात नहीं हो सकती है। काव्यात्मक भाषा में कहानीकार का कहना है कि "बहना आसान है, तैरना कठिन...लेकिन तैरने वाले को पता होता है कि उसे कहाँ जाना है अथवा कहां नहीं जाना है। बहने वाले के हाथ में कुछ नहीं होता।" लड़की नयी संस्कृति में 'बहती–बहती चली गयी।' यह इतिहास का अनुभव है कि यदि किसी पर किसी को अपना स्थायी वर्चस्व साबित करना होता है तो जिसके पास 'सत्ता' नहीं, उसकी संस्कृति, सभ्यता, भाषा इत्यादि को असंस्कृत, असभ्य, अर्थहीन ठहराया जाये।

मौक़ापरस्त होकर सन्दूक और बन्दूक का इस्तेमाल करते हुए मानसिक धरातल पर अधिकार स्थापित करना आराम से हो जाता है। जब मानसिक धरातल पर अधिकार एक बार स्थापित होता है तो शारीरिक स्तर पर नियन्त्रण आसान हो जाता है। कहानी इस सत्तात्मकता के सूक्ष्म रूप को मामी के शब्दों के माध्यम से सामने लाती है। ये शब्द लड़की के दिल में चुभ जाते हैं। अपनी संस्कृति की ख़ूबियों को वह किसी भी हालत में सिद्ध करने की कोशिश नहीं करती है, न कर सकती है। इसके विपरीत मामी की संस्कृति को मूक होकर स्वीकार करती है, भले ही पहले वह अनुभव करती है कि भीतर से कुछ रिसता–रिसता चला जा रहा है, पर ऐसा क्षण आ जाता है, वहाँ पहुँचकर वह उच्च समझी जाने वाली संस्कृति/सभ्यता के साथ पूर्ण रूप से समायोजित हो जाती है और वहीं रह जाती है।

कहानी एक नयी मोड़ तभी लेती है जब मामी के पति का तबादला होता है। उस घड़ी में उसे ऐसा लग रहा था कि 'जैसे पिंजरे में फँसे चूहे को दूर छोड़ आया जाता है, घर में नहीं रखा जाता है और फिर याद भी नहीं किया जाता, उसी तरह उसे भी छोड़ा जायेगा और फिर कभी याद नहीं किया जायेगा, पर ऐसा नहीं हुआ कि वे लोग लड़की को साथ लेकर वहाँ से नये स्थान की तरफ़ प्रस्थान हुए। यह विदाई असल में लड़की के जीवन में यू टर्न लेती है। वह नयी जगह पहुँचकर नये परिवेश के साथ सटीक जुड़ तो जाती है। साथ ही अपनी बिरादरी के जीवन से पूर्णतः कट जाती है। स्पष्ट करूँ तो अपनी ज़मीन से, अपने परिवेश से, अपनी संस्कृति से, यहाँ तक कि अपने जनों से कटकर वह चली जाती है। उसको ऐसा लग रहा था कि "अपने प्यारे देश के नदी–पहाड़–तालाब–झरने–पेड –गाछ–खेत–मैदान–गाँव–जवार–आम–महुआ–केले–कटहल–कोयल–मैना...भाग–भाग कर पीछे छूटता जा रहा था।" पर रामेश्वर के साथ 'लड़की' के रिश्ते की वजह से अपनी प्रेम की

बलि देकर जब वह अपने घर नाख़ुश होकर वापस आती है तो नज़ारा कुछ बदला सा, कुछ खलबलाता सा नज़र आता है। भ्रम से यथार्थता की तरफ़ लड़की का मन फिसल–फिसलकर आने लगा। दिल को चीर देने वाले अनुभवों का संक्रमण कहानी में इस प्रकार व्यक्त हुआ है–"वही कोयला–मैना, केले–कटहल, आम–महुआ, गाँव–जवार, खेत–मैदान, पेड़–गाछ, तालाब–झरने, नदी–पहाड़... वही ठण्डी हवा...वैसी ही मादक सुगन्ध...अचानक उसे लगा, वह अपने आपको बहला रही है... सुगन्ध नहीं दुर्गन्ध है... कहीं कुछ सड़ रहा है... हवा में कुछ सड़ रहा है... जैसे कहीं किसी जानवर की लाश सड़ रही हो...।" बाह्य प्रकृति के साथ आन्तरिक सड़न की अभिव्यक्ति कहानी में दुख का रंग भर देती है। जिस गाँव से वह गयी थी, वापस आते समय कम से कम उम्मीद करती है कि माँ गले लगाकर रोयेगी, बड़े लोग उसके आने की ख़ुशी में आसीसने लगेंगे। सब कुछ उलट–पलट गया। क्या हुआ, जो यही हुआ, स्वयंप्रकाश की भाषा में "उसे लगा, उसके प्यारे देश ने उसके स्वागत में बाँहें नहीं फैलाईं। उसकी मातृभूमि ने उसे उछाह में आकर अंग में नहीं भर लिया। अब वह एक अजनबी की तरह, एक झगोड़े की तरह, एक द्रोही की तरह अपने ही गाँव घर में प्रवेश करेगी। और वैसा ही हुआ। माँ उसे देखकर रोने नहीं लगी। मौसियाँ–ताइयाँ देखते ही सिर पर, गाल पर हाथ नहीं फेरने लगीं। चाचा–ताऊ आसीसने नहीं लगे... सखियाँ दौड़कर गले नहीं लग गयीं...बच्चे लटूमने–लटकने नहीं लगे...लड़के दीद–दीदी कहकर हँसी–मज़ाक नहीं करने लगे। सब उसे दीदे फाड़–फाड़कर देख रहे थे। अब वह एक अजूबा थी। एक चमत्कार थी। एक अविश्वसनीयता थी।"

पहले ही बताया जा चुका है कि अपने गाँव से बचपन से ही जाकर शहर में ज़िन्दगी बिताने वाली लड़की के जीवन में आमूलचूल परिवर्तन हो गया था। अब गँवारू ज़िन्दगी की आदतें उसे अच्छी नहीं लग रही थीं। वह अब अपने लोगों की

जीवन–पद्धति के साथ किसी भी हालत में समायोजन नहीं कर पा रही थी। उसका आचार–विचार, सोच–समझ गाँव वालों के साथ मिलती–जुलती नहीं थी। वह 'अपना' नहीं, 'पराया' हो गयी थी। लड़की का व्यवहार गाँव वालों से भिन्न थे। 'लड़की तो अब एक हाथ में साड़ी को ज़रा उठाये चलती है। खाने से पहले हाथ धोती है। मक्खियाँ उड़ाती हैं...कमरे के भीतर जाकर कपड़े बदलती है...मुस्कराकर कैसे हैं आप? जैसी बातें पूछती हैं... तेल–मसाले में तरकारी बुननी है...गाय–भैंस से बचकर निकलती है...बार–बार चाय पीने की इच्छा रखती है...साइकिल चलाना जानती है... नहीं, यह वह हमारी लड़की नहीं है।' "दरअसल लड़की को कुछ अच्छा ही नहीं लग रहा था। उससे कुछ किया ही नहीं जा रहा था। अब न तालाब पर नहाया जाता था, न बगैर साबुन फचीट–फचीट कर कपड़े धोये जाते थे, न नमक–भात खाया जाता था, न मुस्कराया जाता था, न खुले में फरागत के लिए जाया जाता था।" गाँव के लोग एक अजूबे ढंग से लड़की को देखते थे। शहर में रामेश्वर के साथ के प्रेमार्द्र सम्बन्ध को ग़लत नज़रिये से गाँव वाले देखते होंगे, पता नहीं, फ़ौरन ही घर वालों ने 'पवित्रता या शुद्धता' की रक्षा हेतु उसकी शादी किसी निकम्मे लड़के के साथ करा दी। "उसका पति शराबी और निकम्मा था। वह शराबी और निकम्मा ही होता, लड़की निभा लेती। बहुत–से लोग शराबी और निकम्मे होते हैं। लेकिन यह मूर्ख भी था।" मूर्ख पति ने सुहाग रात में लड़की के साथ जो किया उसे पशुता–बर्बरता–बलात्कार–पाशिविकता क्या कहा जाये? क्या कहा जाये? मानो वह लड़की को मार ही डालने पर उद्यत था। लड़की कर्तव्य–भाव से भी भोग के लिए प्रस्तुत हो जाती, लेकिन नहीं, उसे अपने पौरुष का लोहा मनवाना था। उसे मानो सारे आगामी जीवन के लिए एक अधिपति भाव धारण करना था। उस मल्ल को मानो लड़की की बुनियादी अस्मिता

तक का मानमर्दन करना था। मानो लड़की कोई कटखना साँड़ हो, जिसे काबू में करके दिखाना हो। उसे विश्वास ही नहीं था बगैर बलप्रयोग और पशुता के भी यह सब सम्पन्न किया जा सकता है।' यह बात साफ़ है कि अपराधी केवल बलात्कारी पति मात्र नहीं होता है। अपराधी तमाम हमारी संस्कृति के तरीके होते हैं, जो पुरुष की यौवनेच्छा को बेलगाम करने की ज़मीन अपनी जीवन–पद्धति के भीतर तैयार करते हैं। इस प्रकार के अत्याचार के माध्यम से स्त्री के जीवन में भय का वातावरण फैलाया जाता है, सामुदायिक प्रभुत्व की भावना साबित की जाती है, लूट की संस्कृति पल्लवित की जाती है, चरित्र का हनन किया जाता है। इन सब अत्याचारों को देखने पर लगता है कि यह समाज स्त्री के लिए उपयुक्त स्थान नहीं रहा है। बलात्कार में स्त्री के मानसिक, भावात्मक, शारीरिक पक्ष की अवहेलना होती है जिसके लिए लड़की साल भर शिकार होती है। मानसिक, वाचिक, शारीरिक हिंसा के विविध रूप साथ–साथ उसका पीछा करते हैं। इन सबके समेकित सम्मिलन से बलात्कार अपने मूल में सामाजिक हिंसा का भीषण रूप धारण करता है। हिंसात्मकता से पुरुष द्वारा स्त्री की अधीनस्थता की स्थिति साफ़–साफ़ सुनिश्चित की जाती है। बलात्कार पुरुष के अन्तस की आक्रामकता, मर्दानगी, अपराधबोध, अनबुझी हवस, सत्ता का मद, विकृत मानसिकता, वर्गीय कुठा आदि का परिणाम है। पितृसत्ता की अपनी नियमावली होती है, शत्रु को परास्त करने के साथ ही उसके ऊपर हिंसात्मक रवैया अपनाकर वियजोन्माद को दर्शाना उसका घिनौना रूप है। यह घोर पितृसत्तात्मक व्यवस्था की सन्तान है। यह ताज्जुब की बात है कि पितृसत्तात्मक सोच स्त्री से हमेशा एकनिष्ठ प्यार की माँग करती है। यह समझ में नहीं आता है कि व्यभिचार और बलात्कार की इज़ाज़त समाज किस पैमाने पर पुरुष को सौंप देता है। नवपरिणीता लड़की के

साथ यही हुआ है। इससे उसके जीवन का कायान्तरण हो जाता है। स्थित मूल्य व्यवस्था के ख़िलाफ़ प्रतिक्रिया किसी भी रूप में उठते ही संघर्ष का बिगुल बज उठता है, जो असहमत है, उसको दुश्मन के रूप में घोषित किया जाता है। फिर स्पर्धा का वातावरण पनपने लगता है, ज़िन्दगी सड़ने लगती है।

व्यवस्था चाहे पितृसत्तात्मक हो या न हो, उसकी एक प्रक्रिया होती है, एक विचार–पद्धति होती है। इसमें कोई गुंजाइश तनिक भी नहीं कि हर विचार–पद्धति के भीतर 'मूलवाद' सक्रिय होता है, जो परिवर्तन का विरोध खुल्लम–खुल्ला करता है। उसके अधीन रचनात्मक जीवन के लिए तनिक भी सम्भावना नहीं रहती है, क्योंकि उसमें नवीनता रहती है, परिवर्तनशीलता रहती है। जिस सत्तात्मक व्यवस्था के भीतर रचनात्मक संवाद के लिए ज़रा भी गुंजाइश नहीं रहती है, वहाँ अतार्किक उपायों से सत्ता सक्रिय हो उठती है। स्त्री–पुरुष के सम्बन्धों में यदि प्रीति और अपनापन नहीं है तो दाम्पत्य जीवन का सौन्दर्यात्मक विधान वहाँ रद्द हो जाता है, लेकिन 'बलि' कहानी की लड़की की ज़िन्दगी की ख़्वाहिशें मरीचिका बनती जा रही हैं। सब कुछ उससे छूटता जा रहा था। उसको विवाहोपरान्त प्रेम तथा भाई चारे की संगति हाथ नहीं लगती है; न पति से, न रिश्तेदारों से, न मित्रों से, न अपने दोस्तों से। वह अन्दर–बाहर शून्य होती जा रही थी। गाँव की हरियाली के साथ जीवन की हरियाली लड़की से दूर होती जाती है। हरी–भरी ज़िन्दगी की कामना के नष्ट होते ही फिर वहाँ दुख का सागर उमड़ने लगता है। जिस दुनिया में वह रहती थी, वह असल में उसकी नहीं थी, जो उसकी अपनी थी, वह भी जल–रेखा होती जा रही थी। "वह रो रही थी अपनी साइकिल के लिए... अपने कपड़े–सैंडल के लिए... अपनी टिकुली–चुटीले के लिए... साड़ी–तौलिए के लिए... शैंपू–साबुन के लिए... ब्रा–पेंटी के लिए... साहब–मम्मी के लिए... अपनी खोई हुई आज़ादी के लिए... रामेश्वर के लिए... अपने अस्तित्त्व के

लिए... अपनी असहायता–निरुपायता के लिए... अपने नारी–जन्म के लिए।" अपने जीवन में सब कहीं निराशा हाथ लगते समय "वह अर्द्धविक्षिप्त–सी हो गयी, पति सारे सभ्य समाज को अपनी कुन्ठाओं की विष्ठा में लपेट कर सारे सभ्य समाज से अपने असभ्य रह जाने का बदला ले रहा था... और माध्यम थी लड़की।" पितृसत्ता के ऐसे क्रूर व्यवहार से लड़की के जीवन में धीरे–धीरे वितृष्णा और उबकाई से भर गयी। उसकी आत्मा का हाहाकार दब–दबकर अन्तरिक्ष में विलीन हो गया। "साल–भर बाद एक रात लड़की ने यातना के इस अन्तहीन सफर को एक झटके से खत्म कर दिया। गले में फन्दे लगा कर छत से लटक गयी। शायद मृत्यु के उस पार ही कहीं एक हरी–भरी घाटी हो... जिसमें एक लाल कबेलू की छतवाली झोंपड़ी हो... छत पर कद्दू की बेल चढ़ी हो... बेल में पीले–पीले फूल खिले हों... और स्कूल की यूनिफॉर्म पहने एक गोरी, गोल–मटोल बच्ची दरवाजे पर खड़ी अपनी नन्ही–नन्ही हथेली नचाकर उसे टा–टा करती हो।"

लड़की जीवन में प्राप्त स्वतन्त्रता को खोने के लिए सन्नद्ध नहीं होती है। स्वतन्त्रता या मृत्यु में से वह दूसरे विकल्प को चुन लेती है। अस्वतन्त्रता की बेड़ियों में जकड़े रहने से भला वह मरण का वरण करना उत्कृष्ट समझती है। अस्वतन्त्रता–अपमान के बन्धन में फँसकर आदमी पागल हो जाता है। लड़की की जीवन परिस्थिति पागलपन की स्थिति से भिन्न नहीं थी। गाँव में पहुँचकर स्वतन्त्रता का विस्तार वह अपनी इच्छानुसार नहीं कर सकती थी, अन्दर ही अन्दर उसे जीने की तनिक भर इच्छा नहीं होती थी, आत्म–गौरव या सम्मान प्राप्त नहीं होता था। अपने आत्म–सम्मान के लिए ख़ुद को बलि चढ़ाने वाली लड़की पितृसत्ता के सामने एक सवाल बन जाती है। पाठक की संवेदना कहानी के अन्त तक आते–आते लड़की से जुड़ जाती है। हम भी यही अनुभव करते हैं कि काँटों से भरी ज़िन्दगी को कब तक वह आगे बढ़ा सकती है? उसके जीवन रूपी

नदी का बहाव रुक गया है, फिर सड़ना मात्र बाक़ी रह गया है। मानसिक–शारीरिक–सांस्कृतिक हिंसा के बल पर पितृसत्ता लड़की पर सम्पूर्ण रूप से हावी हो चुकी थी। पितृसत्तात्मक व्यवस्था में वही औरत जीवित रह सकती है जिसके लिए दास्तत्त्व की पराकाष्ठा ही स्वतन्त्रता की पराकाष्ठा है। असुरक्षा, क्रूरता, अधिकारहीनता, झूठ, अविश्वास, निराशा, दबाव आदि के रूप में लड़की के जीवन में अस्वतन्त्रता फैल जाती है। उसके जीवन का दरवाज़ा इन सबके आक्रमण से बन्द हो जाता है। देश की बलि के साथ शुरू होने वाली कहानी का घटनाक्रम घनीभूत पीड़ा की वजह से की गयी लड़की की आत्मबलि के साथ समाप्त होती है। कहानी की बलियाँ पूँजीवादी आन्तक की सन्तानें हैं। आगे किसकी बलि चढ़ानी होगी, वक्त का इन्तज़ार है। हमें इसलिए गम्भीर सावधानी बरतनी ज़रूर होगी, उसका प्रतिरोध करना होगा।

'डूब' उपन्यास के विविध आयाम

शिगष जी. एस.

विस्थापन से उत्पन्न सामाजिक विसंगतियों का कोई लेखा–जोखा नहीं हैं। वीरेन्द्र जैन अपने उपन्यास 'डूब' में उत्तर औपनिवेशिक भारत की विकास नीतियों से उत्पन्न विस्थापन को और उससे होने वाली सामाजिक विसंगतियों को सशक्त रूप से रेखांकित करते हैं। 'डूब' में चित्रित 'लड़ैई' पूर्ण रूप से विकास के सभी सम्प्रत्ययों से अपरिचित एक ग्रामीण समाज है। सामन्ती और साहूकारी व्यवस्था के कीचड़ में दब रहे लड़ैईवासी जातीय बिरादरियों के बीच दम तोड़ रहे थे। इन सारी विद्रूपताओं की बाढ़ में लड़ैईवासी डूब रहे थे। आज़ादी के बाद भी लड़ैई में ज़मींदारी–सामन्ती–साहूकारी व्यवस्थाओं द्वारा शोषण न समाप्त हुआ है, बल्कि ये निर्मम व्यवस्थाएँ अपने शक्ति–संचयन में अधिक कामयाब हो पायी हैं। इसके लिए सत्ताधारी और राजनीति नेता वर्ग उन्हें गीली मिट्टी प्रदान करता है। इसलिए ही आज़ादी के बाद चैन के वक्त की प्रतीक्षा कर रहे गाँववासियों का मोहभंग उपन्यास में अत्यन्त संवेदना के साथ चित्रित किया हुआ है।

जातीय शोषण की पहली डुबकी में तड़पने वाले गाँववासियों के आगे दूसरी बाढ़ आती है सरकार के षड्यन्त्रों के रूप में। विकास का सपना दिखाकर पाँच–पाँच वर्षों के अन्तराल में वोट लूटते रहे शासन तन्त्र और सरकारी कर्मचारियों की धोखेबाज़ी की बाढ़ में लड़ैईवासी पहली डुबकी के बीच ही 'दूसरी डुबकी'

में गिरा दिये गये। अन्त में सरकारी तन्त्र और उसको पुष्ट करने वाले तमाम औज़ारों के सम्मिलित छल से विकास की अन्ध नीतियों के चलते बाँध टूटकर लड़ैईवासी ने वास्तविक बाढ़ की 'तीसरी डुबकी' खाई। इस प्रकार स्वतन्त्रता के पूर्व और पश्चात् ज़िन्दगी भर डूबने को अभिशप्त एक जनता की कराह को 'डूब' में अंकित किया गया है।

आज़ादी के बाद वोट बैंक की तलाश में रानी साहिबा लड़ैई में भी पहुँचती हैं। लड़ैईवासी रानी साहिबा और हेलीकॉप्टर को पहली बार देखते हैं। एक मोटर गाड़ी पर तक चढ़ने का नसीब न होने वाले उन लोगों के लिए हेलीकॉप्टर आश्चर्य की बात है। आकाश तक फैले विकास का पंछी चीलगाड़ी—में उनका मन मुग्ध हो जाता है। इन सहूलियतों के बीच स्वयं को तुच्छ मानने वाले लड़ैईवासी रानी साहिबा के खोखले वायदों में फँस जाते हैं। तेज़—तेज़ भाषण से राजघाट बाँध परियोजना, लड़ैई के समूल विकास, नेहरू के सपने जैसे दर्जनों मीठे कथनों से रानी साहिबा लड़ैई के वोटों को अपने बक्से में समा लेने की चालाकी दिखाती हैं।

लड़ैईवासी रानी साहिबा के द्वारा दिये गये विकास के सपनों की गाँठ बाँधते रहे, दिन बीतते रहे। महीनों बाद एकाएक बाँध का काम शुरु होता है। बाँध की प्रतीक्षा में, भविष्य के अच्छे दिनों की कामना में जीते लड़ैईवासी ख़बर पाकर फूला न समा पाया। लेकिन ख़ुशी अधिक समय तक टिकी नहीं, क्योंकि बाँध परियोजना के डूब—क्षेत्र में लड़ैई भी सम्मिलित है। विकास की नयी किरणों की उम्मीद में दिन काटते रहे लड़ैईवासी को जड़ों से उखड़ना पड़ता है। गाँववालों के लिए यह दूसरी डुबकी सबसे वेदनाजनक थी। लड़ैई को डूब क्षेत्र घोषित करने के पश्चात् सरकार तत्काल वाहन की सारी प्राथमिक सुविधाओं को बन्द कर देती है। गाँव का स्कूल, राशन की सुविधाएँ, यातायात सबकुछ सहसा निश्चल हो जाते हैं। जीवन की बुनियादी ज़रूरतों से भी

गाँववाले वंचित रह जाते हैं। ठाकुर जनकसिंह गाँव के स्कूल का मास्साब बनकर बच्चों को दिशा–निर्देश दे रहे थे। अब स्कूल बन्ध हो जाने से लड़ैई गाँव से बाँध के नाम पर पहला विस्थापन मास्साब का होता है। सरकार उन्हें गंजबासौदा के मिडिल स्कूल की ओर विस्थापित कर देती है। गाँव की सामाजिकता का सूत कातने वाले मास्साब की ज़िन्दगी में नीरवता आती है। "मास्साब आज बेहद उदास थे। बिना शक उदास थे। नमेटे जा सकने वाले गम में गमगीन थे मास्साब। जीवन में पहली बार अपना गाँव छूट रहा था उनका। आज जीवन में पहली बार घर से बेघर होने जा रहे थे मास्साब। मास्साब के मन में एक ही आशंका थी कि जाने फिर घर–गाँव देखना नसीब भी होगा कि नहीं! कहीं ऐसा न हो जब तक वे वहाँ शहर में घर–गृहस्थी जमाकर, इधर आने को सोचें, तब तक गाँव ही उजड़ जाये!" (वीरेन्द्र जैन, डूब, वाणी प्रकाशन, नयी दिल्ली, 1998, पृ. 114) मास्साब के चले जाने के बाद ठाकुर, साव जैसे धनाढ्य लोग एक–एक होकर शहर की ओर पलायन करते हैं, लेकिन लड़ैईवासी को क़र्ज़ की बाढ़ में डुबो देने का कारोबार वहीं बैठकर वे करते रहे। लड़ैई की मिट्टी से कटने से उन्हें कोई विशेष दुख नहीं था, क्योंकि जीवन के ऐश के अलावा मिट्टी के प्रति उनका कोई आत्मीय सरोकार नहीं है। वे परम्परा से बनिये हैं, वहाँ बाज़ारी नीतियाँ प्रबल रहती हैं, लाभ का लालच बना रहता है। अब गाँव में शेष रह गये हैं कुछ खेतिहर किसान। अपने जीवन को जुटा पाने के लिए खेती के अलावा उन्हें कोई तरकीब नहीं है। रोज़ी–रोटी को भी तरसने वाले उनके पास शहर जाकर सुविधापूर्ण ज़िन्दगी जीने के लिए कोई कमाई नहीं है। उन्हें वहाँ जीने के लिए तथा और कहीं जाने के लिए कोई मार्ग नहीं है। वर्षों तक बान्ध परियोजना रेंग–रेंग चलती रही। इन्हीं सारी दिनों में गाँव के बेसहारे लोग आत्मसंघर्ष में पिस–पिस कर दिन काटते रहे। विकास की छोटी बिन्दु से भी बेखबर गाँववासी को इस बाँध की

चकाचौंध के बारे में क्या पता? उनकी सामाजिक दुरव्यवस्थाओं के कारण इन सुविधाओं से हमेशा वे दूर ही रहे। माते सोचता है—"लेकिन यह बाँध क्या होता है? कैसा होता है बाँध? बाँध कि बन्दा? अरे कुछ भी कह दो, इससे क्या फ़रक पड़ता है! जो कहने में सुभीता लगे वही कहो। नाम बदल देने से प्रयोजन थोड़े ही बदल जायेगा! पर बाँध कहो या बन्दा, होता क्या है यह?" (वीरेन्द्र जैन, डूब, वाणी प्रकाशन, नयी दिल्ली, 1998, पृ. 63) बाँध वास्तव में बन्दा ही है, लड़ैईवासियों को बान्धकर दूर फेंकने की चाल है। प्रजा को बन्दा या गुलाम बनाने का प्रजातन्त्र की नयी अधीशत्व नीति है। अब बामन महाराज का कथन सच निकला कि कलियुग में आदमी आदमियों को नष्ट करके अपने को बसाएंगे। ("अरे भाई कलजुग है यह, कलयुग। इसकी तो लीला ही न्यारी, इसके खेल न्यारे। कहती तो थी महारानी कि बहुत बड़ा होगा वह। अब बड़ा तो ख़ैर क्या होगा। बामन महाराज बता तो रहे थे उस दिन कि इस युग में आदमी तो छोटा होता ही जायेगा, उसके काम भी छोटे होंगे। और कुछ आदमियों के काम तो केवल छोटे ही नहीं, ओछे भी होंगे, खोटे भी होंगे। हाँ, यह तो साँची कही महाराज ने।" (वीरेन्द्र जैन, डूब, वाणी प्रकाशन, नयी दिल्ली, 1998, पृ. 63) प्रजातान्त्रिक प्रणाली में भी शासनकर्ताओं का मन इतना छोटा बन गया है, उसमें ग़रीबों को समा लेने के लिए स्थान नहीं है। अतः मन से विस्थापित ग़रीबों के प्रति उन सत्ताधारियों का काम ओछे और खोटे ही होंगे।

बाँध आने की सूचना देने के बाद करीब बीस साल बाद बाँध की पहली ईंट तत्कालीन प्रधानमन्त्री इन्दिरा गाँधी के हाथों रखी जाती है। इतने सालों के बीच लड़ैई और आसपास के गाँव विस्थापित होने के संघर्ष में स्वयं थम गये थे। सरकार ने कभी यह सूचना तक नहीं दी कि गाँववासियों को कब विस्थापित करेगी, उन्हें कहाँ बसाएगी, विस्थापितों को मुआवज़े के रूप में कितने कलदार देगी। इतना मात्र कहा कि विस्थापित कर देगी।

जिस प्रकार पुनः रोपे बिना उखाड़ किये पौधों की बढ़ाई मन्द पड़ जाती है, उसी प्रकार गाँववासी अस्थिर परिवेश में अस्त–व्यस्त हो गये। कुछ गाँव के किसानों को अपने जीवनाधार खेत से बेदख़ली के बदले मुआवजे के कुछ नकद मिले, लेकिन साहू और सरकारी कर्मचारियों की धोखेबाजी से किसान को खाली हाथ जाना पड़ा। "ज़मीनों का रुपया किसानों के हाथ में आया कि बानियों की चाँदी हो आयी। किसानों ने हाथ में आये कलदार अपनी कट्टी के खलीते में बाद में रखे होंगे कि पहले बानियों ने अपना अगला–पिछला हिसाब चुकता कर लिया। इस वसूली के बाद बानिया लोग तो जा बसे ललितपुर, कि झाँसी, कि बीना, कि भोपाल। और किसान रहा आया बाखर, कुआँ, पेड़ का मुआवज़ा मिलने के इन्तज़ार में।" (वीरेन्द्र जैन, डूब, वाणी प्रकाशन, नयी दिल्ली, 1998, पृ. 191) खेत के बिना अब गाँववासी किसान नहीं हैं। सारी जीवनाकांक्षाएँ बन्द होने पर उनके सामने एक ही चारा मजदूर बनने का है। गाँव के किसान इसी उम्मीद में रहने लगे कि बाँध का काम शुरु होने पर मज़दूरी मिलेगी। लेकिन बाँध के काम के ठेकेदार ने उन्हें काम न दिया। वे सोचते थे कि गाँववालों की सामाजिक मान्यताओं और सांस्कृतिक क्रियाकलापों से बाँध का काम मन्द पड़ जायेगा। अतः बाँध निर्माण में रफ़्तार मिलने के लिए बाहर से लोगों को लाना चाहिए। सरकारी बाबू और ठेकेदारों का मानना है कि "यहाँ के स्थानीय आदमी मन लगाकर पूरे समय काम नहीं करेंगे, क्योंकि वे अपने तीज–त्योहार मनाना नहीं छोड़ेंगे काम की ख़ातिर। घर–परिवार के शादी–ब्याह में शामिल होना भी न त्यागेंगे। कोई बीमार–दुखी हुआ तो उसकी तीमारदारी में जुटना भी नहीं छोड़ेंगे। सरकारी बाबू से, कि ठेकेदार के मुँह से कोई ऊँच–नीच बात निकल गयी तो उससे झगड़ने से बाज भी न आयेंगे। इन सबके चलते नाहक ही काम का हर्ज़ा होगा! इसीलिए यहाँ काम करने के लिए कहीं अन्त से मजूर लाये जायेंगे। इतनी दूर से कि

वे सरलता से अपने घर लौट न सकें। मनीआर्डर से रक़म भेजें अपने घर, और दिन–रात बाँध के काम में जुटे रहें। इसी ढाबे पर बैठे–बैठे देखते थे साब उन काले–कलूटे लोगों को जो बाँध पर काम करने के लिए लायी सरकार मदरास से, कि पुरी से, कि उड़ीसा से, कि केरल से। सीधे–सादे, मेहनती और कम–बोलू लोगों की भीड़। कम–बोलू, तिस पर सोने में सुहागा यह कि न सरकारी बाबू उनकी भाषा समझें, न वे बाबू की। सो जो काम होना होता, जो काम होता, सब इशारों में। लड़ाई, कि प्रीत की नौबत ही नहीं। बोल, कि कुबोल की गुंजाइश ही नहीं।" (वीरेन्द्र जैन, डूब, वाणी प्रकाशन, नयी दिल्ली, 1998, पृ. 191–192) अब गाँववासी बेरोज़गारी में तड़प रहे हैं। उनकी ज़मीन तो छीन ली गयी, उसके साथ ही आजीविका भी। विस्थापन की यह एक गम्भीर समस्या है, लेकिन सरकार की आंखों में ये मनुष्य के आंकड़े में नहीं आते। अतः उनकी रोजग़ारी के बारे में भी सोचने का सवाल ही नहीं आता।

बेतवा नदी के आसपास के राजघाट बाँध परियोजना के डूब क्षेत्र के शंकरपुर, पंचमनगर, सिरसौदिया, केशोपुर, सिद्धपुर आदि गाँवों से लोगों को विस्थापित कर रहे हैं। कुछ गाँवों में मुआवज़ा का बँटवारा चलता है, जो दूसरे ज़ेबों में आता है। कुछ गाँव मुआवज़े की प्रतीक्षा में सरकारी कार्यालयों में चक्कर काट रहे हैं। लड़ैई को लेकर सबसे बड़ी असंमजस की बात यह है कि पहले वह डूब क्षेत्र में दाखिल किया गया था, लेकिन अब वह डूब क्षेत्र में नहीं आता। बल्कि वह अभयारण्य बना दिया जायेगा। डूब क्षेत्र में न आने के कारण लड़ैईवासी को मुआवज़ा मिलना भी सम्भव नहीं है। अब उनकी सारी प्रतीक्षाएँ बुझ गयीं। अब हर साल बाढ़ में गाँव के ऊपरी भागों पर भागना पड़ रहा है। इस प्रकार विकास के अदूरदर्शी हरक़तों से विस्थापित जनता की रूह को 'डूब' उपन्यास में पिरोया गया है।

अपनी संस्कृति से विस्थापित होने का दर्द वीरेन्द्र जैन के 'डूब' उपन्यास में बड़ी ही मार्मिक ढंग से चित्रित किया गया है। लड़ैई गाँव से शहर के दूसरे स्कूल की ओर पहले–पहल मास्साब विस्थापित हो जाते हैं। गाँव की सीमा तक मास्साब को बारह कोस पैदल चलना है। अपना शिष्य अनेका के साथ चलते–चलते वे यादों की सीपी खोल देते हैं। मास्साब सोचते हैं कि ये सिर्फ़ यादें नहीं, अपनी ज़िन्दगी को इतने वर्षों तक रस दी जीवनी शक्ति है, वही अपनी संस्कृति है। मास्साब अब महसूस करते हैं कि आज वह जीवनी शक्ति अपने अन्दर–बाह्य से दूर होती जा रही है। लड़ैई के तीज–त्योहार, वहाँ के रीति–रिवाज़, सबकुछ उनकी स्मृति से बिछुड़ रहे हैं। अब वे डरने लगे हैं कि लड़ैई विस्मृतियों की बाढ़ में डूब जायेगी क्या? "तो क्या इसीलिए शहर गये हमारे बच्चे, हमारे बुजुर्ग गाँव में ढूँकने तक नहीं आते! क्या वे भी इसी तरह भुला चुके होते हैं गाँव को? उनकी स्मृति से मिट जाता है, पुँछ जाता है क्या गाँव? भुला पाना इतना सहज, सरल है क्या? जो रच–बस गया है, जो जीवन रहा है, जो साँस लेने की दशा और दिशा को निर्देशित करता रहा है हमारी, उसे, इस गाँव को भुलाया जा सकता है क्या? तो क्या ये तमाम लोग, जो आज छूट गये है गाँव में, कल को जब यह गाँव नहीं रहेगा, तब इसे यूँ ही भूल जायेगे? भूलना इतनी त्वरित प्रक्रिया है क्या?" (वीरेन्द्र जैन, डूब, वाणी प्रकाशन, नयी दिल्ली, 1998, पृ. 115) लेकिन सहसा वे महसूस करते हैं कि लड़ैई कभी विस्मृति में न डूबेगा, क्योंकि लड़ैई की यादें संस्कृति से कसकर, उसकी आत्मा के साथ पिरोयी गयीं हैं। युग–युग तक की यादें वे भोगे बिना भोगते हैं। इतिहास के साथ का यह आत्म–मिलन वे अपनी संस्कृति से हासिल की है। "नहीं है! हाँ, कतई नहीं है। भूलना इतना सरल होता, इतना त्वरित होता तो सौ बरस पहले हमारे पूर्वजों ने जो झाँसी छोड़ी थी, जहाँ हम रहे नहीं कभी, जिसे देखा नहीं कभी, वह हमारी स्मृति में इस कदर क्यों दर्ज है?

गोया हमारा बचपन वहीं की धुल में खेलकर कैशौर्य को प्राप्त हुआ हो!" (वीरेन्द्र जैन, डूब, वाणी प्रकाशन, नयी दिल्ली, 1998, पृ. 115) अब इस संस्कृति को अपनी आत्मा की अगाध तराइयों में दफ़नकर उन्हें सिर्फ़ यादों की गाँठ लेकर शहर जाना है। यादें ही शेष हैं, बाक़ी सबकुछ छूट ही रहा है। यही स्मृतियाँ ही अब अचल सम्पत्ति हैं। "फिर... फिर मैं क्यों भूला जा रहा हूँ यह सब, जो अभी तो अतीत भी नहीं हुआ मेरा? नहीं–नहीं, ये तो शुभ लक्षण नहीं हैं। इसे तो हरदम याद रखना होगा। याद रहना चाहिए हमेशा मुझे। यही तो अब मेरी अचल सम्पत्ति है– यादें, स्मृतियाँ... बाक़ी तो सब छूट ही रहा है।" (वीरेन्द्र जैन, डूब, वाणी प्रकाशन, नयी दिल्ली, 1998, पृ. 116) यह वेदना तन का नहीं, मन का है। 'डूब' में यह दर्द अपनी सीमा पार कर लेती है।

गाँव की आत्मा खेतों में है। गाँव ही उजड़े तो आत्मा कहाँ टिक पायेगी? इन सबके चले जाने के साथ ही विस्थापितों की संस्कृति भी चली जाती है। लड़ैई का आम किसान अपनी ज़िन्दगी की डोरी बैलों के साथ बाँधकर दानों की नये उमंग की प्रतीक्षा कर रहे थे, लेकिन अब वह डोर टूट गयी है। अब बैल नहीं, गैल नहीं, मिट्टी की महक नहीं। किसानी संस्कृति में पैदे, पाले–पोसे लड़ैई के आम किसान आज एक कौड़ी के खातिर मज़दूरी के लिए भटक रहे हैं। उनका अपना सबकुछ नष्ट हो गया। खाली पेट कितने दिन जी सकेंगे? इस विकट परिस्थिति में हीरा साव उन्हें मज़दूरी के लिए हाँक ले जाता है। "अन्धा क्या चाहे, दो आँखें। न मिलें दो तो एक ही सही। सो देखते–ही–देखते न केवल पानीपुरा वाले, बल्कि और भी ढेरों बटाईदार खेतों की मज़दूरी तज़कर चल दिये हीरा साव के पीछे।" (वीरेन्द्र जैन, डूब, वाणी प्रकाशन, नयी दिल्ली, 1998, पृ. 200) विस्थापित किसान के मज़दूर बन जाने की विवशता को 'डूब' में यों चित्रित किया है, वह दिल को छूने वाला है।

इन्दिरा गाँधी का शासन मानवाधिकार के बुनियादी संकल्प को भी ठुकराने वाला था। उनकी सोच थी कि देश के विकास के लिए आबादी कम करना है। गाँव के अशिक्षित भोले–भाले लोगों को परिवार नियोजन के लिए चुना गया। निर्मल साव, हीरा साव आदि बनियों की मदद से सरकार ने धोके से लड़ैईवासी के जनन नसबन्धी करके उनके जैविक अस्तित्त्व को ही मिटा दिया। देश को विकास के नये क्षितिज पर पहुँचा देने का इन्दिरा के इस उपाय से बड़ा मानवाधिकार हनन कौन–सा है? विकास के रास्तों से पूर्ण रूप से बेदख़ल किये गये गाँव के लोगों के जीवन के दावे पर ही सरकार शहरी सुख–सुविधाओं का ख़ाका बना देती है। उनके जीवन को कोई मूल्य देती नहीं। माते का मन विक्षुब्ध होता है–"साव, देख लो अपनी चतुराई का परिणाम! अरे, जनखा बनवाने ले गये थे तो वही करवाते न केवल। बधिया मानुष भी होता तो मानुष ही है न। वही नस कटवाते फिर। पर तुमने तो लगता है इनकी जीवन–नस ही कटवा दी है। हमरे बचुआ अनेका को मिलाकर पूरे सात बधिया भगवान को प्यारे हो चुके हैं अब तक। अक्कल–समेत सात राँड़ें रात–दिन तुमरा नाम जप रही हैं हीरा साव। करम गति टारे नहीं टरी। किसके करम और किसकी गति? माते के लेखे भगवान का हिसाब भी गड़बड़ा गया है। करम सरकार के, साव के, और दुर्गति इन बेजुबानों की। नहीं–नहीं! इनके करम भी निमित्त हैं इसमें। ज़रूर हैं। नहीं तो इसी युग में क्यों जनमते ये? वह भी ग़रीब के घर! गाँव–देहात में! देहात में भी लड़ैई जैसे देहात में। देश की ख़ातिर घर से बेघर होने को, अपने वंश का, अपने यश का नाश अपनी ही आँखों देखने को शापित हम लड़ैई वालों के बीच में!" (वीरेन्द्र जैन, डूब, वाणी प्रकाशन, पृ. 211–2) लड़ैई वाले धनाढ्य वर्ग के पांव तले दबने को अभिशप्त हैं। माते अपनी इस दुर्गति पर उदास हो जाता है।

विस्थापित होने को विवश जनता के आगे निर्मल साब आश्वासन की वाणी लेकर आता है। अपनी अतृप्त यौन आकांक्षाओं

की पूर्ति करने के लिए, रक्षक का मुखौटा पहनकर स्त्रियों की इज्ज़त का भी अपहरण करता है। निर्मल साब के बचपन का नाम–'घूरेलाल'–सार्थक सिद्ध होता है। "वहाँ साव मुआवज़ा पाने की बाट जोहते किसी भी घर में जा पहुँचेगा। उस घरधनी को ढेरों दिलासाएँ देगा। भरोसा दिलायेगा। उम्मीद की डोर से बँधा वह घरधनी जब सपनों की दुनिया में खो जायेगा, तब घूरेलाल साब चुपके से उठेगा और वहीं कहीं बेख़बर सोई किसी गदराई छतनार लता–सी काया के पहलू से जा लिपटने की जुगत भिड़ायेगा। ताकि महुआ फूले सारी रात–निर्मल साब के संग–साथ।" (वीरेन्द्र जैन, डूब, वाणी प्रकाशन, पृ. 239) शोषण की अविरत परम्परा में स्त्रियों की अस्मिता जाती रही।

'डूब' का तीसरा अध्याय– 'तीसरी डुबकी' में लड़ैई पूर्ण रूप से डूब जाता है। पाँच–पाँच वर्षों में बदल–बदलकर आनेवाले शासकों के सपनों में लड़ैई वाले निरा जानवर से भी तुच्छ माने गये। औद्योगिक विकास के भविष्य की सम्भावनाओं के आगे गाँववासी के सामाजिक–सांस्कृतिक सरोकारों को पानी में मिला दिया गया। अरविन्द पाण्डे के मुँह से सरकार का प्रस्ताव सुनकर माते स्तब्ध रह जाता है कि राजघाट बाँध परियोजना के धनाढ्य प्रबन्धकों को मृगया करने के लिए लड़ैई को अभयारण्य बनायेगा और लड़ैईवासी को विस्थापित किया जायेगा। माते अफ़सोस भरे शब्दों में पाण्डे से पूछता है–"तो अभी जो रह रहे हैं यहाँ, उन्हें क्या आदमियों में लिखती है सरकार?...सरकार की निगाह में तो अभी भी यहाँ जानवर ही रह रहे हैं। जानवर भी ऐसे जिनके न दाँत हैं, न पंजा। फिर हमें कहाँ खदेड़ेगी यह सरकार? कब लगाने आ रही है हाँका, यह भी ख़बर है क्या बेटा?" (वीरेन्द्र जैन, डूब, वाणी प्रकाशन, पृ. 279) सबसे बड़ा लोकतान्त्रिक देश में होने वाले प्रत्यक्ष मानवाधिकार हनन किसकी हित–पूर्ति के लिए किये जाते हैं? यह भी विचारणीय प्रश्न है। पूँजीवादी विकास में पूँजीपतियों की ही खुशहाली बनी रहती है। बाक़ी आम आदमी को जड़ों से उखड़ना पड़ता है।

जीवन के सभी क्षेत्रों में स्वतन्त्रता, समानता और भाईचारे के आदर्शों को लेकर भारतीय लोकतान्त्रिक शासन प्रणाली की स्थापना की गयी थी। लेकिन आज भी बहुसंख्यक भारतीय जनता सामाजिक, आर्थिक एवं राजनैतिक समता व स्वतन्त्रता से वंचित है। ग़रीबी अशिक्षा, बेरोजग़ारी आदि ज़िन्दगी की अस्तित्त्व सम्बन्धी समस्याओं से लेकर जातिगत, वर्गगत, धार्मिक, नस्लीय वैमनस्य और भेदभाव जैसी अस्मिता सम्बन्धी समस्याएँ बढ़ती जा रही हैं। शासन तन्त्र पर नियुक्त प्रतिनिधि वर्ग और सरकारी कर्मचारियों के शोषण और भ्रष्टाचार, संविधान तथा क़ानून व्यवस्था का उल्लंघन, अधिकार का दुर्विनियोग, राजनीतिक तानाशाही, राजनीतिज्ञों की पक्षधरता, धमकी आतंक व वशीकरण से चुनावी तोड़–फोड़ आदि अनगिनत समस्याओं के कारण भारत की लोकतान्त्रिक राजनीति के स्थान पर अपराधियों का राजनीतीकरण और राजनीति का अपराधीकरण कलंक बनकर पनप रहे हैं। जिस लोकतन्त्रीय शासन व्यवस्था पर हम इठलाते हैं, वह आम आदमी से कोसों दूर है। नव औपनिवेशिक पूँजीवादी सन्दर्भ में लोकतान्त्रिक मूल्य बिगड़ते चले जा रहे हैं। हिन्दी के अनेक समकालीन उपन्यास इस मूल्य विघटन से आशंका व्यक्त करते हैं।

वीरेन्द्र जैन के 'डूब' उपन्यास के शुरुआत में ही लोकतन्त्र के सड़ने की सूचना मिलती है। आज़ाद भारत के प्रथम निर्वाचन प्रक्रिया में ही प्रकट हुए दलीय राजनीति के घिनौने चेहरे को इस उपन्यास में प्रस्तुत किया गया है। जाति को वोट के रूप में तब्दील करने का प्रयास आज ही नहीं, परम्परा से ही चला आ रहा है। समाज के धनाढ्य वर्ग की उम्मीदवारी की समस्या भी इस उपन्यास में प्रस्तुत है। ठाकुर देवीसिंह और मोती साव की उम्मीदवारी इस बात को सिद्ध करती है। यहीं से लोकतन्त्र की पहली डुबकी शुरू होती है।

आज़ादी के बाद सबकी आशा थी कि भारत नये सिरे से करवट बदलेगी। ऐसा हुआ भी, वह लोकतान्त्रिक घोषित हुई। लेकिन स्वतन्त्रता के पश्चात भी बहुसंख्यक आम आदमी के जीवन में रोशनी नहीं आयी। साहूकारी और सामन्ती शोषण चलते रहे। आज़ादी के बाद बिरादरियों के अन्त होने पर भी लोगों की मानसिक गुलामी कभी न टूटी, टूटने नहीं दिया। लेखक लिखते हैं– "और यह इन्तजारी भी फ़िज़ूल है कि अभी इन चमारो में से कोई एक उठकर पाँवों से पाँच कदम दूर ज़मीन पर लोटकर यह कहेगा कि घूमा नादाँ है, बालक है, इसे कोई ऊपरी हवा लग गयी है सो इसकी बात का बुरा न मानने की कृपा करना, हम तो आज भी आपकी प्रजा हैं, आप ही हमारे राजा हैं जो हुकुम होगा बजा लाएँगे, जो इनायत होगी झोली पसारकर कुबूलेंगे, भूखे रहेंगे तो भी आपके गुण गायेंगे, भूखे मरेंगे तो भी आपका जश बढ़ायेंगे" (वीरेन्द्र जैन, डूब, वाणी प्रकाशन, 1998. पृ. 69,) सबसे बड़े लोकतान्त्रिक राष्ट्र में जातिगत असमानता के शिकंजे में पड़कर सबकुछ खोने को मज़बूर लड़ैईवासी की मानसिक गुलामी स्वयं गवाह देती है कि लोकतन्त्र अपने आदर्श पर नहीं चल रहा है।

कैलाश महाराज के दुर्व्यवहारों से दुखित पिता बामन महाराज सोचते हैं कि सरपंच बन गये तो इन कलंकों से मुक्ति पा सकेगी। शत्रुओं द्वारा प्रसारित किंवइन्तियाँ कहकर उन अफ़वाहों को टाल सकते हैं। माते को इस बात का ज्ञान था कि जब–जब लड़ैई में चुनाव लड़ा, तब–तब पलायन और मारकाट ही घटित हुए। इसलिए माते बामन महाराज से विनती करता है कि चुनाव में उम्मीदवार न बनें। चन्द्रभान की बेटी के पेट में कैलाश के बलात्कार से बच्चा पनप रहा था। इस अवैध गर्भ के कलंक को छुपा देने के लिए माते बामन महाराज की मदद करता है। तब एक शर्त थी, महाराज सरपंच चुनाव न लड़ेंगे, लेकिन महाराज

अपने वचन का पालन नहीं करते हैं। वे लोकतन्त्र के रक्षक का मुखौटा पहनकर निर्विरोध लड़ैई समेत 17 गाँवों के सरपंच बन जाते हैं। अधिकार के मोह का अन्त नहीं। उस महत्त्वाकांक्षा के आगे भले–बुरे और तन्त्र–कुतन्त्र का नाप–तोल करने का सवाल ही नहीं उठता। लेखक व्यंग्य करते हैं–"इस बार गाँव में किसी ने वोट ही नहीं डाल। माते की इच्छा जो नहीं थी महाराज ने भी नहीं डाला। मगर फिर भी बामन महाराज ने लोकतन्त्र की रक्षा कर ली किस तरह की.... यह बयान नहीं करना चाहते, वे कर सकते भी नहीं, मन नहीं करता अपने मुँह मियाँ मिट्ठू बनने का वे लड़ैई और बाक़ी सत्रह गाँवों के सरपंच हैं अब निर्विरोध चुने गये वे।" (वीरेन्द्र जैन, डूब, वाणी प्रकाशन, 1998 पृ. 96,) उपन्यास के पहले अध्याय–'पहली डुबकी'–में ही सामन्ती मनोबल प्रबल होने तथा लोकतन्त्र के डूबने का चित्रण है।

मस्साब शहर से यह दुखी ख़बर लेकर आते हैं कि राजघाट बाँध क्षेत्र में होने के कारण लड़ैई का स्कूल बँध करने वाला है। माते सोचता है कि युगों से हम उपनिवेशी राज से त्रस्त थे। आज अपना राज, प्रजा का राज, लोक का राज आकर भी ग़रीबों को अपने घर से बेघर होना पड़ता है। साम्राज्यवादी अंग्रेज़ी शासक ने गाँव में स्कूल की स्थापना की थी। आज सत्ता पर आसीन प्रजातान्त्रिक सरकार उसे उजाड़ रही है। यह कैसी विडम्बना है? साम्राज्यवादी शासन काल में जो यातनाएँ भोगी थीं, लोकतान्त्रिक शासन काल में गाँववाले को उससे भी ज़्यादा कटु परिस्थितियों से गुज़रना पड़ रहा है। "ऐसा तो सौ साल पहले हुआ था। हमें घर से बेघर होना पड़ा था... पर तब तो, माते बताते थे–गोरों की सरकार थी, राजा की मिलीभगत थी राज हड़पने की साज़िश थी राजा–राजा की लड़ाई थी, जिसमें हम खानाबदोश हुए थे फिर उन्हीं गोरों ने यहाँ क़ायम किया था मदरसा और अब? अब तो अपना राज है, अपनी सरकार है।

न कोई राजा है, न कोई प्रजा तो क्या प्रजा ही प्रजा पर जुल्म ढा रही है? पर हमरी तो किसी प्रजा से कोई दुश्मनी नहीं है! न हम किसी के लेने में, न किसी के देने में! हमरी तो जो भी बौर–प्रीत है वो यहीं के लोगों से है मगर ये सब तो हमरे अपने हैं!" (वीरेन्द्र जैन, डूब, वाणी प्रकाशन, 1998 पृ. 109,) शासन प्रणाली साम्राज्यवादी हो या प्रजातान्त्रिक, ग़रीबों कि स्थिति जैसी कि तैसी है।

देश के प्रजातान्त्रिक घोषित करने के पहले भी राष्ट्र–हित के लिए, राष्ट्र की भलाई के लिए लड़कर ग़रीबों ने अपने घर–बार छोड़कर कुर्बानी की थी। आज विकास की चकाचौंध से शहर को सँवारने के लिए पुनः कुर्बानी करनी पड़ती है। लेकिन यह कुर्बानी सरकार की नज़र में कुर्बानी नहीं। पैसा लेकर चले जाओ, यही सरकार का फैसला है। पैसा तो लेते ही हैं न, तो यह विस्थापन कैसे कुर्बानी हो जायेगा? "और हमीं को क्यों, आसपास के गाँव–खेरे तक के लोगों में वह इस गहराई से क्यों बैठा हुआ है कि वे हमें देखकर आज भी श्रद्धा से सिर नवाते हैं हमें अतिरिक्त सम्मान देने को उतावले रहते हैं! डाकू तक हमारे गाँव के लोगों को सताना पाप समझते हैं! इसलिए न कि हमारे पूर्वजों ने जो देश के लिए अपना सब–कुछ न्योछावर करके उन पर एक ऋण चढ़ाया है, हमें सम्मान देकर उससे वे उऋण होना चाहते हैं तो क्या हम अब जो कुर्बानी देने जा रहे हैं, उसे भी लोग याद रखेंगे? शायद नहीं अब भी हमारा घर–बार भले ही देश की ख़ातिर छूटेगा, देश का विकास आवश्यक है, इसीलिए न हमें अपनी ज़मीन से उखड़ना होगा, मगर हमारा मन कहता है कि इसे कुर्बानी कोई नहीं मानेगा, जब सरकार तक मानने को तैयार नहीं! वही कहती है कि हम तो ख़रीद–फ़रोख़्त कर रहे हैं, पैसा लो और जाओ! जब ऋण ही नहीं तो उऋण होने का प्रश्न ही कहाँ? (वीरेन्द्र जैन, डूब, वाणी प्रकाशन, 1998 पृ. 115–116,)

यहाँ लोकतन्त्र के आदर्श कहाँ टिके हैं? कहाँ है समानता, कहाँ है भाईचारा? लोकतन्त्र निरा बाज़ार तन्त्र में परिणत हो गया है, वहाँ संवेदनाओं का कोई स्थान है ही नहीं।

साहू–बनियों के शोषण तो लड़ैईवासी सालों से झेल रहे हैं। अब मुआवज़े की तलाशी में उन्हें सरकारी तन्त्र का शोषण भी भोगना पड़ता है। घूस दिये बिना मुआवज़ा पाना अनहोनी बात है। जिस जनता ने अपने भरण–पोषण के लिए प्रतिनिधियों को चुन लिया, वही जनता, वही प्रतिनिधियों से दब रही है। लेखक लिखते हैं–"साव लोगों के जाने के बाद कई लोगों ने कोशिश की बिना घूस दिए, कि बिना साब की बही में नया अँगूठा निशानी उलछरवाये पा जाये मुआवज़ा मगर ऐसी अनहोनी सचमुच सम्भव नहीं थी। अव्वल तो एल. ओ. ओ. के दफ़्तर में बाबू तो बाबू, चपरासी तक ऐसे पेश आता था जैसे उसके सामने कोई शाह नहीं–चोर जा खड़ा हुआ हो! जैसे देश के विकास के लिए अपना सब–कुछ देनेवाला देशप्रेमी नहीं–कोई देशद्रोही आ पहुँचा हो! जैसे अपनी ज़मीं की सही क़ीमत लगाने का अनुरोध करने या जो सरकार ने तय कर दी है, मन मानकर वही क़ीमत पाने की तमन्ना लेकर आनेवाला कोई लाचार, बेबस, ठगा गया भोला–भाला किसान नहीं–भिखारी आ खड़ा हुआ हो!" (वीरेन्द्र जैन, डूब, वाणी प्रकाशन, 1998 पृ. 232,) लोकतन्त्र के बीच दलाली वृत्ति ने अपना विकराल रूप धारण कर लिया है। सरकार और जनता में आज सीधा सम्बन्ध नहीं। क्योंकि बीच में साहूकार, सूदखोर और दलाल पड़े हैं। इनके स्वार्थ के तहत लोकतन्त्र दलाली तन्त्र बन जाता है। इन विद्रूपताओं के धक्के से आम जनता को अपने घर–गाँव छोड़कर चलना पड़ता है। लोकतान्त्रिक सरकार के होते हुए भी यही उनकी लाचारी है। "सरकार के लेखे तो हम एक मीठे सपने के दीखने और हक़ीक़त में बदलने के काम आने वाले बेजान–बेजुबान गुड्डे–गुडिया हैं, बस्स!" (वीरेन्द्र जैन, डूब, वाणी प्रकाशन, 1998 पृ. 241,)

मनुष्य विकास के नाम पर प्रकृति के साथ जो क्रूरता कर रहा है, उसकी कोई सीमा ही नहीं। बाँध परियोजना के लिए अफ़सर और राजनीतिक लोग राजघाट पर अपना लाभ बटोरने के लिए चीलगाड़ी में आते हैं। ये लाभाकांक्षी एक ओर गाँववासी को तहस–नहस करते हैं, दूसरी ओर प्रकृति की सम्पूर्ण प्राणियों की ज़िन्दगी को दूभर बनाते हैं। प्रकृति अपने–आप में निर्भर है, लेकिन अब मनुष्य के विकास की गति–वृद्धि में प्रकृति भी विस्थापित हो रही है। माते इस पर अतीव दुःखी है–"जब–जब आये हैं ये, उस दिन न तो ढोर–बछेरू चैन से चारा चार पाते हैं और न दाना–पानी जुटा पाते हैं चिरैया–परेबा पक्षी, जानवर सब भूखे रहते हैं उस दिन वे बेजान, जो न किसी के लेने में, न देने में भगवान का दिया पेट, भगवान का दिया चारा–पानी तब भी भूखे रहने को विवश ये मूक प्रानी!" (वीरेन्द्र जैन, डूब, पृ. 180) आधुनिक विकास नीतियाँ बिल्कुल मनुष्य पर केन्द्रित है। इस पूँजीवादी नीति में सहजीवियों के प्रति, चाहे वे मनुष्य ही हो या अन्य प्राणी, कोई सहानुभूति नहीं हैं।

भारत में औद्योगिक विकास की गति वायु वेग में चल रही है। बाँध, कारख़ाने, सड़क, खनन आदि आँख मूँदने की रफ़्तार में बनते जा रहे हैं। इससे एक ओर शहरीकरण की प्रक्रिया में वृद्धि हो रही है और दूसरी ओर संसाधनों से युक्त योजना क्षेत्र की भूमि अधिग्रहण भी चलता रहता है। सरकार और बहुराष्ट्रीय निगमों के संयुक्त हस्तक्षेप से विकास क्षेत्र के लोगों को अपना सबकुछ छोड़कर विस्थापित होना पड़ता है। इन विस्थापितों का विकास दर किसी भी मायने में आँका नहीं जाता है। 'राष्ट्रहित के लिए कुर्बानी' कहकर विस्थापितों को सबकुछ सहने के लिए बाध्य किया जाता है। विकास का फल उनसे कोसों दूर है। वीरेन्द्र जैन का उपन्यास 'डूब' इस पक्षपातिता को सम्बोधित करता है। उत्तर औपनिवेशिक काल में नेहरू ने औद्योगिक

विकास के प्रतिमानों पर राष्ट्र का विकास मॉडल तैयार किया। बाद में भी ऐसी ही विकास पद्धतियाँ ज़ारी रही। इससे अक्सर आम आदमी की तबाही हुई विकास के आर्थिक परिप्रेक्ष्य को ध्यान देने वाले औद्योगिक विकास का नकारात्मक प्रतिफलन उत्तर प्रदेश और मध्य प्रदेश के सीमा प्रान्तों से बहने वाली बेतवा नदी में भी हुआ। राजघाट बाँध परियोजना के लिए बेतवा के किनारे के अनेकों गाँवों को उजड़ना पडा। नेहरू ने कहा था कि बाँध भारत का मन्दिर है, लेकिन वही मंदिर गाँव वासियों के लिए स्मशान है। गाँवों की ख़ुशहाली के लिए यह बाँध बनाने का वायदा दिया गया था, लेकिन अब वह गाँव की बलि माँगती है। बाँध भी बाघ के सामान आदमखोर है। "कैसा फरेब है ये? कितना बड़ा झूठ है ये? कैसी ख़ुशहाली है ये? कैसा बाँध है ये? नरबलि लेगा ये? पशुबलि लेगा? धरती माता की बलि लेगा? धोखा है ये! जो हमें लीलेगा वह औरों को भी लीलेगा वह फिर किसी को ख़ुशहाल नहीं करेगा बाघ को आदमी का माँस चखा दो तो वह आदमखोर हो जाता है, नरभक्षी हो जाता है, वह और बाँध को... ?" (वीरेन्द्र जैन, डूब, पृ. 108) लेकिन यह बाँध सबके ख़ून का प्यासी नहीं, सिर्फ़ गाँव वाले का। गाँव की ख़ून से, बाँध को शहर को सँवारना है। विकास का दृष्टिकोण आज ही नहीं परम्परा से ही शहर की ओर उन्मुख है। करोड़ों रुपये खर्च करके, कई वर्षों के मानव व यान्त्रिक मेहनत से बाँध बनाकर जो बिजली मिलती है, वह स्थानीय वासी की नसीब में नहीं आती। मास्साब लड़ैईवासियों से कहता है–"जिला शहर में हमें बताया गया कि इस बाँध का पानी यहीं इकट्ठा किया जायेगा। राजघाट के इस तरफ़ जहाँ अपना गाँव है, जहाँ बारी, टोढ़े, शंकरपुर, पंचमनगर, सिरसौदिया, सिद्धपुर, केशोपुर हैं। मतलब यह कि बारी से प्रानपुरा तक के सब गाँव खाली कराये जायेंगे, पानी छेंका जायेगा। यहाँ अपने ये पहाड़, ये पठारियाँ दीवार

का काम करेंगी। यहाँ के लोगों को कहीं अन्त बसाया जायेगा... और उधर नदी पार के भी सैकड़ों गाँव उजाड़े जायेंगे। वहाँ बाँध पर काम करने वाले इंजीनियर, ओवरसियर, बाबू, मजदूर बसेंगे... कई बरस तक चलेगा काम तब बन पायेगा बाँध चार बीसी– पूरे अस्सी करोड़ कलदार खरच होंगे। तब कहीं मध्य प्रदेश और उत्तर प्रदेश को मिल पायेगी। उतनी बिजली, जितनी उन्हें ज़रूरत है।" (वीरेन्द्र जैन, डूब, पृ. 109) विकास का वर्तमान मॉडल 'वहाँ' के 'उन्हीं' की बात ही कहते हैं, 'यहाँ' के 'इन्हीं' लोगों से उसका कोई मकसद नहीं। उन लोगों को उन लोगों की ज़रूरतों की पूर्ति ही मुख्य है, चाहे इन लोग की ज़िन्दगी पूर्णतया उजाड़ ही जाये। किसका विकास हो रहा है, इसके बारे में सरकार भी और प्रतिपक्षी आम आदमी भी भली–भाँति समझता है। आम जनता का प्रलाप सरकार के आगे मात्र कुत्तों की भौंक है। सारे कष्ट तो गाँव वासी को, सुविधा तो शहरवासी को। विकास की यह अनियमितता और पक्षधरता युगों से चलती आ रही है।

विकास के हर मायने में आर्थिक वृद्धि प्रथम निशाना है। सबकुछ पेंसों का खेल बन गया है। सरकार तो कहती है कि विस्थापितों को मुआवज़े के रूप में पैसे मिलेंगे। मास्साब प्रश्न करता है कि पैसे से हर वस्तु का मोल लगाया सकता है क्या? कदापि नहीं। "नहीं–नहीं पैसे से हर वस्तु का मोल नहीं लगाया जा सकता। अगर पैसे से सब सम्भव है तो दे दें। यही पैसा उन शहरावासियों को, उन कल–कारख़ाने वालों को, जिन्हें बिजली की ज़रूरत है! कह दें उनसे कि लो भाई, इतनी रक़म खर्च करने पर बाँध बनता, उससे बिजली बनती। अब यह पैसा तुम रखो और समझ लो कि यह बिजली है।" (वीरेन्द्र जैन, डूब, पृ.116) मास्सब का मानना है कि शहरवासियों के वैभव के लिए यह गाँववासियों की कुर्बानी है, लेकिन जो इस कुर्बानी का हितभागी हैं, वे इन गँवारुओं के बारे में सोचते तक नहीं।

'डूब' सिद्ध करता है कि एक शहर सैकड़ों गाँवों की कुर्बानी पर इतनी ठाट–बाट पा सकता है। शहरी विकास की इस होड़ में गाँव निरा क़साईख़ाना बन गया है। यहाँ मनुष्य के लिए मनुष्य की क़साई की जाती है। पहले गाँव की आकांक्षाओं की क़साई, बाद में उनके सपनों की, आजीविका की, फिर एक के बाद एक होकर उनकी जीवन की नींव तक का क़त्ल कर देते हैं। अब आत्मा के बिना आशा–आकांक्षाओं के बिना गाँव कंकाल बन गया है। गाँव में अब शोभायुक्त कुछ शेष नहीं है, सब नाश के कगार पर हैं। "वैसे अब बाखर ससुरी है। किसकी सही–सलामत? जिस बाखर की ओर टकटकी लगाकर देखो। वही ढह पड़ने को तैयार! अब किसे बचा है चाव मरम्मत का, रखरखाव का! जाने कब तो खाली कर जाना होगा गाँव।" (वीरेन्द्र जैन, डूब, पृ. 183) भारतीय औद्योगिक और आर्थिक विकास की सबसे बड़ी कमज़ोरी यह है कि उसमें विन्यासात्मकता नहीं। एक ओर तमाम सुविधाओं के उच्चतम मंज़िल पर शहर और दूसरी ओर जीवन की बुनियाद से भी वंचित गाँव अमीरी और ग़रीबी के बीच की खाई बढ़ती है। अतः वर्तमान विकास नीतियाँ एक हद तक आम आदमी के पक्ष में नहीं हैं।

विकास के नाम पर गाँव वाले बहुमुखी शोषण के शिकार होते हैं। राजनीतिक नेता हर पाँच–पाँच साल के अन्तराल में चीलगाड़ी में गाँव आते हैं। इस कुतूहलपूर्ण दृश्य को गाँववाले भी पहले विकास की निशानी मानते हैं। बाद में समझ में आया कि चीलगाड़ी विकास का नहीं गाँव में कोई अनर्थ आने की सूचना है। माते चीलगाड़ी को देखकर डरता है–"आसमान में एक के बाद एक चीलगाड़ी आ रही है। सरसराती सुबह से ताँता लगा है। इनका घररर, घररर, घररर, घररर, घररर कभी केवल गूँज सुनायी देती है, कभी दूर आसमान में, बहुत ऊँचे चिरैया–सी फर्रर से उठती दीखती है, और कभी दूर राजघाट की ओर

नीचे उतरती चीलगाड़ी का पंखा चारों ओर चक्कर काटता दिखता है। सुदर्शन चक्र सा पंखा चारों ओर के भूत–व्यन्तरों से चीलगाड़ी में बैठे सवार की रक्षा करता हो जैसे कहाँ से आ रही हैं। ये मुतकेरी चीलगाड़ियाँ? कहाँ जा रही हैं ये गल्लन चीलगाड़ियाँ? क्या प्रयोजन है इनका? हमरे कान फोड़ना चाहती हैं क्या? घरर, घररर, फरर, फररर से आसमान गूँजा दिया है। चिरैया–परेबा तक चैन से नहीं बैठ पा रहे अपने कोटर में डर के मारे जिसके जहाँ पंख समाये वहीं दुबका बैठा है।" (वीरेन्द्र जैन, डूब, पृ. 179) चीलगाड़ी उसके नाम से ही अपना अर्थ स्पष्ट कर देती है कि गिद्ध दृष्टि वाली गाड़ी सुदर्शन चक्र के समान वह अपने प्रतिपक्षी का काम तमाम कर डालेगी। वह इतना तेज़ और तीखा है कि उसके शब्द और वेग उससे अनाबभिज्ञों को ज़रूर डरा देंगे। अतः चीलगाड़ी कोई विकास का प्रतीक नहीं है। वह आम आदमी की रिहायशी को जड़ों से उखाड़ने वाली वर्तमान अदूरदर्शी विकास नीतियों का प्रतीक है, उन नीतियों को लागू करने वाले पूँजीवादी तन्त्र का प्रतीक है।

लड़ैईवाले अपनी तीसरी डुबकी खाने की तैयारी में हैं। कॉर्पोरेट तन्त्र और अनैतिक विकासवादियों को बिठाकर आसमान में चीलगाड़ियाँ इधर–उधर घूम रही हैं। यह ज़रूर एक अपशगुन है। ("फिर मण्डरा रही है चीलगाड़ी आसमान में! फिर कोई अनर्थ होगा क्या? ज़रूर होगा! अशगुन का संकेत है यह चीलगाड़ी तो! कहाँ जायँ! कहाँ दुबकें कि इसकी छाया न पड़े! अरे! अरे! यह तो हमरे ही गाँव में उतर रही है! तब तो ज़रूर उसमें बैठा होगा कोई वोटन का भिखारी! बिना बताए, बिना देखे, बिना मिले जाँ गये यह तो हम!" (वीरेन्द्र जैन, डूब, पृ. 212) ग्लोबल गाँव के देवता अपनी हितपूर्ति की आकांक्षा से चीलगाड़ियों में बैठकर गाँव का ख़ाक़ा बनाते हैं। उनकी चीलोंवाली दृष्टि से कोई बच नहीं सकता है।

राजघाट की बाँध परियोजना के स्थल में बिजली का लट्टू जला दिया जाता है। बिजली का यह बल्ब गाँववाले पहली बार देखते हैं। शिक्षण के बिना ख़ामोश मदरसा की और मन्दिर की बण्डी पर बैठकर गाँववाले आश्चर्य से इस अद्भुद तारे को निहारते रहते हैं। माते ने तो यह अजूबा चमत्कार शहर में देखा था, लेकिन बिजली से बेख़बर इन मासूम लोगों को क्या पता है कि उनकी मोम पर यह बत्ती जल रही है। इस लट्टू के सामान शहर को प्रज्वलित करने के लिए यह बाँध बना रहे हैं। शहर के उस प्रकाश से गाँव का कोई सरोकार नहीं है। वे यह प्रकाश दूर से देख सकते हैं, लेकिन उसे स्वयं भोग नहीं सकते। "अब इन्हें कौन समझाये कि इसी लट्टू को रोशन रखने को तो सरकार बना रही है। राजघाट पर बाँध–कि इससे तुमरा कोई सरोकार नहीं। यह दूर से देखने की चीज़ है। बस यह वाहान से इधर को नहीं आने का" (वीरेन्द्र जैन, डूब, पृ. 203–4), बल्कि इन्हें उस प्रकाश की खातिर बुझना ही पड़ेगा। माते एक बच्चे का सवाल कि 'इसमें ताप भी होती है क्या? के लिए जबाब देता है–"होती है बेटा, होती है इतनी ताप होती है। इसमें कि हम–तुम तो सह ही न सकें। इसकी ताप ही तो भस्म करेगी एक रोज़ हम सबको।" (वीरेन्द्र जैन, डूब, पृ. 204) आज जो विकास योजनाएँ चल रही हैं, वे बिल्कुल एक बड़ी संख्या के जीवन की क़ीमत पर हो रही हैं–गाँव–गाँव की ज़मीन, जीवन और इज़्ज़त की क़ीमत पर।

विस्थापितों की आजीविका की पुनर्स्थापना एक बड़ी समस्या है। जीवन के अस्तित्त्व सम्बन्धी सवाल होने के कारण पुनःस्थापन की प्रक्रिया तब से शुरू होनी चाहिए कि जब किसी विकास योजना को लागू करने का निर्णय लिया जाता है। पुनर्स्थापन में यदि देरी हो जायेगी तो विस्थापित क्षेत्र की ज़िन्दगी रुग्ण हो जायेगी।

किसी बड़ी योजना के तहत या तो विस्थापितों को खाली हाथ चले जाना पड़ता है या उनका मात्र रीसेटिलमेंट किया जाता है। रीसेटिलमेंट एक बाज़ारी प्रक्रिया है। योजनाबद्ध ज़मीन के बदले मुआवज़ा ले लो और कहीं दूसरे स्थान पर बसेरा जमाओ, यही रीसेटिलमेंट के तहत चलता है। वास्तव में विस्थापितों को रीहैबिलिटेशन और रीसेटिलमेंट की माँग है। रीहैबिलिटेशन केवल आर्थिक मदद पर ही नहीं, विस्थापितों के सामाजिक–सांस्कृतिक व मनोवैज्ञानिक संकल्पों को भी ध्यान में रखता है। रीहैबिलिटेशन विस्थापन की प्रक्रिया से खो गये जीवन के प्रवाह को पुनःसृजित करने पर ज़ोर देता है। विस्थापितों के समग्र कल्याण को सिद्ध करने वाला रीहैबिलिटेशन अक्सर रीसेटिलमेंट तक चलकर रुक जाता है। यही विस्थापन की सबसे बड़ी बिडम्बना है।

वीरेन्द्र जैन का 'डूब' उपन्यास विस्थापन और पुनरूस्थापन की समस्या को लेकर लिखा गया वर्तमान समय का बहुत ही प्रासंगिक उपन्यास है। राजघाट बाँध परियोजना क्षेत्र के गाँवों से लोग विस्थापित हो रहे हैं। सरकार तो विकास की बात हमेशा कहती रहती है, लेकिन विकास से विस्थापित आम जनता के पुनःस्थापन छुपी रह जाती है। इस मौन से गाँव वालों के जीवन में अस्वस्थताएँ और अस्वाभाविकताएँ फैल जाती हैं। बरेदी का मौढा ढोर चराने को ले जाने से इनकार करता है, क्योंकि बाँध के लिए इधर–उधर से मिट्टी गोदकर निकालने से बड़े–बड़े गहरे गड्ढे बन गये हैं। बरेदी का मौढा को ढोर–बछेरू उन गड्ढों में गिरने या खो जाने का भय था, लेकिन गाँव वाले इसके इस बात को नहीं मानते हैं। इस बात को लेकर पंचायत जुट जाती है। माते बरेदी का मौढा की वकालत करता है कि वह कहीं और पर जाकर अपनी ज़िन्दगी बसाये। कैलाश महाराज जैसे कई लोग पूछते हैं कि हमें भी आख़िर एक दिन जाना है, तो बरेदी के बच्चे लेकर क्यों इतनी जल्दबाज़ी है?

इसका जबाब माते स्पष्ट कह देता है–"हाँ, जाना तो सबको है। मगर तुम सब जाओगे ज़मीन–पेड़–बाखर के बदले नगद कलदार लेकर। मुआवज़ा देकर सरकार बसायेगी तुम्हें कहीं अन्त। इसकी कौन यहाँ ज़मीन–जायदाद है? इसे तो खाली हाथ ही जाना होगा। वह भी अपने दम पर भगवान भरोसे सरकार की ज़िम्मेदारी में नहीं आता। यह फिर क्यों चिपका रहे यहाँ से?... और अगर गाँव का मोह इसे यहाँ रोके भी तो खाएगा क्या? तुम सबने जो राह तजबीज की है, उसके चलते तो इसे दाना तक नसीब न होगा। इसने जो जो अब तक तुम्हें मदद पहुँचायी, उसे इसका एहसान मानकर इसे ख़ुशी–ख़ुशी विदा हो लेने दो। इसी में हमारा–तुम्हारा बड़प्पन है।" (वीरेन्द्र जैन, डूब, पृ. 185–6) यही बड़ी समस्या है कि जो पट्टा सहित के भूमि–विहीन हैं। उनका पुनःस्थापन से सरकार का कोई सरोकार नहीं। जिसको भूमि का मालिकाना हक़ है, मात्र उसे ही मुआवज़ा मिलेगा। तब उस ज़मीन पर काम करने वाले किसान–मज़दूर की स्थापना कैसे होगी? सरकार उन किसान–मज़दूरों के भरण–पोषण की ज़िम्मेदारी अपने ऊपर नहीं लेना चाहती है। पुनःस्थापन की इसी अनियमितता विस्थापन की सबसे बड़ी समस्या है।

सरकार राजघाट के उस तरफ़ के अनेक गाँवों के बीच मुआवजे का बँटवारा करती है। विस्थापितों के पुनःस्थापन को छोड़िए, कम से कम उनके पुनर्वास तक की कोई कार्रवाई भी नहीं की जाती है। "जगह के बदले जगह नहीं देस की। उन्हें सरकार ने कह दिया कि फिर से बसने के लिए दो। हज़ार रुपया हमसे लो और जहाँ जगह मिले जा बसो। हमारे पास जगह नहीं है तुम्हें बसाने की, हाँ, चाहो तो दो हज़ार के बदले ललितपुर में रेलवे पटरी के इस तरफ़ बीस गज ज़मीन हम दे सकते हैं।" (वीरेन्द्र जैन, डूब, पृ. 218) सरकार एक और अभावग्रस्त गली बनाने को आमदा है। विकास के फायदों से विस्थापित, अपनी ज़मीन से विस्थापित इन लोगों के आगे की

ज़िन्दगी के बारे में सरकार भली–भाँति समझती है। क्षतिपूर्ति की मूलभूत योजना के बारे में भी नहीं सोचकर ग़रीबों को अपने आवास से भगाने वाला सरकार का यह तन्त्र कुतन्त्र ही है, क्योंकि विस्थापन एक पूर्वनिर्धारित प्रक्रिया है। अतः विस्थापितों के पुनः स्थापन की सारी योजनाएँ पहले ही बना सकती हैं। फिर भी विकास योजनाओं के क्रायान्वयन के साथ ही साथ सरकार विस्थापितों के पुनःस्थापन की बात सरलता से भूल जाती है।

ज़मीन के बदले कुछ नगद पाकर विस्थापितों को तृप्त होना पड़ता है। युगों के अभावों से एक राहत वे भी चाहते हैं। आधुनिक जीवन के नये तरकीबों के प्रति उनका भी मोह जगता है। लेकिन गाँव वाले आधुनिक बाज़ार के तन्त्रों से अपरिचित हैं। मुआवज़े के रूप में मिला नगद भी फ़िज़ूल के खर्च से खो जाता है। "अभी हाथ में रुपया है सो रोजग़ार का फ़िक्र नहीं। उन्हें कल को जब रुपया छ्योंट जायेगा, तब सोचेंगे कि क्या करना है। अभी तो जीवन में पहली बार हथेली पर आये कलदार को खर्चने का चाव है मन में।" (वीरेन्द्र जैन, डूब, पृ. 218) जो मुआवज़ा पाते हैं, उनके पीछे से साव लोग वह नकद खर्चने तक नहीं हटते हैं। गाँव वाले को शहरी बनाने में निर्मल साव भी व्यस्त है। अब तक शहर के कुछ अनावश्यक चिकनी–चिकनी वस्तुओं के पीछे भागकर विस्थापित खेत, घर, बाखर से बाहर हो जाते हैं और आगे की ज़िन्दगी एक प्रश्न चिन्ह बन जाती है।

विस्थापितों के प्रति सरकार का नज़रिया बिलकुल घटिया है। आख़िर सबकुछ पैसे का खेल है, जो कि विकास का मायना भी कम खर्च में ज़्यादा लाभ है, पर ज़िन्दगी के रस से कोसों दूर के ग्रामीण किसान–मज़दूर के साथ धोखेबाज़ी करते हुए सरकार के लाभ का हिसाब बढ़ाने की प्रवृत्ति अक्षम्य है। भूमि अधिग्रहण करते वक्त सरकार अक्सर ज़मीन का बाजारू मूल्य सम्बन्धी मायनों में पानी मिला लेती है। राष्ट्रीय पुनर्वास और पुनर्स्थापन नीति और राज्य सरकार द्वारा बनाये गये प्रावधानों

का पालन नहीं किया जाता है। राजघाट बाँध के डूब–क्षेत्र के इस पार सरकार कमज़ोर बहाना करके ग्रामीणों को मुआवज़े से वंचित कर देती है। मुआवज़े के कागज़ात पढ़–सुनकर लोग हैरान हो जाते हैं। कैलाश महाराज सबकी ज़मीन–जायदाद के हिसाब के दस्तावेज़ पढ़ देते हैं–"इसमें लिखा है कि इस ज़मीन पर कोई टपरा या बाखर नहीं है!

इसमें लिखा है कि इस ज़मीन पर
इसमें लिखा है कि यह ज़मीन खेतिहर नहीं, रिहायशी है!
इसमें लिखा है कि इस ज़मीन पर सिंचाई का साधन नहीं है!
इसमें लिखा है कि यह भूमि असिंचित है!
इसमें लिखा है कि अब यहाँ ज़मीन नहीं, नदी है!
इसमें लिखा है कि यहाँ कोई कुआँ नहीं है!
इसमें लिखा है कि यहाँ केवल चारा होता है!
इसमें लिखा है कि यह भूमि इकफसली है!" (वीरेन्द्र जैन, डूब, पृ. 229)

उर्वर कृषि भूमि को असिंचित, बंजर कहकर सरकार ग़रीबों को छल दे रही है। आख़िर सरकार भी एक संस्था है, जो भी मनुष्य द्वारा संचालित है, लेकिन वे मनुष्य अक्सर लाभाकांक्षी हैं, ताकि दूसरों के अन्तर–दर्द उनको कभी भी नहीं सताते मुआवज़े के वर्षों तक के इन्तज़ार में जीवन कट रहे ग़रीब ग्रामीण किसान–मजदूर की ज़िन्दगी झील के पानी के सामान स्थगित हो जाती है। सरकार का अन्याय सुनकर हैरान गाँवाले आपस में पूछते हैं–"यह हुआ कैसे? हो कैसे सकता है? अगर हमरी ज़मीन पर टपरा नहीं है तो हम क्या चौपाल में रहते हैं? अगर हम इतनी ज़मीन में रहते हैं तो खाते क्या ईंटें हैं? जब हमारी ज़मीन की सिंचाई नहीं होती तो अन्न कैसे उपजता है? अगर हमरी ज़मीन में सिंचाई का साधन नहीं है तो फिर वह

कुआँ क्या हमने मछलियाँ पालने के लिए खोदा हुआ है? अगर वहाँ अब ज़मीन नहीं, नदी है, तो क्या हमरा दोष है? बाढ़ लाया कौन? हमरी ज़मीं को बेतवा मैया लील गयीं किसकी करतूत के चलते? अगर हमरी ज़मीन पर कुआँ नहीं है, तो क्या हम मटकों से पानी देते रहे खेतों में? अगर हमरी तमाम ज़मीन पर चारा होता है तो हम खाते कहाँ से रहे अन्न अब तक? हमरा पूरा खानदान ढोरों का है कि आदमियों का? नहीं चाहिए हमें मुआवज़ा! बना लो कहीं और जाकर बाँध! हम आगे भी चारा खा लेंगे! यह क्या माजरा है? यह कैसी ठगी है? सरकार होकर ठगती है?" (वीरेन्द्र जैन, डूब, पृ. 229–230) विस्थापन अपनी इच्छा से नहीं सरकार की मर्जी से हो रहे हैं। अतरू योजना के क्रिर्यान्वयन के बाद असन्तुलित हो गयी विस्थापितों की रोजमर्रे की पुनस्थापना सरकार की नैतिक ज़िम्मेदारी है। इस ज़िम्मेदारी से ख़ुद सरकार भाग निकलने पर पुनर्वास और पुनस्थापन की बात या तो कागज़ों और लालफीतों में थम जाती है या धोखा खाकर विस्थापितों को ज़िन्दगी के गलियारों में गुमराह भटकना पड़ता है।

मुआवज़े के बँटवारे के बीच जो दलाली वृत्ति चलती है, वह विस्थापितों के लिए दोहरा अभिशाप है। 'डूब' में इस यथार्थ का आँखों देखा बयान किया गया हैं। दलालों का साथ देने के लिए सरकारी कर्मचारी भी है। दोनों के सम्मिलित दोहन से मुआवज़ा पाने के विस्थापितों का कार्य भगीरथ प्रयत्न बन जाता है। लड़ैई और आसपास के गाँव तो उर्वर कृषि भूमि हैं, लेकिन सरकारी कर्मचारी भ्रष्टाचार खेलने के लिए उन गाँवों की ज़्यादादर ज़मीन को असिंचित, बंजर करार कर देते हैं। असिंचित भूमि का मुआवज़ा प्रति बीघा छः सौ रुपया और सिंचित भूमि का सोलह सौ। यह बिल्कुल अन्याय है कि सरकार ग़रीब किसानों की ज़मीन को इतना कम मूल्य आँकती है और उससे भी ज़्यादा अन्याय यह है कि सिंचित उर्वर कृषि–भूमि को

असिंचित ऊसर भूमि कहकर बाजारू मूल्य घटाने का षड्यन्त्र। इस बीच में सूदखोर साब लोग दलाल बनकर आते हैं। सरकारी कर्मचारियों के साथ रची पटकथा का अभिनय ये दलाली लोग गाँववालों के सामने बड़ी चतुरता से करते हैं। वे स्वयं गाँववालों के शुभ–चिन्तक और सरपरस्त घोषित करके उन ग्रामीणों को ही चूस लेते हैं। निर्मल साव गाँववालों से बहाना करता है कि अपने और हीरा साब, हलके साब, रघु साब, रतन साब और तमाम तमाम साबों के अथक प्रयास से डूब क्षेत्र की सारी ज़मीन को सिंचित माना जायेगा और प्रति बीघा सोलह सौ रुपया मुआवज़ा भी मिलेगा, पर एक शर्त है कि उन्हें रिश्वत देनी पड़ेगी। निर्मल साब गाँववालों के समक्ष ऐलान करता है–"सो हम लोग महीनों उन बाबुओं के आगे–पीछे घूमे ढेरों उपाय किये, सैकड़ों दलीलें दीं, तब अन्त में यह तय हुआ कि चाहे वह सिंचित भूमि दर्शायी गयी हो। कागज़ में या असिंचित, खेतिहर ज़मीन हो या बंजर या हो रिहायशी, खेत बचा हो या नदी में समा गया हो, उस पर चारा उगता हो या टपरा खड़ा हो, सब तरह की ज़मीनों का मुआवज़ा सोलह सौ रुपये प्रति बीघे की दर से मिलेगा। हाँ, बदले में उन बाबुओं को प्रति बीघा छः सौ रुपया हम अपनी गाँठ से देंगे!...तुम्हें करना केवल यह है कि हमसे एक दरख्वास्त लिखवाकर एल.ओ.ओ. के दफ़्तर में दो और साथ में प्रति बीघा छः सौ रुपया भी हमारे पास रखवा दो। इसके बाद तुम्हें मुआवज़ा, वाजिब मुआवज़ा दिलाने की ज़िम्मेदारी हमरी" (वीरेन्द्र जैन, डूब, पृ. 231–2) सरकारी बाबुओं को रिश्वत के रूप में देने के लिए जो नगद की ज़रूरत पड़ी, उसके लिए भी गाँववालों को साब लोगों की शरण में जाना पड़ता है जो किसान–मजदूर घूस के और साब लोगों की चिट्ठी के बिना मुआवज़ा–कार्यालय में आते तो अफ़सर लोग हज़ारों कारण बताकर वापस लौटाते हैं। बाबुओं की मुँह भराई के बिना किसानों को मुआवज़े के लिए कचहरी में चक्कर काटना पड़ता है। अन्त में परास्त होकर साहू

लोगों के पाँव पकड़ते हैं। किसानों को मुआवज़ा मिलता है। लेकिन रक़म नगद–कलदार में नहीं चैक या ड्रॉफ्ट में मिलते हैं। यहाँ आकर भी अशिक्षित गाँववाले इस मुआवाज़ेदार कागज़ को लेकर पसोपेश में फँस जाते हैं। साब लोग वहाँ भी मदद का हाथ लेकर खड़े हैं। "साब ले जायेंगे उसे अपने साथ अपने घर वहाँ फैलाएँगे। उसका तमाम हिसाब इतना घूस में दिया, इतना पिछला निकलता था, तुझ पर, इतना ब्याज पिछली रक़म पर, इतना घूसवाली रक़म पर, इतने के तेरे गहने जो तूने हमें बेचे थे, हम वापस कर रहे हैं ताकि तेरी बहू–बिटिया के काम आयें या कल को जब यह रक़म खरच हो जायेगी। तब हमारे पास फिर से गिरवी रखने या बेचने के काम आये रक़म का क्या है, आज आयी, कल खरच हो लेगी है कि नहीं? तो यह सब मिलाकर हुई इतनी तुझे मुआवज़े में मिली है। रक़म इतनी मुआवज़े की रक़म में से हमारी उधारी चुकाने के बाद बची इतनी।" (वीरेन्द्र जैन, डूब, पृ. 234) इस प्रकार धोखा खाते हुए मुआवज़े की समस्या खत्म हो जाती है। लेकिन इसके बाद विस्थापितों की ज़िन्दगी समस्याओं के महा प्रलय में डूब जाती है। विस्थापितों के पुनर्वास और पुनर्स्थापन कभी नहीं होता है। मुआवज़े का मामला भी भीख माँगने के कटोरे से चोरी की बात बन जाती है। इन तमाम विद्रूपताओं को 'डूब' में शब्दबद्ध किया गया है।

रीतिकाल तक की हिन्दी कविता में प्रकृति का प्रतिनिधान

प्रो. एस. तंकमणि अम्मा

प्रकृति और पर्यावरण ऐसे अहम मुद्दे हैं, जो कई दशकों से वैश्विक स्तर पर चर्चा के केन्द्र में हैं। विश्व पटल पर ही इस सचाई को मान्यता मिली है कि अनादिकाल में जिस प्रकार प्रकृति के समंजस साहचर्य में मानव ने अपना जीवन व्यतीत किया था, उसी प्रकार वर्तमान दौर में भी अतिभीषण प्राकृतिक ख़तरों से बचने के लिए मानव को प्रकृति के साहचर्य में जीने की नितान्त आवश्यकता है। बिना प्रकृति के, मानव का अस्तित्त्व है ही नहीं। यही कारण है कि 'प्रकृति की ओर लौटने' का आह्वान आजकल सब कहीं मुखर है। 'क्षिति, जल, पावक, गगन, समीर'– इन पंचभूतों से निर्मित मानव के जीवन का मूलाधार ही प्रकृति है। अतः मानव के सर्वोत्तम उपलब्धि–स्वरूप साहित्य में भी प्रकृति की उपस्थिति सहज–स्वाभाविक है। स्पष्ट है, मानव, प्रकृति तथा साहित्य का अन्योन्याश्रित सम्बन्ध है। अनादिकाल से ही साहित्यकारों ने प्रकृति के साथ अपने रागात्मक सम्बन्धों को बनाये रखने तथा उसे सृजनात्मक अभिव्यक्ति प्रदान करने का प्रयास किया है।

आधुनिक दौर में औद्योगिकीरण तथा शहरीकरण के चंगुल में फँसे मनुष्य के स्वार्थ ने प्रकृति के साथ के अपने रागात्मक रिश्ते को अनदेखा करना शुरू किया तथा प्रकृति के प्रति अद्यावधि

जो सकारात्मक रुझान रही, उसकी तब्दीली नकारात्मकता में होती गयी। प्रकृति के प्रति नकारात्मक रुख अपनाया जाने लगा तो उसके फलस्वरूप मानव सहित सारे चराचरों के अस्तित्त्व पर ही भीषण आघात उपस्थित होने लगे। मानवराशि पर आये ख़तरे से बचने की ओर चेतना जगाने के श्रम में वर्तमान दौर में साहित्यकार प्रयत्नशील हैं। इसी पृष्ठभूमि में वर्तमान काल में प्रकृति और पर्यावरण वैश्विक स्तर पर ही नये विमर्श के मुद्दे बने हैं। प्रकृति–पर्यावरण संरक्षण की ओर मानव मात्र को जागरूक करने की दिशा में 'हरित साहित्य' और 'हरित विमर्श' का अहं योगदान है।

संस्कृत वाङ्मय में, विशेषकर महाकवि कालिदास कृत 'मेघदूत', 'ऋतुसंहार' जैसे काव्यों में चित्रित प्रकृति की मनमोहक छवियों ने पाठकों को इस भाँति मुग्ध कर दिया था कि काव्य में प्रकृति का वर्चस्व रूढ़मूल हो गया। काल और देश के परे उसका महत्त्व आँका गया और उसका प्रभाव समस्त भारतीय भाषाओं पर विरचित कविता पर पड़ा। प्रकृति और परिवेश के प्रति जागरूकता कवि का अनिवार्य युगधर्म है। यही जागरूकता प्रकृति निरीक्षण में उसका साथ देती है और काव्य में उसके उचित प्रतिनिधान के लिए प्रेरित भी करती है। काल और कवि की पारस्परिक क्रिया–प्रतिक्रिया तो निर्विवाद है। परिवेश के अनुसार प्रत्येक काल के काव्य में प्रकृति के प्रतिनिधान में रूप भेद अवश्य दृष्टिगोचर होते हैं।

आदिकाल से लेकर वर्तमान काल तक की हिन्दी कविता में विविध रूपों में प्रकृति की उपस्थिति दृष्टिगोचर होती है। आचार्य रामचन्द्र शुक्ल का यह कथन सर्वथा सार्थक है "कविता वह साधन है जिसके द्वारा शेष सृष्टि के साथ मनुष्य के रागात्मक सम्बन्ध की रक्षा और निर्वाह होता है।"[1] यहाँ रीतिकाल तक की हिन्दी कविता में चित्रित प्रकृति पर ही विचार किया जाता है।

आदिकाल से लेकर रीतिकाल तक विरचित हिन्दी की लम्बी काव्यधारा में, आलंबन, उद्दीपन, अलम्कार, प्रतीकात्मक, मानव के राग–विराग की पृष्ठभूमि, उपदेशिका, मानवीकरण आदि रूपों में प्रकृति का प्रतिनिधान परिलक्षित होता है।

हिन्दी के आदिकालीन चरितकाव्यों, रासक काव्यों तथा रासो काव्यों में विविध प्रकारों में प्रकृति का प्रतिनिधान हुआ है। चरित काव्यों और रासक काव्यों में वस्तु वर्णन के अन्तर्गत प्रकृति चित्रण के लिए अवकाश रहा है। रासो जैसे प्रबन्ध काव्यों में प्रकृति वर्णन की अनिवार्यता है ही। 'साहित्यदर्पण' कार आचार्य विश्वनाथ ने महाकाव्यों के शास्त्रीय लक्षणों के अन्तर्गत पूर्वसूरियों की परम्परा का अनुपालन करते हुए प्रकृति चित्रण को अनिवार्य माना है। तद्नुसार महाकाव्य में सन्ध्या, सूर्य, चन्द्रमा, प्रातःकाल, रात–दिन आखेट, पर्वत, ऋतु, वन आदि का वर्णन होना अनिवार्य है। स्वयंभू कृत 'पउमचरिउ' में रामकथा वर्णित है। उसमें सूर्योदय तथा सूर्यास्त वर्णन, वन वर्णन, जलविहार वर्णन, ऋतु वर्णन आदि मिलते हैं। परम्पराभुक्त और रूढ़ प्रकृति वर्णन ही इसमें हुआ है।

प्रकृति चित्रण की दृष्टि से बारहवीं शती में अब्दुल रहमान या अहमाण द्वारा रचित 'सन्देश रासक' का स्थान उल्लेखन योग्य है। इस काव्य के तीसरे प्रक्रम में षट्ऋतु वर्णन मिलता है। प्रस्तुत कृति में कवि विरहिणी नायिका की विरह दशा के वर्णन के सिलसिले में षट्ऋतु वर्णन करते हैं। ग्रीष्म से शुरू होकर वर्षा, शरद्, हेमन्त, शिशिर और वसन्त का हृदयहारी चित्रण इसमें मिलता है। सन्देश रासक का वसन्त वर्णन अत्यन्त मनोहारी है–वृक्षों पर सर्वत्र नव कोंपलें आ गयी हैं, केतकी पुष्पित हो रही है, भौंरे गूँज रहे हैं, किंशुक और पलाश फूल रहे हैं। हर ऋतु वर्णन का अन्त विरहिणी की विरह दशा की

तीव्रता के उल्लेख के साथ होता है। कवि के अनुसार विरहिणी के लिए प्रकृति का वसन्तोत्सव भी 'यम का पाश' बन जाता है।

खणु मुणिउ दुसहु जमकालपासु,
णाव कुसमिहि सोहिउ दस दिसासु
गय णिवड णिरन्तर गयाणि चूय,
णव मंजरि तत्त्व वसन्त हूय।।[2]

रासो काव्य प्रणेताओं ने अपने काव्य में प्रकृति चित्रण के अन्तर्गत षट्ऋतुओं और बारहमासे का मुक्तमन वर्णन किया है। आलम्बन और उद्दीपन दोनों रूपों का प्रकृति चित्रण इनमें मुख्य रूप से मिलता है।

नरपति नाल्ह कृत 'बीसल देव रासो' में हिन्दी का प्रथम बारहमासा वर्णन मिलता है। उसके तीसरे खण्ड में वर्णित राजमती विरह वर्णन प्रसंग में राजमती पूछ बैठती है–

बनखण्ड काली कोईली
हउं बइसती अम्बा नइ चम्पा की डाल
भषती दाष बिज़ोरडी।[3]

अर्थात् यदि मैं वनखण्ड की काली कोयल होती तो उन्मुक्त होकर चम्पा की डाल पर बैठती और अंगूर और बिजौरी खाती।

चन्द बरदाई कृत बृहद्काय काव्य 'पृथ्वीराजरासो' में परम्परागत षट्ऋतु वर्णन के अन्तर्गत प्रकृति के कोमल एवं रौद्र रूपों का अंकन हुआ है। कन्नौज प्रस्थान के पूर्व राजा पृथ्वीराज के अपनी छह रानियों से विदा लेने के प्रसंग में कवि ने छहों ऋतुओं का चित्रण जो किया है, उसमें विरह वर्णन और प्रकृति वर्णन का घुला मिला रूप उपस्थित है। वसन्त ऋतु की कोमल प्रकृति की छटा लें –

मवरि अम्ब फुल्लिग, कदम्ब रजनी दिघ दीसं
भवर भाव भल्लै भ्रमन्त मरन्दय सीसं....।[4]

पावस ऋतु वर्णन के अन्तर्गत प्रकृति के रौद्र रूप को लें–

घुमड़ि घोर घन गरजि। करत आडम्बर अम्पर
पूरत जब्रधर धसत। धार पथ थकित दिगम्बर।[5]

संयोगिता, पद्‌मावती जैसी अपनी काव्यनायिकाओं के नख–शिख वर्णन के प्रसंगों में कवि ने प्रकृति के उपादानों का प्रचुर मात्रा में प्रयोग किया है।

'पद्‌मावती समय' में चित्रित पद्‌मावती का रूप वर्णन प्रसिद्ध है–

मनहुँ कला ससिभान कला सोलह सों बन्निय।
बाल बेस ससि ता समीप अम्रित रस पिन्निय।
विगसि कमल म्रिग भ्रमर, बैन खंजन मृग लुट्टिय।
हीर कीर अरु बिम्ब, मोति नखसिख असिघुट्टिय।[6]

वस्तुतः दरबारी कवि चन्द ने आलम्बन रूप में प्रकृति का चित्रण नहीं के बराबर किया है। सर्वत्र उद्दीपन रूप में ही प्रकृति चित्रित हुई है।

प्रकृति वर्णन में कमाल हासिल करने वाले कवि हैं विद्यापति। उनकी पदावली प्रकृति के अत्यन्त मनोज्ञ चित्रों से भरी पड़ी है। संयोग श्रृंगार के वर्णन प्रसंगों में कवि ने षट्‌ऋतु वर्णन तथा वियोग वर्णन में बारहमासे की पद्धति को ग्रहण किया है। स्वतन्त्र रूप में प्रकृति की अनगिनत तस्वीरें उन्होंने खींची है, फिर भी उद्दीपन रूप में प्रकृति चित्रण में ही उनका मन अधिक रमा है। उनके वसन्त वर्णन की कतिपय पंक्तियाँ लें–

नव वृन्दावन नव नव तरु गन। नव नव विकसित फूल।
नवल वसन्त नवल मलयानिल। मातल नव अलि कूल।...
कालिन्दि पुलिन कुंज वन सोभन। नव नव प्रेम विभोर
नवल रसाल–मुकुल–मधु मातल। नव कोकिल कुल गाव।[7]

प्रकृति से सुन्दर उपादानों का चनय कर सालंकार नायिका के नख–शिख वर्णन करने में भी विद्यापति अपना सानी न रखते। कतिपय पंक्तियाँ लें–

कनक–कदलि पर सिंह समारल। तापर मेरु समाने।
मेरु ऊपर दुइ कमल फुलाएल। नाल बिना रुचि पायी।...
सारंग नयन नयन पुनि सारंग, सारंग तसु समधाने।
सारंग ऊपर उगल दस सारंग, केलि करथि मधु पाने।[6]

भक्तिकालीन कविता में प्रकृति

भक्तिकालीन काव्यधारा के अन्तर्गत निर्गुण भक्तिधारा की दोनों धाराओं, यानी सन्त काव्य (ज्ञानाश्रयी) और सूफी काव्य (प्रेमाश्रयी) में तथा सगुण भक्तिधारा की दोनों धाराओं यानी कृष्ण भक्ति और राम भक्तिधारा में विभिन्न रूपों में प्रकृति की उपस्थिति दर्शित होती है। प्रकृति का आलंबन रूप या उद्दीपन रूप में चित्रण सन्तकाव्य धारा में विरले ही मिलता है, किन्तु प्रकृति के विविध उपादानों के सहारे इन कवियों ने गहन दार्शनिक व रहस्यात्मक तत्त्वों को उजागर करने का प्रयास किया है। कबीरदास, रैदास, दादू दयाल, गुरु नानक, गुरु जंभेश्वर जैसे सन्तों ने कभी प्रतीक, अलंकार तथा कभी उपदेशार्थ प्रकृति के पदार्थों का चयन करके प्रकृति के साथ अपने लगाव का परिचय दिया है।

तेरा साई तुझ में ज्यों पुहुपन में बास
पंक्ति के द्वारा कबीरदास अद्वैत तत्त्व को समझा देते हैं।
उपदेशार्थ भी कबीर प्रकृति का सहारा लेते हैं।
जैसे–वृक्ष कबहुँ नहिं फल भखै, नदी न संचौ नीर।
परमारथ के कारने, साधुन धरा सरीर।।
बकरी पाती खात है, ताकी काढ़ी खाल
जो नर बकरी खात है, ताको कौन हवाल।।

कबीर ने प्रतीक विधान के लिए भी प्रकृति से सामग्री ली रूहै। उदा

काहे री नलिनी तू कुम्हिलानी, तेरे ही नाल सरोवर पानी
जल में उतपति जल में बास, जल में नलिनी तोर निवास।[10]

यहाँ नलिनी जीवात्मा और जल परमात्मा के प्रतीक रूप में प्रयुक्त हैं।

कबीरदास की यह अन्योक्ति तो बहुत प्रसिद्ध है–

माली आवत देख के कलियन करी पुकार
फूले फूले चुन लिए कलहि हमारी बार।।[11]

कबीर की प्रस्तुत उलटबांसी में भी प्रकृति का प्रयोग द्रष्टव्य है–

धरती उलटि अकासै जाय, चिउंटी के मुख हस्ति समाय,
बिना पवन सो पर्वत उडै, जीवजन्तु सब वृक्ष चढै।[12]

सन्त कवियों में बिश्नोई सम्प्रदाय के संस्थापक गुरु जम्भेश्वर का नाम अपने प्रकृति प्रेम के लिए विशेष रूप से लिया जाता है।

सबदवाणी में उनका कथन है...
मोरे धरती ध्यान, वनस्पति बासौ, ओजूँ मण्डल छायो–
अर्थात् मेरे ध्यान में सारी भूमि तथा वनस्पति में मेरा वास है।
जीव दया पालणी, रुख लीलौ नहिं धाव[13]

पृथ्वी पर मानव के अस्तित्त्व को बनाये रखने के लिए 'जीवों पर दया करो और हरे वृक्षों को मत काटो'–जैसे सन्देशों के कारण पन्द्रहवीं शती के ये महात्मा 'प्रकृति–पर्यावरण–संरक्षण के अग्रदूत' के पद पर प्रतिष्ठा प्राप्त कर गये हैं।

सन्त काव्य की तुलना में सूफी काव्यधारा का प्रकृति चित्रण अधिक प्रौढ़, पुष्ट और पुष्कल है। मलिक मुहम्मद जायसी कृत

'पद्मावत', कुतुबन कृत 'मृगावती', मंझन कृत 'मधु मालती', उसमान कृत 'चित्रावली' आदि काव्यों में इन सूफी कवियों की प्रकृति निरीक्षण पटुता प्रकट होती है। सूफ़ी सिद्धान्त के अनुसार प्रकृति परमात्मा की दिव्य ज्योति से भासित होती है तथा उसमें परमात्मा का रूप–सौन्दर्य झलकता है। यही कारण है कि सूफ़ी काव्य में प्रकृति सजीव एवं सचेतन रूप में उपस्थित होकर परमात्मा के प्रेम और रहस्य को प्रकट करने का माध्यम बन जाती है। इन सूफ़ी प्रेमाख्यानक काव्यों में आलंकारिक, उपदेशात्मक, प्रतीकात्मक, उद्दीपन एवं स्वतन्त्र रूपों में भी प्रकृति का मनोहारी चित्रण मिलता है। वैसे, प्रकृति चित्रण तो प्रबन्ध काव्यों का अनिवार्य अंग है। 'पद्मावत' के काव्यारम्भ के सिंहल द्वीप वर्णन में स्वतन्त्र प्रकृति चित्रण दर्शित होता है। सिंहल द्वीप की अमराई का वर्णन लें–

तरिवर सबै मलैगिरी लाई, भई जग छाँह रैन होई आई।
मलै–समीर सोहावन छाहाँ, जेठ जाड़ लागे तेहि माहाँ।[14]

सिंहल द्वीप की फुलवारी के चित्रण में कवि फूलों की लम्बी नामावली ही प्रस्तुत करते हैं–

बहुत फूल फूली घनबेली, केवड़ा, चम्पा कुन्द चमेली।
सुरंग गुलाल कदम और कूजा, सुगन्ध बकौरी गन्ध्रव पूजा।[15]

षट्ऋतु वर्णन तथा बारहमासा वर्णन में प्राकृतिक सुषमा के साथ–साथ नायिका के मनोव्यापारों के हृदयहारी चित्र भी अंकित हुए हैं। नागमती विरह खंड के बारहमासा वर्णन में प्रकृति के उपस्थापन में जायसी को आश्चर्यजनक सफलता हासिल हुई है। पद्मावती के रूप–सौंदर्य वर्णन प्रसंग में कवि ने प्रकृति से सादृश्यमूलक उपादानों को चुन लिया है।

यथा–सेन्दुर रेख जो ऊपर राती, वीरवधूटिन्ह कै जसि पाँती
अधर सुरंग अभी रस भरे, बिम्ब सुरंग लाजि बन फेर।[16]

सगुण भक्ति शाखा के कृष्णभक्त कवियों की रचनाधर्मिता की पृष्ठभूमि मथुरा और वृन्दावन की प्रकृति रमणीय स्थली रही है। काव्यनायक कृष्ण स्वयं प्रकृति के संगी–साथी रहे हैं। गोपिकाएँ तो वृन्दावन की प्रकृति के अंग बनकर पली–बढ़ी हैं। अतः कृष्ण भक्ति कविताधारा में प्रकृति के सुमनोहर चित्रों के अंकन का होना सहज है। कृष्ण भक्ति काव्यधारा में विविध रूपों में प्रकृति का प्रतिनिधान हुआ है।

वृन्दावन में यमुना के तट पर कदम्ब तरु की छाया में, करील कुंजों और लता–निकुंजों में कृष्ण और गोपियों की रासलीला तथा राधा–कृष्ण की प्रेमा–क्रीड़ा के वर्णन प्रसंगों में सूरदास ने प्रकृति के सुकोमल रूप के मनमोहक चित्र खींचे हैं। सूरदास वृन्दावन में वसन्त ऋतु का मनोज्ञ चित्र यों खींचते हैं–

सदा वसन्त रहत जहं वास
सदा वर्ष जहं नहीं उदास
कोकिल कीर सदा तहं रोर
सदा रूप मन्मथ चित्त चकोर
विविध सुमन वन फूले डार
उन्मत्त मधुकर भ्रमत अपार।।[17]

अन्यान्य ऋतुओं के चित्रण में भी प्रकृति के प्रस्तुतीकरण में सूरदास को आशातीत सफलता हासिल हुई है। 'भ्रमर गीत' के विप्रलम्भ श्रृंगार वर्णन प्रसंग में सूरदास ने मात्र गोपियों की विरह व्यथा का वर्णन ही नहीं किया है, बल्कि व्रजभूमि की प्रकृति की पीड़ा का वर्णन भी किया है।

उदा लें–
बना गोपाल वैरिन भई कुंजै।
तब ये लता लगति अति सोभन, अब भई विषम ज्वाल की पुंजै।।
वृथा बहति जमुना, खग बोलत, वृथा कमल फूलै अलि गुंजै
पवन पानि घनसार संजीवनि, दधिसुत किरन भानु भई भुंजै।[18]
लखियत कालिन्दी अति कारी[19]

मधुबन तुम कत रहत हर[20] जैसे अनगिनत पदों में गोपियों की विरह दशा के वर्णन प्रसंग में कवि ने प्रकृति की पीड़ा को भी उजागर कर, मानव और प्रकृति के बीच के सहभाव की सम्यक अभिव्यक्ति की है।

अलंकार–नियोजन में भी सूरदास ने प्रभूत मात्रा में प्रकृति का प्रयोग किया है। कमल, भ्रमर, चातक, मयूर, खंजन, कदली जैसे परम्पराभुक्त प्राकृतिक उपादान भी सूर की कविता में नवीन रूप–रंग में प्रयुक्त होकर विशेष आकर्षक बन जाते हैं। प्रकृति के सुकोमल रूप के साथ सूरदास ने उसके कठोर रूप का चित्रण भी किया है। गोवर्धन–लीला का प्रसंग उदाहरण स्वरूप प्रस्तुत है–

मेघ घहरात घहरात गाता।
चपला चमचमाति, चमकि नभ भहराता।[21]

अष्टछाप के नन्ददास, परमानन्ददास जैसे कवियों ने भी अपनी कृतियों में प्रकृति के मनमोहक चित्र उकेरे हैं।

हिन्दी की रामभक्ति धारा में विविध रूपों में प्रकृति का प्रतिनिधान परिलक्षित होता है। प्रकृति का परिवेश सम्पूर्ण रामकथा को एक विशिष्ट आयाम प्रदान करता है। वस्तुतः रामकथा राम के राजप्रासाद वास से कहीं अधिक उनके वनवास से जुड़ी हुई है। बचपन में महर्षि विश्वामित्र के साथ शुरू हुई राम की वनयात्रा, विवाहोपरांत के वनवास से होता हुआ, प्रकृति के समस्त चराचरों के साथ मैत्री स्थापित करती हुई अन्ततः रामराज्य की प्रतिष्ठापना की ओर अग्रसर होती है। यही कारण है कि आदि कवि वाल्मीकि से लेकर सारे के सारे रामकथाकारों ने अपनी कृतियों में प्रकृति को समुचित स्थान दिया है। हिन्दी के सर्वश्रेष्ठ रामभक्त कवि तुलसीदास ने अपने 'रामचरितमानस', 'गीतावली', 'कवितावली' जैसे काव्यों में प्रकृति के वैविध्यपूर्ण चित्र खींचे हैं। 'मानस' के बालकांड का पुष्पवाटिका प्रसंग तुलसी के प्रकृति वर्णन कौशल का निस्तुल्य निदर्शन है–

वापीं कूप सरित सर नाना। सलिल सुधा सम मनि सोपाना।
गूँजत मंजु मत्त रस भृंगा। कूजत कल बहुबरन विहंगा।
बरन बरस विकसे वन जाता। त्रिविध समीर सदा सुख दाता।
सुमन वाटिका बाग़ बन विपुल विहंग निवास।
फूलत फलत सुपल्लवत सोहत पुर चहुँ पास।।[22]

–वाल्मीकि आश्रम की प्रकृति छटा निहारें

राम दीख मुनिवास सुहावन। सुन्दर गिरि कानन जल पावन।
सरनि सरोज विटप बन फूले। गूँजत मंजु मधुप रस भूले।
खग मृग विपुल कोलाहल करहीं। विरहित वैर मुदित मन चरहीं।।[23]

पुष्पवाटिका में राम–सीता के प्रथम दर्शन का अलंकार विधानात्मक वर्णन लें–

चितवति चकित चहुं दिसि सीता। कहँ गये नृपकिसोर मनचीता
जहँ विलोक मृग–सावक–नयनी। जनु तहँ बरिस कमल–सित स्रेनी।
लता ओट तब सखिन लखाये। स्यामल ग़ौर किसोर सुहाये।
देखि रूप लोचन ललचाते। हरषे जनु निज निधि पहिचाने।[24]

विविध ऋतुओं के वर्णन भी मनमोहक हैं। प्रकृति के चराचरों के साथ राम का निकट सम्बन्ध सीता वियोग प्रसंग में दर्शित होता है। तभी तो राम यह पूछकर फिरते हैं–

हे खग, हे मृग, हे मधुकर श्रेनी।
तुम्हीं देखी सीता मृगनयनी।[25]

कई जगहों कवि ने उपदेशिका के रूप में भी प्रकृति को चित्रित किया है।

उदा– तुलसी सन्त सुअंब तरु फूलि फलति पर हेत।
इतते वे पाहन हनत उतते वे फल देत।।

कई सन्दर्भों में तुलसीदास प्रकृति–पर्यावरण संरक्षक के रूप में जो प्रकट होते हैं वह कवि के प्रकृति–दर्शन को एक विलक्षण आयाम प्रदान करता है।

माँगलिक अवसरों पर पौधारोपण की संस्कृति का उल्लेख 'मानस' में मिलता है। यथा–विवाहोपरान्त जनकपुरी से बारात लौटकर अयोध्या आती है तो अयोध्या नगरी में तरह–तरह के पौधों का रोपण किया जाता है।

रीझि खीझि गुरुदेव सिख सखा सुसाहित साधु।
सफल पूगफल कदलि रसाला। रोपे बकुल कदम्ब तमाला।[26]

राम के राज्याभिषेक के प्रसंग में भी वृक्षारोपण का उल्लेख मिलता है–

सफल रसाल पूंगिफल केरा। रोपहु वीथिन्ह पुर चहुँ फेरा।[27]

राम वनवास काल में सीता और लक्ष्मण द्वारा पौधारोपण का विवरण भी मिलता है–

तुलसी तरुवर विविध सुहाय
कहुँ कहुँ सिय कहुँ लखन लगाय।[28]

'मानस' के लक्ष्मण मूर्छा प्रसंग में संजीवनी बूटी का जो उल्लेख है, वह वनस्पतियों के औषधीय गुण की सूचना देने वाला है।

'मानस' के राम राज्य वर्णन प्रसंग का प्रकृति चित्रण एक ओर तुलसी की प्रकृति चित्रण–पटुता की पराकाष्ठा को छू लेता है तो दूसरी ओर उनके 'प्रकृति संरक्षण के अग्रदूत' के रूप को भी उजागर करता है।

फूलहिं फरहिं सदा तरु कानन। रहहिं एक संग गज पंचानन।।
खग मृग सहज बयरु बिसराई। सबन्हि परस्पर प्रीति बढ़ाई।।
कूजहिं खग मृग नाना वृन्दा। अभय चरहिं बन करहिं अबन्दा।।
सीतल सुरभि पवन बह मन्दा। गूँजत अलि लै चल मकरन्दा।[29]

विधु महि पूर मयूखनन्हि, रवि तप जेतनेहि काज।
माँगे बारिद देहिं जल, रामचन्द्र के राज।[30]

इन पंक्तियों में कवि स्पष्ट बता रहे हैं कि श्रीरामचन्द्र के राज्य में चन्द्रमा सदैव अमृतमयी किरणें बरसाता था तथा सूरज उतना ही तपता था जितने ताप की आवश्यकता होती थी और बादल आवश्यकतानुसार माँगने पर जल बरसा देते अर्थात् सूरज, चन्द्रमा और मेघ प्रजा–वर्ग की आवश्यकता के अनुसार ही चलते थे।

वर्तमान दौर के जलवायु–परिवर्तन के सन्दर्भ में इन पंक्तियों का विशेष महत्व है। कविवर तुलसी की दूरदर्शिता इस कथन में स्पष्ट दर्शित होती है कि प्रकृति–पर्यावरण की सन्तुलित स्थिति में ही रामराज्य की अवधारणा का साक्षात्कार सम्भव है।

रीतिकालीन काव्यधारा में प्रकृति

रीतिकाल में विरचित कविता में विविध रूपों में प्रकृति की उपस्थिति दर्शित होती है। रीतिकाल की मुख्य प्रवृत्ति रीति निरूपण की रही थी तथा रीतिकाल के अधिकतर कवि सामन्ती परिवेश में जीने वाले थे। फिर भी इनमें अधिकांश कवियों ने प्रकृतिचित्रण की परम्परागत शैली को अपनाया है। रीतिकाल के कवियों ने अलंकार विधान के लिए प्रकृति के अक्षय कोष से सामग्री चुन ली है। कविता–कामिनी की साज–सज्जा उन्होंने प्रकृति के उपादानों से ही की है। केशवदास, बिहारी, घनानन्द, देव, सेनापति, पद्माकर जैसे कवि प्रकृति के विलक्षण चित्रण के लिए ख्यात हैं। केशवदास ने अपनी कृतियों में कई जगहों विभिन्न रूपों में प्रकृति के चित्र खींचे हैं। अयोध्या के सरोवर का वर्णन लें–

सुभ सर सोभै, मुन–मन लोभै
सरसिज फूले, अलि रस भले।

जलचर डोलै, बहु खग बोलै
बरनि न जाहीं उर उरझाहीं।[81]

कहीं–कहीं कवि का प्रकृति वर्णन नाम परिगणन शैली का हो गया है। विश्वामित्र के आश्रम के समीपस्थ वन का वर्णन कवि यों करते हैं–

तरु तालीस तमाल ताल हिन्ताल मनोहर
मंजुल बंजुल लकुच बकुल कुल केर नारियर
एला ललित लवंग संगपुंगीफल सोहै
सारी शुक कल कलित चित्त कोकिल अलि मोहै
शुभ राजहंस कलहंस कुल नाचत मत्त मयूरगन
अति प्रफुल्लित फलित सदा रहे केशवदास विचित्र बन।[82]

चमत्कार प्रदर्शन के बीच कवि कभी स्थल और काल का बोध खो बैठते हैं और विश्वमित्र के आश्रमवन में इलायची, लवंग आदि की उपस्थिति का वर्णन करते हैं। विश्वामित्र के 'तप प्रभाव प्रसूत विचित्र वन' कहकर कवि पाण्डित्य के बल अपने वर्णन की असंगति को छिपा लेते हैं। केशव का प्रकृति चित्रण यत्र–तत्र अलंकारों से बेहद बोझिल हो गया है। केशवदास का यह सूर्योदय वर्णन लें–

अरुण गात अति प्रात पद्मिनी–प्राणनाथ भय
मनहुँ केशवदास कोकनद कोक–प्रेममय...
के श्रोणित कलित कपाल यह किल कापालिक–काल को
यह ललित लाल कैधों लसत दिग्भामिनि के भाल को।[83]

'रामचन्द्रिका' की प्रस्तुत पंक्तियों में कवि ने बालसूर्य को 'कालरूपी कापालिक का रक्त से भरा हुआ कपाल' कहकर प्रकृति का बीभत्स चित्र खींचा है।

अपनी 'सतसई' में बिहारी ने प्रकृति के मनोरम चित्र अंकित किये हैं और आलम्बन और उद्दीपन रूप में उन्होंने अनेक ऋतुओं का वर्णन किया है। वसन्त ऋतु का वर्णन लें–

छकि रसाल सौरभ सने, मधुर माधवी गन्ध
ठौर ठौर झूमत झम्पत, भौंर–झौंर मधु अन्ध।[34]

प्रकृति का उद्दीपन रूप में वर्णन–

सघन कुंज छाया सुखद सीतल मन्द समीर
मन हुवै जात अजौ वहै वा जमुना के तीर।[35]

बिहारी मन्द समीर का वर्णन यों करते हैं–

मरनित भृंग घण्टावली, झरत दान मधु नीर
मंद मन्द आवत चल्यौ, कुंजर कुंज समीर।[36]

इन पंक्तियों में मानवीकरण की सुन्दर योजना हुई है। बिहारी की यह अन्योक्ति अतीव प्रसिद्ध है–

नहिं पराग नहिं मधुर मधु नहिं विकास इहि काल
अली कली ही सौं बन्ध्यौ आगै कौन हवाल।।[37]

देव, पद्माकर, घनानन्द जैसे कवियों ने भी अपनी कविता में विविध रूपों में प्रकृति का चित्रण किया है। अलंकार के रूप में प्रकृति के उपादानों को सभी रीतिकालीन कवियों ने स्वीकारा है। नायक–नायिका के नख–शिख वर्णन में प्रत्येक अंग के लिए प्रकृति के उपादान उन्होंने चुन लिये हैं। मुख के लिए चन्द्रमा, कमल, आँखों के लिए कमल, मीन, खंजन, नाक के लिए शुक, बाँह के लिए मृणाल, जाँघ के लिए कदली स्तम्भ आदि का प्रयोग इन सारे कवियों ने किया है, जो परम्परागत हैं। प्रतीकात्मक वर्णनों में भी प्रकृति से सहारा लिया गया है। भूमि को सहनशक्ति, पर्वत को स्थिरता, अन्धकार को अज्ञान और निराशा, प्रकाश को ज्ञान और आशा तथा चकई–चकवा को आदर्श प्रेमी और मधुप को कामी के प्रतीक के रूप में कवियों ने चित्रित किये हैं।

आदिकाल से लेकर रीतिकाल तक की हिन्दी कविता में प्रकृति के प्रतिनिधान पर सरसरी निगाह डालने पर यह स्पष्ट विदित होता है कि सतत प्रवाहित इस काव्यधारा में प्रकृति

मानव की सहचरी के रूप में ही यत्र–तत्र–सर्वत्र प्रस्तुत हुई है। कभी भी कविता ने प्रकृति का संग नहीं छोड़ा है। सभी कालों की कविता में काल और परिवेश के अनुसार प्रकृति का प्रतिनिधान आलम्बन, उद्दीपन, अलंकार, उपदेशिका आदि विविध रूपों में द्रष्टव्य है। भारतीय संस्कृत वाङ्मय की प्रौढ़, समृद्ध एवं मनमोहक प्रकृति–चित्रण–परम्परा से तीनों कालों के कवियों ने प्रभाव ग्रहण कर लिया है तथा अपने–अपने परिवेश और जीवन–दर्शन के अनुसार अपनी कविता में उसका प्रतिष्ठापन किया है। आगे चलकर आधुनिक काल की कविता में प्रकृति चित्रण के लिए उचित पृष्ठभूमि तैयार करने की दिशा में रीतिकाल तक की कविता के बहुआयामी प्रकृति प्रतिनिधान ने महती भूमिका निभायी है। बदलते युग–परिवेश में नये भावबोध और सौन्दर्य बोध को लेकर अवतरित वर्तमान कविता पर भी पूर्वगामी काव्यधारा के प्रकृति चित्रण का पर्याप्त प्रभाव प्रकट होता है। मानव और प्रकृति की सौहार्दपूर्ण साझेदारी की उद्घोषणा का स्वर ही इस काव्यधारा में मुखरित होता है।

सन्दर्भ

1. कविता क्या है, चिन्तामणि–भाग–1, रामचन्द्र शुक्ल, इंडियन प्रेस लि., प्रयाग, सं. 1948
2. सन्देश रासक : अब्दुल रहमाण, तीसरा प्रक्रम छन्द 215, हज़ारी प्रसाद द्विवेदी एवं त्रिपाठी, 1960
3. बीसलदेव रासो : नरपति नाल्ह, नागरी प्रचारिणी सभा, सं. 1928

4, 5, 6 पृथ्वीराज रासो : चन्द बरदाई–टाटा प्रिंटिंग वर्क्स, बनारस

7, 8 विद्यापति : शिवप्रसाद सिंह, हिन्दी प्रचारक पुस्तकालय, वाराणासी

9,12 कबीर ग्रन्थावली : सं. श्यामसुन्दर दास, नागरी प्रचारिणी सभा, वाराणासी

13. सबदवाणी : गुरु जम्भेश्वर, जाम्भाणी साहित्य अकादमी, राजस्थान

14,15,16 जायसी ग्रन्थावली : नागरी प्रचारिणी सभा, सन् 1935

17,21 सूरसागर–नागरी प्रचारिणी सभा, काशी

22,30 रामचरितमानस–तुलसीदास–टीकाकार श्यामसुन्दर दास, इंडियन प्रेस लि. प्रयाग, सं. 1927

31,33 रामचन्द्रिका—केशवदास, इंडियन प्रेस लि. प्रयाग, सं. 1992

34,37 बिहारी—सं. विश्वनाथ प्रसाद मिश्र, वाणी—वितान प्रकाशन, वाराणसी, सं. 2022

सहायक ग्रन्थ

कविता में प्रकृति चित्रण : रामेश्वरलाल खण्डेलवाल, नेशनल पब्लिशिंग हाउस, दिल्ली, सन् 1954

हिन्दी काव्य में प्रकृति चित्रण : डॉ. किरणकुमारी गुप्ता, हिन्दी साहित्य सम्मेलन, प्रयाग, सं. 2014

हिन्दी साहित्य का इतिहास : सं. डॉ. नगेन्द्र, मयूर पेपरबैक्स, नोएडा, 2009

नागकेसर का देश यह

नीरज ठाकुर

समकालीनता समसामयिक जीवन सन्दर्भों और स्थितियों की चेतना को प्रामाणिक रूप में उद्घाटित करती है। इसीलिए समसामयिक स्थितियों, जटिलताओं और अन्तर्विरोधों को आधुनिक बोध के धरातल पर समझना ही समकालीन बोध का सृजनात्मक उपाय माना जाता है। जहाँ तक 'आज के रचनाकर' का सवाल है वह समकालीन जीवन की विभिन्न स्थितियों, सन्दर्भों, विडम्बनाओं एवं अन्तर्विरोधों को समस्या के रूप में न लेकर बोध के स्तर पर ग्रहण करता है। उसकी प्रस्तुति काल्पनिक, आदर्शात्मक या आरोपित न होकर यथार्थ के विस्तृत धरातल पर होती है। बीसवीं सदी के अन्तिम दशक से अपनी काव्य–यात्रा आरम्भ करने वाले युवा कवि एकांत श्रीवास्तव समकालीन परिदृश्य के ऐसे ही रचनाकार हैं जिनके साहित्य में निज अनुभव की प्रामाणिकता और सामाजिक यथार्थ की विडम्बना अकृत्रिम सार–तत्त्व के साथ उपस्थित हुई है। उनकी रचनाशीलता एक ओर छत्तीसगढ़ की जीवन–शैली, आस्था, प्राकृतिक रागात्मकता एवं मिथकों के बहाने 'हाशिये पर आ गये उन मूल्यों की वकालत करती है जो अपनी केन्द्रीय सत्ता से अपदस्थ कर दिये गये हैं' (कविता का आत्मपक्ष. पृ. 29) तो दूसरी ओर आश्वासन के पिटारे पर आधारित राजनीतिक–व्यवस्था और भूमण्डलीय बाज़ार की विषमता की पोल खोल मनुष्य की महक से जगमगाती धरती

पर मुक्ति के गीत को उन लोगों के बीच ले जाती है जो बाज़ार के वृत्त के बाहर हैं, क्रेता नहीं हैं। राजेश जोशी के शब्दों को उधार लेकर कहूँ तो 'इत्यादि' हैं। इसीलिए एकान्त के यहाँ अन्न और अन्य, बीज और फूल, देश और संसार, पर्यावरण और परिवार, मिट्टी और मुक्ति की संकल्पना समान्तर रूप में मिलती है। बकौल केदारनाथ सिंह "यह कवि अपनी हर अगली कविता में मानो पाठक को आश्वस्त करता है कि वह अपने भावलोक में चाहे कितनी भी दूर चला जाये, अन्ततः लौटकर वहीं आयेगा जो उनके अनुभव की तपी हुई काली मिट्टी है।"

'नागकेसर का देश यह' (2009) एकान्त श्रीवास्तव की 'अन्न है मेरे शब्द' (1994), 'मिट्टी से कहूँगा धन्यवाद' (2000) तथा 'बीज से फूल तक' (2003) के बाद की काव्य–रचना है। चार खंडों में विभाजित यह लम्बी कविता स्वयं एकान्त के ही शब्दों में कहे तो 'इस महादेश की एक लम्बी यात्रा की तरह है जो उन रास्तों से की गयी है, जिन्हें प्रायः निषिद्ध माना जाता है।' (भूमिका से) स्पष्ट है कि कवि ने यहाँ राजनीतिक–व्यवस्था की विडम्बना तथा बाज़ार के छद्म को विश्लेषित करने के साथ–साथ देश के जले–कटे परन्तु असली चेहरों को उन अनारक्षित कूपों में खोजा है, जहाँ अल्पमत बहुमत पर हुकुम गठता है, जहाँ उपयोगी वृक्षों के बदले बबूल के घने वन हैं, जहाँ अभावग्रस्त स्त्रियाँ नहाने के बाद साड़ी को आधी लपेटकर आधी सुखाती हैं, जहाँ लोग बिना टिकट के गिड़गिड़ाते हुए यात्रा करने को मज़बूर हैं। इसीलिए 'मिट्टी ही है सार' को चरितार्थ करने वाले कुम्हार, बढ़ई, मोची, लोहार, दर्जी एवं इन जैसी संघर्षशील एवं जुझारू जातियों के घायल सपनों की फड़फड़ाहड़ सभ्यता से यह सवाल करती है कि "इक्कीसवीं सदी में/पहुँच चुकी सभ्यता/और मनुष्य चाँद पर/कोई नहीं जानता कि अभी कितना और रक्त पियेगी यह भूख।" इसीलिए कवि तथाकथित

भद्र, इलीट एवं बौद्धिक समाज के नागरिकों से यह अपील करता है कि "कभी करो परिक्रमा इस देश की/उन रास्तों से जो निषिद्ध हैं/निषिद्ध भद्र नागरिकों के लिए/... तब तुम्हें दिखाई देगा/असली चेहरा भारत का।" वही चेहरा जिसकी पहचान धूमिल ने मोचीराम कविता में 'चेचक' के दाग के समान कुरूप और बदरंग के रूप में किया था। वैसे भी देश 'कागज पर बना महज एक नक्शा' नहीं होता है।

एकान्त मनुष्य को लोक, जनता या नागरिक के विमर्शात्मक धरातल पर परखने के विरोधी हैं। इसे गाँव या शहर के अर्थ में रिड्यूस करने की जुगाली के बजाय वे मानते हैं कि "लोक का सीधा अर्थ किसी राष्ट्र विशेष की जनता से है फिर चाहे वह ग्रामीण हो या नागर।" (कविता का आत्मपक्ष, पृ. 43) यही आकार उनकी काव्य–चेतना का लोकतान्त्रिक चरित्र, शहरी जीवन के दैनिक संघर्ष, ग्रामीण जीवन की विवशता, आदिवासी समाज की दुर्दम्य जिजीविषा, स्मृतियों के सहारे जीवित मानवता एवं प्रकृति के सभी चर एवं अचर जीवों की कौतूहल प्रक्रिया को अपने में समाहित करता है। 'नागकेसर का देश यह' की दृश्य–यात्रा में भी हाशिये का वही साधारण आदमी है जो 'मूलभूत नागरिक अधिकारों और स्वाभिमान के साथ जीना चाहता है।' (भूमिका से) हालाँकि इस ग्लोबल युग में साधारण आदमी, स्वाभिमान और नागरिक अधिकार तीनों पर संकट के बादल मण्डरा रहे हैं। बाज़ार का मौजूदा स्वरूप हमारे सामुदायिक मूल्यों एवं उत्तरदायित्व की प्रवृत्ति दोनों का क्षय कर रहा है। ऐसे में एकान्त देश को नागकेसर का देश कहते हैं, जो महु की आँच में पकता है। कवि शायद यह बताना चाहता है कि जिस प्रकार नागकेसर का पौधा अपने सुर्ख लाल रंग के कारण किसान के श्रम को मटियामेट होने से बचाता है, उसी प्रकार आज हमें अपने देश को कृषि समस्या (ग्लोबल वार्मिग के कुप्रभाव से उत्पन्न), जीवनगत

समस्या (अमीर और ग़रीब के बीच की खाई का और चौड़ा होना) तथा वैश्विक समस्या (प्रभुत्व का खेल, आतंकवाद, नस्लवाद इत्यादि) से बचाना होगा। क्योंकि वही मनुष्य धरती की आँख में बसा हुआ स्वप्न होता है जो– "विद्ध नहीं समाज के/धरती और मनुष्यता के/जो विद्ध नहीं।" 'बीज से फूल तक' नामक अपने तीसरे काव्य संग्रह में भी एकान्त ने लिखा है कि "दिन व दिन/राख हो रही इस दुनिया में/जो चीज़ हमें बचाये रखती है/वह केवल मनुष्य की महक है।"

'नागकेसर का देश यह' में विकास के बजाय 'समय के खुरों से रौंदे हुए समाज की व्यथा–कथा को लक्षित किया गया है। देवार जाति के बहाने कवि ने कौंदकेरा, जतमई, सोनडोगरी, भीमखोज, कुसुमपानी और उस आसपास के पूरे जनपद की विडम्बना को बताया है, जहाँ–"कुछ नहीं उगता/केवल भूख उगती है/धारदार/सरपत की पत्तियों सी/जो काट डालती है आदमी को जगह–जगह/कर देती है/लहूलुहान।" भूख की यह समस्या सिर्फ़ देवार जाति और उस जनपद की न होकर आज भी देश के अधिसंख्य पिछड़े एवं सुदूर इलाक़ों की समस्या है। लोकतान्त्रिक व्यवस्था के प्रशासकों, व्यवसायियों तथा अर्थ–व्यवस्था के निर्धारकों ने देशीय अर्थ–व्यवस्था को इस हद तक स्वार्थोन्मुख बना डाला है कि आर्थिक नीतियों के सकारात्मक पहलुओं का लाभ पिछड़े वर्गों तथा आम लोगों तक अपेक्षाकृत कम ही पहुँचा है। इसलिए वहाँ आज भी बिजली, आस्पताल और डाकघर जैसी अनिवार्य सुविधाएँ समस्या बनी हुई हैं। यह भी कारण हो कि वहाँ केवल भूख उगती है। पुरुष ईंट–भट्ठों में काम करते हैं। कुपोषण के शिकार बच्चे देश के भविष्य के कर्णधार या फिर लाड़ली योजना के किरदार नहीं, अपितु अपनी नागरिकता से अपदस्थ हो चुके लाचार हैं। इसीलिए "ये घरों में नहीं रहते/घर इनमें रहता है/ये धरती

पर नहीं बसते/धरती इनमें बसती है/अपनी धरती/अपने घर को/सीने में लिए घूमते हैं ये।"

भूमण्डलीकरण ने जितना बसाया है, उसमें अधिक उजाड़ने का काम किया है। ख़ासकर भारत में भूमण्डलीकरण को लागू करते समय आम आदमी से भोजन, वस्त्र, आवास, सुरक्षा और रोजग़ार के जो वायदे किये गये थे, वे बहुत जल्द धूमिल पड़ गये। तमाम सूचना प्रौद्योगिकी और तकनीकी क्रान्तियों ने भारत ही नहीं, पूरे विश्व में साधारण मनुष्य की ज़िन्दगी को छद्म यथार्थ के जाल में उलझा दिया है। रोटी, कपड़ा और मकान का नारा यहाँ रोटी, कपड़ा और इको विलेज में परिवर्तित हो चुका है, पर इस इको विलेज में रहने के लिए जिस इकॉनामी की आवश्यकता होती है, उसका कोई ठोस निराकरण न तो लोगों के पास है, न ही सरकार की प्राथमिकता में यह शामिल है। यही कारण है कि आम लोगों के "दिन का अन्त हो जाता है, पर प्रतीक्षा का अन्त नहीं होता।" बाज़ार भी इनके लिए मॉल्स या कॉम्प्लेक्स नहीं, बल्कि वही हाट है–"जहाँ खरीदने के नाम पर/ये खरीदते हैं बस नोन, तेल और कनकी।" इसीलिए एकान्त भूख को समस्या मानने के बदले भूख के लिए ज़िम्मेदार व्यवस्था की विसंगतियों को उजागर करते हैं तथा राजनीति के उपलब्ध विकल्पों में असन्तुष्ट होकर और अधिक विकल्पों की माँग करते हैं। इससे न केवल सत्ता के तानाशाह रवैयों को परखने की सहूलियतें मिलेंगी, बल्कि ज़िम्मेदारियों से असहायता एवं लाचारी को अपदस्थ किया जा सकेगा। "हाय हमारा कुनबा वह भरा–पूरा/कैसे तितर–बितर हुआ/इस एक रोटी के चलते/पर नहीं रोटी का क्या दोष/दोषी यह व्यवस्था/आश्वासन का पिटारा लिए/हम भी तो मतदाता असहाय/हाथ, हंसिया और कमल/विकल्प हैं ही कितने/कि हम उतारें गुस्सा/लें प्रतिकार।"

एकान्त को भूख का डर इतना अधिक व्यर्थित करता है कि इस लम्बी कविता में वे कालाहाण्ड़ी के दु:स्वप्न से लेकर 1967 के अकाल में सतबहिनी के मरने तक के कई सन्दर्भ को उकेरते हैं। भूख के कारण ही आज हत्या, अपराध, हिंसा, दंगा सब वैध लगने लगे हैं, पर याद रहे ये सभी कारण भूख से अधिक नृशंसता एवं अमानवता के पोषक हैं। इसीलिए कवि कुछ ऐसा करना चाहते हैं, जिसके कारण उनके शब्द– "कृपक के दानों की तरह बीज में बदल जायें।" भूख के कारण ही स्वतन्त्र भारत के सबसे बड़े जनकवि नागार्जुन ने तो सुजला–सुफला के गीत गाने तक से इनकार कर दिया था। उन्होंने लिखा है–"झूठ–मूठ सुजला सुफला के गीत न/अब हम गायेंगे/दाल–भात तरकारी पेट भर/जब तक न खायेंगे।"

आज भी भारत ही नहीं, पूरे विश्व में एक ऐसा तबका है; विशेषकर आदिवासी समुदायों में; जो समुद्र की आग और जंगल की आग से भी अधिक भयावह पेट की आग बुझाने के लिए चूहों को भूनकर, बिल्लियों को मारकर खा रहा है। पत्ते और पेड़ की चालों के ये आदी हो चुके हैं। फिर भी सरकार द्वारा विकास के नाम पर समृद्धि का कोरस गाया जा रहा है। कभी 'शाइनिंग इंडिया' से तो कभी 'जय हो' से असमानताओं पर पर्दा डाला जा रहा है। संसद में बीपीएल की चिन्ता के बजाये आई.पी.एस और फोन टेपिंग का मुद्दा ज़ोर पकड़े हुए हैं। इसीलिए यह प्रश्न अभी भी बना हुआ है कि आज़ादी के साठ वर्ष बाद भी क्यों–"देश के भीतर है/एक और देश/आज भी जो हस्ताक्षर नहीं करता/बस अंगूठा लगाता है/स्याही में रंगकर/बस अँगूठा और इस तरह/अपना सबकुछ बेचकर/चला जाता है कहीं दूर।" स्पष्ट है कि हाशिये के जीवन का यह कृष्ण पक्ष कब खत्म होगा? समाज के उपपात्र कब मंच पर आकर कोरस गाएँगे?

लोगों की अकादमिक डिग्रियाँ कब जीवन–यापन के काम आयेंगे? जैसे प्रश्न ही कवि द्वारा उपेक्षित समुदायों एवं विस्मृत संसार का आख्यान लिखवाते हैं, क्योंकि "राग जब विराग में बदलता है/तो पूरा संसार/घर बन जाता है/दूसरों के दुख के सामने बौने लगते हैं/ अपने दुख।"

'नागकेसर का देश यह' में लेखक की मुख्य चिन्ता परमाणु अप्रसार पर हस्ताक्षर, मन्दिर–मस्जिद पार्कों का निर्माण एवं मनुष्य को मानुस बनाने के तिकड़म से अधिक भूख, अशिक्षा एवं विकास के विषमतामूलक मिथकों को टटोलने की है। इन समस्याओं से 'कैटल क्लास' ही सही पर हवाई यात्रा करने वालों को दो–चार नहीं होना पड़ता है। यह समाज का सबसे निम्नतम तबका है; अति पिछड़ा, आदिवासी एवं अन्य। यही वह वर्ग है जिस पर व्यवस्था की मार भी सबसे अधिक पड़ती है। इसीलिए विकास के नाम पर हो रही हिंसा और उस हिंसा की पक्षधर राजनीतिक व्यवस्था को कवि कठघरे में खड़ा करते हुए लिखते हैं कि "रात के अँधेरे में/होते हैं जो अपराध/जो हिंसाएँ/उससे भयानक होती है वह हिंसा/जो दिनदहाड़े की जाती है/विकास है यह/अपराध और हिंसा के इतिहास में/कि अब अपराधियों को अँधेरे की ज़रूरत नहीं/साहस तभी दुस्साहस में बदलता है/जब व्यवस्था खड़ी हो/अपराधियों के पक्ष में/और ताकत साथ हो धन की/समरथ को नहीं दोष गुसाईं।" यह मुक्तिबोध की 'अँधेरे में' और रघुवीर सहाय की 'रामदास' से भी अधिक ख़तरनाक स्थिति है।

स्वतन्त्रता प्राप्ति के बाद से अभी तक पाप की स्थितियाँ बिल्कुल बदल गयी हैं। अंग्रेज़ों द्वारा घोषित सवेरों और मदारियों वाला भारत अब आर्ग्युमेंटेटिव और इनक्रेडेबिल (अतुल्य भारत) होकर शाइनिंग इंडिया बन गया है। सरकारी उत्पीड़न का सीधा दौर भी नहीं रहा, ज़मींदार और साहुकार का दौर खतम हो गया। मगर नये चेहरे के साथ शोषण और उत्पीड़न करने वाले

लोग आज भी विद्यमान हैं। पूँजीपति, माफ़िया एवं आपराधिक क़िस्म के लोग पूरे सिस्टम को नियन्त्रित कर रहे हैं। यही कारण है कि "जिसे हम प्रजा कहते हैं/जनता उसके सीने में आज भी/आज भी मिल जायेंगे/सम्राट के घोड़ों की टाप के निशान/अब जनतन्त्र है/और प्रजा अब जनता है/पर आज भी प्रजा के भीतर–भीतर/आज भी कितने छिपे हुए सम्राट/वही यातना/वही हिंसा/और कहीं कोई सुनवाई नहीं।"

एकान्त की मान्यता है कि भूख उपजाने में जनता की जड़ता और स्थितियों के प्रति उदासीनता से भी अधिक नेताओं की दोगली नीतियों और कण–कण में व्याप्त भ्रष्टाचार ज़िम्मेदार है। यहाँ धूमिल की उन पंक्तियों का याद आना भी स्वाभाविक है, जिसमें उन्होंने रोटी से खेलने वालों एवं उसके समर्थन में संसद के मौन होने को आड़े हाथों लेते हुए लिखा था कि "एक आदमी है जो रोटी बेलता है/दूसरा जो रोटी खाता है/एक तीसरा वर्ग भी है/जो न तो रोटी बेलता है न रोटी खाता है/वह रोटी से खेलता है/मैं पूछता हूँ यह आदमी कौन है/हमारे देश की संसद मौन है।"

विज्ञान और टेक्नोलॉजी की जो मार प्रकृति पर पड़ी है, उससे पर्यावरण में असन्तुलन पैदा हो गया है। यह वह समस्या है जो मनुष्य द्वारा लगातार प्राकृतिक संसाधनों के दोहन से सम्बन्धित है। बीते दो दशकों में विश्व बाज़ार ने जिस उपभोक्तावादी संस्कृति को जन्म दिया है, उसने दोहन के इस सन्तुलन को हिलाकर रख दिया है। इसीलिए यह अकारण नहीं है कि पर्यावरण सम्बन्धी चेतना भी आज के कवियों में दिखाई पड़ती है। जहाँ तक एकांत श्रीवास्तव और 'नागकेसर का देश यह की पर्यावरण चेतना का सवाल है तो इस संग्रह में लेखक ने पर्यावरण समस्या को मनुष्य की संवेदनशीलता और देश की सभ्यता से जोड़कर देखा है। आपका कहना है कि "तुम नदियों के प्रति क्रूर होकर/भला कैसे सहृदय हो सकते हो/अपने देश

अपनी सभ्यता के प्रति।" लेखक का मानना है कि पेड़ों का कटना, नदियों का सूखना हमारे मौलिक जीवन मूल्यों के लुप्त हो जाने का सूचक है। विविधता और बहुलता के एकरसता में बदल जाने के संकेतक हैं। इसीलिए उन्हें पेड़ों के कटने का अफ़सोस, ("काठ जो कभी पेड़ था/देखते-देखते/एक घर के कपाट में बदल जाता है।") नागकेसर, विष्णुभोग, जयफूल और दूबराज जैसी विभिन्न प्रजातियों की उत्पादक मिट्टी का घने बबूल के वन में बदल जाने का दुःख ("मैं जब ब्याहकर आयी थी/तब लाल फूल फूलते थे इस गाँव में/तब ऐसा सघन/नहीं था/बबूल का वन") और जल जो कि जीवन का सार है के सूखते चले जाने का पश्चाताप (तब पड़ता नहीं था/ऐसा अकाल ऐसा सूखा/गहरे कुण्ड सरीखे थे/गाँव के कुएँ/कभी सूखता नहीं था जल") होता है। हालाँकि एकान्त ने इस संग्रह में पर्यावरण समस्या के कारणों पर विशेष ध्यान नहीं दिया है, पर उस ओर ज़रूर इशारा किया है, जिसके कारण प्रकृति के साथ मनुष्य की गहन अन्तरंगता ख़तरे में दिखाई देने लगी है। वैसे भी इन दिनों गंगा और यमुना जैसी नदियाँ जब अपना अस्तित्त्व बचाए रखने के लिए जन-जागरूकता के बजाये सरकारी अनुदानों एवं ग़ैर सरकारी संगठनों के प्रयासों की मोहताज होती जा रही हैं, ऐसे में छोटी-छोटी ही सही पर जीवनदायिनी अन्य नदियों का क्या होगा, यह सवाल अभी भी कायम है।

कुल मिलाकर सार्थक संवाद की इच्छा से निर्मित एकान्त की कविता की ज़मीन व्यवस्था एवं बाज़ार के राजनीतिक गठजोड़ और उसमें साहित्य के हस्तक्षेप को किसी 'एकांत' के बजाये वर्तमान समय की चुनौती और उसमें इतिहास की भूमिका के सन्दर्भ में परखती है। आज जबकि भयावह एवं ख़तरनाक मण्डी में तब्दील हो चुकी दुनिया में मूल्य, विचार, नैतिकता, ज़िम्मेदारी सबकुछ बिकाऊ हो चुका है, काले-मूल्यों की खोज भी डॉलर-केन्द्रित होती जा रही है; ऐसे में 'नागकेसर का देश यह'

समकालीनता, विविधता एवं प्रतिरोध के उन मूल्यों को बयाँ करती है, जो हाशिये के उपेक्षित, पीड़ित परन्तु संघर्षशील बहुसामुदायिक समाज से सम्बन्धित है। इसीलिए यहाँ निषिद्ध माने जाने वाले रास्तों से होकर मानवता के पाठ को नागरिक अधिकारों के दायरे में विश्लेषित किया गया है तथा प्रतिरोधी चेतना की सक्रियता और मानुस–शक्ति (सबार ऊपरे मानूस–सत्य) की स्वीकारोक्ति से समकालीन कविता के जनतान्त्रिक चरित्र को उद्घाटित किया गया है।

कविता का 'गहन' बोध

अपर्णा ए. / प्रभाकरन हेब्बार इल्लत

'दर्शन' शब्द की उत्पत्ति 'दृश' धातु से हुई है, जिसका अर्थ 'देखना' होता है। सामान्यतः जिसके माध्यम से हम इस जगत को देखते हैं, वही दर्शन है अर्थात् जीवन को रूपायित करने वाले जीवन के आधारभूत तथ्यों को, जीवन के परिवेश को, जीवन के विभिन्न प्रतिभासों को तार्किक एवं अन्तर्दृष्टि के साथ देखने–समझने–परखने की 'दृष्टि' प्रदान करने में ही दर्शन की अर्थवत्ता रहती है। वर्तमान जीवन के विभिन्न परिदृश्यों पर विचार करने पर हमें यह अवगत होता है कि प्रकृति का वस्तुकरण एक सांस्कृतिक यथार्थ है। इस वस्तुकरण की प्रक्रिया के पीछे कार्यरत जीवन के निषेधात्मक दृष्टिकोण के प्रतिरोध का नूतन मार्ग आज का पर्यावरण दर्शन हमारे सामने प्रस्तुत करता है। पर्यावरणीय दर्शन मुख्यतः इसकी हिमायत करता है कि प्रकृति के साथ के मानव की दृष्टि और अभिवृत्ति भावात्मक–रागात्मक हो, मनुष्य सम्पूर्ण मायने में स्वतन्त्र एवं स्वस्थ हो। प्रकृति और मनुष्य के बीच के सम्बन्धों पर विचार करने वाले पर्यावरण दर्शन की मुख्य रूप से चार शाखाएँ हैं, जो मनुष्य सहित समस्त प्रकृति को स्वस्थ–समृद्ध बनाये रखने एवं पर्यावरणीय समस्याओं से निजात पाने के वैचारिक आधार को हमारे सम्मुख पेश करती है। वे हैं–गहन पर्यावरणवाद या डीप इकोलॉजी, सामाजिक पर्यावरणवाद या सोशियल इकोलॉजी, पर्यावरणीय मार्क्सवाद या

इको–मार्क्सिज़्म और पर्यावरणीय स्त्रीवाद या इको–फेमिनिज़्म। इस शोधालेख में आगे समकालीन हिन्दी कविता में 'गहन' होती पर्यावरणीय सजगता पर सार रूप में विचार किया जायेगा।

गहन पर्यावरणवाद के प्रवर्तक नोर्वीजियन दार्शनिक अर्ने नेस हैं। यह दर्शन मुख्य रूप से जैविक समानता का समर्थन तथा मनुष्य–केन्द्रिता का निषेध करता है। नेस ने 1972 के 'द थेर्ड वेल्ड फ़्यूचर रिसर्च कॉनफेरेंस' में पर्यावरणीय समस्याओं पर विचार करते हुए सर्वप्रथम 'डीप इकोलॉजी मूवमेंट' नामक (गहन पर्यावरणवादी आन्दोलन) पदबन्ध चलाया। बाद में 1973 में उन्होंने इस भाषण को 'द शालो एंड द डीप लांग रेज इकोलॉजी मूवमेन्ट–ए सम्मरी' शीर्षक लेख के रूप में प्रकाशित किया। इसमें उन्होंने सतही पर्यावरणवाद (शालो इकोलॉजी) और गहन पर्यावरणवाद (डीप इकोलॉजी) के बीच के अन्तर को स्पष्ट किया। उनके अनुसार पर्यावरणीय समस्याओं को लेकर सतही पर्यावरणवाद की दृष्टि तकनीक पर आधारित है, जो मनुष्य–केन्द्रित एवं ह्रस्वकालिक है, लेकिन गहन पर्यावरणवादी दर्शन जीवन–शैली पर आधारित है, जो जैव–केन्द्रित एवं दूरगामी दृष्टि पर ज़ोर देता है। गहन पर्यावरणवाद के सन्दर्भ में नेस का पर्यावरण दर्शन इकोसोफी–टी और उसमें निहित आत्म/आन्तरिक मूल्य का सिद्धान्त काफ़ी विवेचना की माँग करते हैं।

हम जानते हैं कि प्रतिरोध नूतन प्रकार के जीवनावबोध को सूचित करने वाला शब्द है, जो प्रचलित बोध या धारणा को परिवर्तित करना चाहता है। व्युत्पत्ति की दृष्टि से देखा जाये तो यह शब्द 'प्रति' और 'रोध'–इन दोनों शब्दों के मेल से बना है। प्रति का अर्थ है 'खण्डन' या 'बदले में' और रोध का अर्थ 'रोक', 'रुकावट' या 'निषेध' होता है। इस प्रकार शाब्दिक दृष्टि से देखने पर प्रतिरोध शब्द के भीतर किसी कार्य, क्रिया आदि पर प्रतिबन्ध लगाने के लिए उसके बदले में सकारात्मक ढंग

से कुछ करने की क्रिया का भाव या विचार तथा उससे उत्पन्न सांस्कृतिक परिवर्तन या गतिशीलता या विकास का चिन्तन अन्तर्निहित है। अतः प्रतिरोध समाज को एक नया रास्ता प्रदान करता है, प्रचलित व्यवस्था की सीमा को हमारे सामने रखता है, नये मूल्यों को निर्मित करता है। इस क्रमिकता में वस्तुकरण की परिकल्पना को भी स्पष्ट करना चाहूँगी।

'वस्तुकरण' का शाब्दिक अर्थ यही होता है कि किसी को श्वस्तु के रूप में परिवर्तित करना।' इसके तहत चेतनायुक्त किसी तत्त्व पर चेतना–हीनता का आरोप किया जाता है। वस्तु के साथ मानव का सम्बन्ध यहाँ पूर्णतः संवेदनहीन/भावहीन होता है। इस भाव–हीनता के कारण मनुष्य चेतन सम्पन्न वस्तु के साथ पशुवत् व्यवहार करने से हिचकता नहीं है। ऐसी सोच उपयोगितावाद/उपभोगवादी मानवीय अभिवृत्ति का अंजाम है। जीवन के क्षण भर की ज़रूरतों की पूर्ति को लक्षित करके ऐसा व्यवहार मानव द्वारा किया जाता है। वस्तु की उपयोगिता ही उसका मूल्य बन जाता है, वहाँ तक उसकी दृष्टि सीमित हो जाती है। इस प्रकार की दृष्टि अपनाने से शोषण का साम्राज्य विकसित होता है। ऐसी स्थिति में प्रकृति मृत (निर्जीव) वस्तु मात्र रह जाती है। सार यह है कि वस्तुकरण जैविकता से सम्पन्न प्रकृति के भीतर के आन्तरिक मूल्य का निषेध करता है, जो व्यापक आयाम में जीवन के मरुस्थलीकरण का कारक बन जाता है।

विदित बात है कि 'प्रकृति' शब्द की व्युत्पत्ति 'प्र' और 'कृति' इन दोनों शब्दों के मेल से हुई है। 'प्र' का अर्थ है 'श्रेष्ठ' या 'उत्तम' तथा कृति का अर्थ है 'रचना' या 'सृष्टि'। इस प्रकार प्रकृति का अर्थ हुआ है 'श्रेष्ठ या उत्तम रचना या सृष्टि'। अतः प्रकृति किसी शक्ति की विशिष्ट सृष्टि है। मनुष्य सहित धरती के सम्पूर्ण जैविक एवं अजैविक तत्त्व इस प्रकृति के अभेद्य अंग हैं। आजकल प्रकृति और मानव के बीच के द्वैतात्मक सम्बन्ध

की वजह से मानव के मन में वस्तुकरण की प्रवृत्ति बढ़ती जा रही है। प्राचीन काल में मानव और प्रकृति के बीच भावात्मक सम्बन्ध एक हद तक रहा था, पर आज के पूँजीवादी दौर में प्रकृति का वस्तुकरण बढ़ता जा रहा है। पूँजीवाद उत्पादन, उपभोग और मुनाफ़े पर आधारित अर्थ–व्यवस्था का नाम है। उत्पादन–उपभोग में बढ़ोत्तरी ही पूँजीवाद का प्रमुख लक्ष्य है। इस लक्ष्य को साकार करने के लिए प्राकृतिक संसाधनों का बड़े पैमाने पर उपयोग या उपभोग करना ज़रूरी होता है। इसलिए उपभोग की वृद्धि के लिए पूँजीवाद ने प्रकृति के वस्तुकरण का मार्ग प्रशस्त किया। इससे बाज़ार सम्पन्न होता है। बाज़ार में व्यक्ति की ताक़त और उसका सामाजिक अंगीकार चीज़ें खरीदने की क्षमता पर टिकी रहती है।

गहन पर्यावरणवाद के अनुसार 'पृथ्वी के समस्त जीव–रूपों का एक आन्तरिक मूल्य होता है, जो मनुष्य की उपयोगिता–अनुपयोगिता पर निर्भर नहीं है।'[1] यहाँ मैं 'जीव रूप' शब्द का प्रयोग प्रकृति के समस्त जैविक एवं अजैविक तत्त्वों के पर्यायवाची शब्द के रूप में इस्तेमाल कर रही हूँ। गहन पर्यावरणवादी दर्शन की समेकित दृष्टि में जैव–अजैव के बीच का पार्थक्य स्वीकार्य नहीं है। स्तरीकरण तो अपने आप में किसी भी संकल्पना के अन्तर्गत सत्तात्मकता का विन्यास अवश्य करता है, जो विशिष्ट प्रकार की विभेदात्मकता के विकास का कारण बन जाता है। गहन पर्यावरणवादी दर्शन प्रकृति के कण–कण में जैविकता को स्वीकारता है तथा इसका भी समर्थन करता है कि जैविकता अपने आप में जीव–रूपों के आन्तरिक चैतन्य पर निर्भर है। प्रकृति का हर एक तत्त्व अपना अस्तित्त्व सहयोगात्मक सम्बन्ध के बल पर रूपायित करता है और उसके आधार पर प्रकृति में अपनी विशिष्ट भूमिका का निर्वाह करता है। एक तत्त्व किसी दूसरे तत्त्व से भिन्न नहीं, अभिन्नता में ही परिपूर्णता की

परिरक्षा सम्भव हो जाती है। इसी भूमिका का निर्वहण हर एक जैवरूप आन्तरिक मूल्य के बल पर करता है। इतिहास के किसी एक पड़ाव में मानव–प्रकृति का द्वैतहीन सम्बन्ध द्वैतात्मक हो गया। यह विचलन मानव के जीवन पद्धति से विकसित आत्मबोध के विकास का अंजाम कहा जाना चाहिए। इस दृष्टिगत परिवर्तन से प्रकृति के कण–कण में आन्तरिक मूल्य के दर्शन करने की अक्षी मनुष्य की नष्ट हो गयी है, प्रकृति एक निर्जीव व उपभोग का साधन मात्र रह गयी है।

आधुनिकता का प्रकरण दकार्ते के विशिष्ट बयान से प्रारम्भ माना जाता है, जो यह स्वीकार करता है कि 'सोचने की ताक़त की वजह से मनुष्य का अस्तित्त्व अन्य प्राणियों से भिन्न है।' मानव अपने चिन्तन–मनन के बल पर इस संसार को जानने तथा उसकी आन्तरिक संरचना को समझने में सफल निकलता है। इससे विकसित अपनी सर्जनात्मकता के बल पर प्रकृति के समानान्तर एक ख़ास पर्यावरण का निर्माण करने में मानव सफल निकलता है। इस निर्मित विशिष्ट सांस्कृतिक वातावरण में अन्य जानवरों से भिन्न अपना जीवन मानव व्यतीत करता है। दूसरी भाषा में इसी बात को इस प्रकार कहा जा सकता है कि मनुष्य प्रकृति के संविधान का अनुसरण पूर्ण रूप से नहीं करता है, वह अपना जीवन अपने द्वारा निर्मित क़ानून–क़ायदों के सहारे करने में सफल निकलता है। इस सन्धि पर मानव के मन में 'अहं' का भाव विकसित होता है, जो स्वाभाविक ढंग से अपने से बाहर एक 'अन्य' का सृजन करता है। इस भावना से प्रेरित होकर मनुष्य अपने से इतर 'जीव–रूपों' को अजैविक समझने लगता है तथा उसके साथ नृशंसक व्यवहार करने से नहीं हिचकता है। इससे मानव प्रकृति का आखेटक बनता जा रहा है। इस परिवर्तन से मानव अपने से इतर के साथ भावात्मक सम्बन्ध स्थापित करने में असफल निकलता है। ऐसे माहौल में जैसे कहा जा चुका है

कि वस्तुकरण की प्रवृत्ति प्रबल होती चली जाती है। समकालीन कविता जीवन के इस अनोखे परिदृश्य के साथ प्रतिवाद करती है

नीलेश रघुवंशी की कविता 'जंगल और जड़' प्रकृति और मनुष्य के बीच के द्वैतपरक सम्बन्ध को सम्बोधित करती है। वर्तमान पूँजीवादी जीवन परिवेश में प्रकृति के विभिन्न जीव-रूप अपने आन्तरिक मूल्य तथा चेतना को बरक़रार रखने में असफल है। पूँजीवादी विकास दृष्टि में प्रकृति बाज़ार को सम्पन्न बना देने वाला संसाधन मात्र रह जाती है। बाज़ार से पोषित, धन से केन्द्रित, उपभोग से पुष्ट, जीवन-पद्धति में प्रकृति के विभिन्न जीव-रूपों की लयात्मकता की अनुभूति नहीं होती है। विकल पूँजीवादी व्यवस्था शहरीकरण, बाज़ारीकरण, उदारीकरण, नव-उपनिवेशीकरण आदि को सम्पुष्ट करती है और अपने अर्थतन्त्र को सम्पोषित करती है। प्राकृतिक सम्पदाओं के विनष्ट हो जाने से प्रकृति के भीतर सन्निहित सामंजस्यता का संगीत विलीन होता जा रहा है, जीवन के रंग भी इसी अनुपात में भ्रष्ट होते चले जा रहे हैं। प्रस्तुत कविता में प्रयुक्त 'इमारत' कृत्रिम क्षयशील पूँजीवादी विकास प्रक्रिया का प्रतिनिधान करती है। कंक्रीट का पसर जाना वास्तव में जीवन के बंजर होते जा रहने का काव्यात्मक आख्यान प्रस्तुत करता है। इसके साथ ही इकतरफ़ा भौतिक विकास की विकरालता को भी कविता बेनकाब करती है। आज के विकास के आन्तक से मानव जीते जी आत्मपरितोष का अनुभव नहीं कर पाता है। पूँजीवादी आन्तक के वर्तमान में प्रकृति के विभिन्न जीव-रूप अपनी नैसर्गिक अस्मिता को बचाये रखने में सफल नहीं निकलता है। सृजन के आतंरिक मूल्य को समझना भावात्मक सम्बन्धों से शून्य हृदय के लिए सम्भव नहीं हो पा रहा है। ऐसी स्थिति में कविता प्रकृति को अपने पूरे वैभव के साथ पुनः हस्तगत करने की आशा बुलन्द करती है और कहती है कि "टंकी में पानी पीती चिड़िया को,

पीपल की फूटती जड़ को प्रकृति का नैसर्गिक सान्निध्य कब मिलेगा।"[2] कविता के अन्त तक आते–आते 'कंक्रीट'/'सीमेंट' कृत्रिम या नक़ली जीवन पद्धति का प्रतीक बनकर कविता में उपस्थित होता है। बारीकी से बार–बार कविता के वाचन से लगता है कि कविता में प्रयुक्त 'पीपल' और 'चिड़िया' प्रकृति के पर्याय के रूप में हमारे सामने आते हैं। पीपल समस्त स्थाविर सस्यजात की जातिवाचक संज्ञा के रूप में कविता में आता है तो चिड़िया समस्त प्राणिजात को अपने अभ्यन्तर में वहन करती है। मिट्टी इसी भाँति समस्त अजैविक समझे जानेवाले तत्त्वों का साकल्य बन जाती है। इस प्रकार कविता अपने जीवनालोक को प्रसारित करते समय साकल्यवादी प्रापंचिक जीवनावबोध को विकीर्ण कर रही है।

अधिकारों के सन्दर्भ में भी कविता का पाठ किया जा सकता है। 'अधिकार' ऐसे तत्त्वों का समुच्चय है जिसके हस्तगत हो जाने से मनुष्य आत्मसम्मान के साथ जीवन–यापन कर सकने में सफल निकलता है। कविता किसी भी हालत में 'मानव' के 'अधिकार' की बात नहीं कर सकती है, वह इसलिए है कि प्रकृति के विपुल प्रांगण में खड़े होकर कविता समस्त जीव–रूपों के जैविक अधिकारों की माँग ही ज़ोरों पर कर सकती है। विडम्बना यह है कि हमारी सभ्यता और संस्कृति 'कुछ' के अधिकारों की बात तो ज़रूर करती है, पर 'सबकी' नहीं। मानवाधिकार की परिकल्पना भी अपने आप में 'मानवकेन्द्रित' परिकल्पना का वहन करती है। कविता अधिकार सम्बन्धी वर्तमान सांस्कृतिक अवबोध की टिप्पणी करती है और उसका विस्तार करते हुए आत्मविस्तार की सम्भावना को प्रशस्त करती है। कविता यहाँ चिड़िया, पौधा आदि के जीने के नैसर्गिक अधिकारों की बात शब्द विन्यास के माध्यम से करती है। नैसर्गिक अधिकार किसी दूसरे से प्रदत्त अधिकारों का नाम नहीं है, वह जन्म से हर जीव–रूप को प्राप्त जैविक अधिकार है। जैविक अधिकारों की भावना और

जीव–रूपों के भीतर परिलसित आन्तरिक मूल्य अन्योन्याश्रित है। पूँजीवादी विकास योजना में इन दोनों का हनन खुले आम होता रहता है। इससे प्रकृति मलिन हो जाती है, जीव–रूप अपना आन्तरिक मूल्य खोकर असन्तुलन का शिकार हो जाता है। जीवन में समरसता की वकालत करने वाली कविता प्रकृति के साथ अद्वैतपरक सम्बन्ध की कामना करती है।

अपने अभ्यन्तर का विकास मनुष्य 'आत्म' के विकास के बल पर करता है। कविता अपनी जैविक उपस्थिति से इसी को साकार करती है। इस प्रकार वह (कविता) साकल्यता की संकल्पना का साक्षात्कार है। इसलिए कविता यह स्वीकार करती है कि धरती के सभी तत्त्वों का स्वस्थ विकास और सबके जैविक मूल्य का संरक्षण पारस्परिकता पर अवलम्बित है। साकल्यवादी दर्शन के बल पर मात्र सहकारिता और सहभागिता की ज़िन्दगी सम्भव है। यही मनुष्य सहित समस्त जीव–रूपों की प्रोन्नति का आधार है। इसी से ही जीवन के विविधात्मक सौन्दर्यात्मक पक्ष का विकास होगा। अन्यथा मनुष्य कैलाश वाजपेयी की भाषा में "आत्मघात का शिकार हो जायेगा।"[3] इस कालखण्ड में दुलायचन्द्र मुण्डा अपदस्थ जीवन के परिदृश्य को काव्यात्मक ढंग से इस प्रकार व्यक्त करते हैं–"पहाड़ तो जला दिया है पंडुक!/हम दोनों कहां अब चारा–पानी ढूंढेंगे?/बावली तो तोड़ दिया है बुद्धु–मछली!/हम दोनों कहां तैरकर अब गुज़र–बसर करेंगे?'।"[4] समकालीन कविता के विवेचन से लगता है कि वह प्रकृति के आन्तरिक चेतना को अंगीकार करती है तथा द्वैतता के पैमानों को निरस्त करते हुए समग्र जीवनावबोध को विकीर्ण करती है। सार रूप में स्वप्निल श्रीवास्तव की पंक्तियों को उद्धृत करते हुए मैं यह बताना चाहती हूँ कि साकल्यवादी जीवनावबोध के अभाव में मानव का जीवन श्रेयस की स्थिति को प्राप्त नहीं कर सकता। असीम करुणा के विस्तार के माध्यम से ही जीवन के वैविध्य का आत्मसातीकरण सम्भव है।

यही प्रोज्वल संस्कृति की निशानी है। कविता की दार्शनिक 'गहनता' यह याद दिलाती है–"ताज्जुब यह है कि बचाव की इतनी/कोशिशों के बावजूद/न आदमी बच रहा न जंगल/परिन्दों की बात तो बहुत दूर है/सबसे ज़्यादा ख़तरे में तो आदमी के विचार हैं/यदि वे नहीं बचे तो कुछ भी नहीं/बचाया जा सकता है।"[5]

सन्दर्भ

1. The well-being and flourishing of human and non-human life on Earth have value in themselves (synonyms: intrinsic value, inherent value). These values are independent of the usefulness of non-human world for human purposes. Naess, Arne., and George Sessions. "Platform Principles of the Deep Ecology Movement". The Deep Ecology Movement : An Introductory Anthology, Edited by Alan Drengson and Yuichi Inoue. Berkeley : North Atlantic Books, 1995, pp. 49. Print.
2. *इमारत के ऊपर इमारत/खाई के नीचे खाई*
   दूर–दूर तक फैला कंक्रीट का जंगल
   आयेगा एक दिन ऐसा आयेगा
   जब हमें हमारी ज़मीन मिलेगी वापस
   सीमेंट की टंकी में पानी पीती चिड़िया से
   कहा पीपल की फूटती जड़ ने।
   रघुवंशी, नीलेश. अन्तिम पंक्ति में। किताबघर प्रकाशन, नयी दिल्ली, 2008, पृ. 56, मुद्रित।
3. *तेज धार वाले औजार से/तुम मेरा वध कर रहे हो*
   तुमको नहीं पता दरअसल/तुम आत्मघात कर रहे हो।
   वाजपेयी, कैलाश, जंगल की आवाज. काव्य चयनिका, सम्पादन–डॉ. प्रमोद कोवप्रत, लोकभारती प्रकाशन, इलाहाबाद, 2015, पृ. 76, मुद्रित।
4. मुण्डा, दुलायचन्द्र. *"हम लोग कहाँ गुज़र–बसर करेंगे?"* लोकप्रिय आदिवासी कविताएँ, सम्पादन–वन्दना टेटे, प्रभात प्रकाशन, नयी दिल्ली, 2019, पृ. 19, मुद्रित।
5. श्रीवास्तव, स्वप्निल. मुझे दूसरी पृथ्वी चाहिए, मेधा बुक्स, दिल्ली, 2004, पृ. 54, मुद्रित।

पूँजीवाद के प्रतिरोध में खड़ी समकालीन पर्यावरणीय कविता

सुप्रिया के. पी.

यह काफ़ी विडम्बनात्मक स्थिति है कि जीवन के प्रत्येक क्षेत्र में मनुष्य प्रगति हासिल कर रहा है, लेकिन भीतर ही भीतर वह मानवीय गुणों से वंचित होता जा रहा है, धन और सत्ता की लालच में मानव की आन्तरिक समृद्धि सूखती जा रही है। वह क्रूर, कुटिल और लुटेरा होता जा रहा है। मनोवृत्ति में आया यह परिवर्तन पूँजीवादी संस्कृति के परिव्यापन का परिणाम कहा जा सकता है। पूँजीवाद मनुष्य को इतना संवेदनशून्य और महत्त्वाकांक्षी बनाता है कि अपने से इतर की पूरी प्रकृति के प्रति वह असंवेदनशील होता जा रहा है। मानव की संवेदना का स्थान पशुता ग्रहण करती है। आजकल चारों तरफ़ परिव्याप्त पर्यावरण का विध्वंस और तज्जन्य विकसित जीवन की विषमताएँ इसी घातक–पातक पशुता का स्वाभाविक विकास के रूप में देखा जा सकता है। समकालीन कविता का सजग पर्यावरण अवबोध इस सच्चाई को उजागर करता है और आह्वान करता है कि पशुता के मोचन से अनंत मानवता का विस्तार होगा। अपने जंगलीपन से मुक्त होते वक़्त मानव वास्तव में असीम बन जाता है, तभी वह जीवन और प्रकृति की विविधता को आत्मसात कर सकेगा और प्रकृति के सान्निध्य का अनुभव कर सकेगा। लीलाधर मण्डलोई ने एक बार ठीक ही कहा है–"भोग आधारित चिन्तन

ने आज जल, ज़मीन, खनिज, जैव विविधता, वायु और आकाश को उपभोग की तरह देखने का शिल्प धारदार बना दिया है।"[1] इशारा इस तरफ़ है कि पूँजीवाद त्याग को नही, भोग को उकसाता है। भोग की पिपासा कभी शान्त नहीं होती है। रणजीत की 'पृथ्वी के लिए' नामक कविता में यही भावस्तर मुखरित है–

वे तुम्हारा दूध पीने की जगह/तुम्हारा स्तन काटकर
उनका मुलायम माँस खा जाना चाहते हैं भूनकर
उनके लिए तुम्हारे भरे–पूरे पयोधार
दुम्बे की दुम है/जिसे हर कटान के बाद
दूसरे दिन फिर से उग जाना चाहिए
उनके स्वादिष्ट माँस की आपूर्ति के लिए[2]

यहाँ लोभ से अन्धा हो जाने की स्थिति को उकारा गया है या दूसरी भाषा में भोग के विध्वंसकारी रूप को दर्शाया गया है। हम यह भूल जाते हैं कि प्रकृति हमारे लिए माँ जैसी है। उसके स्तन्य का पान कर हम सब बढ़े हुए हैं, लेकिन उसके स्तन को काटकर माँस खाना तो बर्बरता की निशानी है। कविता में व्यंजित माता का चित्र कविता के भावस्तर को बढ़ाता है, क्योंकि माँ परम्परागत उपमान या बिम्बात्मक अभिव्यक्ति के अनुसार अनन्त अनुराग की प्रतिमूर्ति है। पर्यावरणीय दर्शन के आलोक में वह प्रकृति की प्रतिकृति है जो अपनी उर्वरता और सर्जना की शक्ति के बल पर हिमालयत्व का रूप धारण करती है। कविता में प्रयुक्त माँ शोषण के वर्तमान सन्दर्भ में प्रकृति का प्रतीकत्व ग्रहण करती है जो भीषण शोषण की विकरालता की कल्पनात्मक विवृत्ति करती है। प्रकृति के माँस खाने के चित्रण में प्रकृति के जघन्य शोषण का भाव गूँज उठता है।

पूँजी की वृद्धि पूँजीवाद का उसूल है। पूँजी के प्रसार के लिए पूँजीवाद युद्ध और आतंक से लेकर समझौते तक की चाल अपनाने को तैयार है। आजकल पूँजीवाद का स्वरूप इतना

जटिल और दुरूह होता जा रहा है कि वह अब विभिन्न मुखौटे धारण करके दुनिया के सामने प्रस्तुत होता है। उन्हें चाहे तो निजीकरण, उदारीकरण, भूमण्डलीकरण आदि किसी भी नाम से सम्बोधित किया जा सकता है। पूँजीवाद धमकी के स्थान पर लुभावने शब्द बोलने वाले 'हिताकांक्षी' का वेश धारण कर चुका है[3] और जीवन के प्रत्येक क्षेत्र में इस तरह घुल-मिल गया है कि उसे अलग से जानना या पहचानना कठिन होता जा रहा है। मंगलेश डबराल लिखते हैं-

हमारा शत्रु कभी हमसे नहीं मिलता, सामने नहीं आता
हमें ललकारता नहीं/हालांकि उसके आने-जाने की आहट
हमेशा बनी रहती है
कभी-कभी उसका सन्देश आता है कि अब वह शत्रु नहीं है
हम सब एक दूसरे के मित्र हैं/आपसी मतभेद भुलाकर
आइए हम एक ही थाली में खायें एक ही प्याले से पियें
वसुधैव कुटुंबकम् हमारा विश्वास है।[4]

हमारे सामने मौजूद जो बहुराष्ट्रीय कम्पनियाँ, अन्तर्राष्ट्रीय संगठन आदि हैं, वे विज्ञान, तकनीकी, संचार माध्यम आदि के जरिये विकास का नशा चढ़ाकर हमारे दिमाग़ की डोरी थाम लेते हैं। ज्ञानेन्द्रपति का मानना सही है-उन्होंने केवल कम्प्यूटर ही नहीं बनाये हैं/आपके दिमाग़ को भी कम्प्यूटर में बदल दिया है/जिसका सॉफ्टवेयर वे सप्लाई करते हैं।[4] यहाँ ज्ञानेन्द्रपति जानबूझकर 'सॉफ्टवेयर' शब्द का इस्तेमाल करते हैं। सॉफ्टवेयर एक ऐसी कार्य प्रणाली है जिसके बल पर कम्प्यूटर चलाया जाता है। अर्थात् मानव की स्थिति उसी कम्प्यूटर की तैसी हो गयी है कि दूसरों के इशारे पर मानव अपना जीवन चलाता है। उसका दिमाग़ आजकल स्वतन्त्र रूप से काम नहीं कर सकता है। वह दिल-दिमाग़ से पूँजी का क्रीतदास बन गया है। विवेक का मतलब सही और ग़लत को पहचानने की ताक़त से है,

लेकिन आज का मानव आत्ममन्थन नहीं करता है या वह नहीं कर सकता है। यह ध्यातव्य है कि पूँजीवाद केवल एक अर्थतन्त्र नहीं है, वह अपने विकास के साथ ही एक विशिष्ट प्रकार के विचारों को भी प्रक्षेपित करता है और उसके अनुरूप व्यक्ति और समाज को रूपायित करता है। कविता का सॉफ्टवेयर इसी विचारधारा के पर्याय के रूप में हमारे पास आता है। कवि यहाँ स्पष्ट करना चाहता है कि मानव को स्वतन्त्र रूप से विचार करना चाहिए और पूँजीवाद के मारीचतन्त्र से परिचित होना चाहिए। मानव को पूँजीवादी रणनीति के ख़िलाफ़ संघर्ष का, प्रतिरोध का रास्ता अपनाना होगा। इस प्रकार जीवन भर यदि हम दूसरों की उँगलियों के इशारे पर काम करते रहें तो फिर हमारे समाज की स्थिति क्या हो जायेगी और हमारे यहाँ फिर क्या बचेगा। कम्प्यूटरीकरण का दूसरा अर्थ व्यक्ति का मशीन हो जाना ही है। संवेदनहीन या मशीनीकृत ज़िन्दगी की वर्तमानता को कवि अपनी काव्यात्मक पंक्तियों के जरिए पाठकों के सम्मुख रखता है। पूँजीवाद के विमर्श की भाषा में यही दिमाग़ का उपनिवेशीकरण है जो उसका शिकार बन जाता है अन्दर ही अन्दर खोखला हो जाता है। पूँजी की ताक़तें पहले की भाँति सीधा क़ब्ज़ा नहीं करती हैं। वह अपनी वित्तीय पूँजी के बल पर देश–राष्ट्र की सीमाओं को पारकर कहीं भी अपनी इच्छानुसार अपना काम करवा सकती है। कम्प्यूटर एक मशीन नहीं है, उसके भीतर एक विश्वव्यापी जाल है जिसमें आज का मानव फँस गया है। विकास एवं वैयक्तिक समृद्धि की नक़ली अवधारणा का प्रसार कर पूँजीवाद विनाश का खेल खेलता है। क्षण भर के चकाचौंध में या उसके जाल में फँसाकर मानव के अस्तित्त्व पर वह आघात करता है। विडम्बनात्मक स्थिति यह है कि आज के मानव के भीतर विकसित भावात्मक रिक्तता का अहसास नहीं होता है। सुशील कुमार की पंक्तियाँ हैं–

विकासवाद, उपभोक्तावाद/उदारीकरण, वैश्वीकरण
विश्व अब एक ग्राम है/और न जाने कितने ही/भद्र
गालियों के कनफोड़ शोर है
इस सभ्यता के बाज़ार में/जहाँ फ़ैशन की ओट में
आधुनिकता के अनगिनत मुखौटे पहन
अपने भीतर के घावों को/हम हँसकर सालते हैं
क्योंकि उन्होंने हमें/मातहत और पालतू बनाये रखने के
नये-नये सुघड़ तरीके ईजाद किये हैं
जिनमें सबसे नायाब है/आदमीपन मारना।[6]

कवि के नज़रिये में उपरोक्त सारे के सारे 'वाद' तीसरी दुनिया के देशों पर बरसती गालियाँ हैं, मगर सबकुछ भद्रता के आवरण से ढकी हुई हैं। ये 'गालियाँ' देश को अवनति की ओर ले जाने वाली हैं और प्रगति का मात्र आभास कराती हैं। इनमें से प्रत्येक का अगर विकासशील, अविकसित देशों के सन्दर्भ में विश्लेषण किया जाये, तो उसमें छिपी पूँजीवादी साजिश साफ़ नज़र आती है। औद्योगिकीकरण, उत्पादन और उपभोग का आधिक्य अर्थ के अर्जन के उपाय हैं और अर्थ-अर्जन के इस अन्धी दौड़ में श्रमिक वर्ग और प्रकृति की बली चढ़ाई जाती है। बाज़ार और उपभोग पर केन्द्रित मशीनी उत्पादन प्रकृति की सारी विविधता के साथ मानव की सामाजिकता पर आधारित सर्जनात्मकता को तहस-नहस करता है।

पूँजीवाद विचारों की उच्चता और उसमें अन्तर्निहित प्रतिरोध की सम्भावना का गला घोंठ लेना चाहता है। इसलिए वह कला, कविता आदि का अन्त करने की ताक में बैठता है। कविता मनुष्यता की आवाज़ है, सहानुभूति और संवेदना का पर्याय होते हुए वह शोषण और दमन का विरोध और प्रतिरोध करती है। इस दृष्टि से कविता पूँजीवाद का विपक्षी है। साहित्य, कला, दर्शन आदि को चुनौती देने और उन्हें निष्कासित करने की आशा पूँजीवाद करता है। दूसरी भाषा में संस्कृति के उपादानों को,

अर्थात् परम्परा, मिथक, मुहावरा, अलंकार आदि को भी अपनी पूँजी की वृद्धि के उपकरण के रूप में वह अपनाता है। नये–नये वैज्ञानिक आविष्कारों के विध्वंसात्मक प्रयोग से ही सही वह लोगों को भौंचक्का करता है। 'स्टार वार' जैसी विज्ञान आधारित कल्पित कथाओं से अपनी हैवानियत को बहादुरी साबित करते हुए जनता के दृष्टिकोण में बदलाव लाने का प्रयास वह करता है। लक्ष्मीकांत वर्मा की पंक्तियाँ गवाह हैं–

स्टार वार के युग में/महत्तम है वह जो अन्तरिक्ष बेध सके
और झोंपड़ियों में सोये नन्हे विहंगों को/मानव–चूजों की नाई दबा सके
आग लगा सके नदियों में/सागर में ऐसी तेजाब की गंगा बहा सके
कि सारी मछलियाँ मच्छर की तरह मर जायें
सभी इस ज्ञान विभीषिका में/कविता को दफनाने के इन्तज़ार में है
सभी इस दाँव में है/कि अजन्ता एलोरा की गुफाओं को
परमाणु भट्टियाँ बदल दें/रामायण, पुराण पर बारूद सुखाएँ
संगीत के हर स्वर, ताल, सम से/आग्नेय अस्त्रों के ताल सम को जोड़ दें।[6]

साहित्य और कला आदि मनुष्य की सृजनात्मकता का प्रतीक हैं, जबकि पूँजीवाद का स्वरूप संहारात्मक है। इसलिए बारूद और परमाणु भट्टियाँ उसके लिए प्रिय हैं। हर कहीं धन, बाज़ार, व्यापार का आधिपत्य है जो खरीद की संस्कृति को प्रोत्साहित करता है। वह देशों को, संविधान को, पर्वत को, नदी को, हवा को, जंगल को, हिमालय को यहाँ तक की मस्तिष्क को खरीद सकता है। अपनी स्वार्थता की सिद्धि के लिए वह विज्ञान–प्रौद्योगिकी का सहारा लेकर प्रकृति का सीमातीत शोषण कर रहा है। नोमान शौक़ की कविता 'असुरक्षित होती दुनिया' की तीखी टिप्पणी है–

अरबों डालर की लागत से बनी प्रयोगशालाओं में
सृष्टि को पूरी तरह नष्ट करने के/उपाय ढूँढ़ते वैज्ञानिक
बढ़ते रक्षा बजट के साथ असुरक्षित होती दुनिया में
छतों पर बैठे तेंदुए/देख रहे हैं चुपचाप/जंगलों को उजड़े
हुए।[7]

आज का यथार्थ यह है कि समस्त प्राकृतिक संसाधन बहुराष्ट्रीय कम्पनियों की निजी सम्पत्ति बनती जा रही है। इसका फल समाज के निम्नस्तर के लोगों को भुगतना पड़ रहा है। यहाँ तक कि जिस प्राकृतिक सम्पत्ति का उपयोग परम्परा से लोग एक साथ करते थे, उनको निजीकृत करके जीवन की सहकारिता एवं सहभागिता की स्थली को सीमित कर दिया जाता है। जो नदी कल तक माँ की तरह पालती थी, जिसकी गोद में बच्चे खेलते–कूदते थे, वह दूसरे ही दिन निजीकृत हो जाती है। इससे आम जनता के सार्वजनिक उपयोग की सम्भावना ख़त्म हो जाती है। पूँजीवाद साम–दान–दण्ड–भेद का रास्ता अपनाकर प्रकृति के वैभव को हड़प लेता है। इस तथ्य की काव्यात्मक अभिव्यक्ति देखिए–

कल तक जो अपनी नदी थी माँ–सी
पालती थी पोसती थी हमें/साथ खेलती थी
बना भेद–भाव के सभी को गोद लेती थी
हास–उल्लास भरे बच्चे जहाँ खोदते थे रेतीले तट पर गड्ढा
पानी निकालने को/हुत–हुत कबड्डी खेलते थे हुलसित किशोर
हाँफते थे, दौड़ते थे शर्त लगा बार–बार
आज वहाँ धमकता बोर्ड लग जायेगा
प्राइवेट प्रॉपर्टी, कीप ऑफ....[8]

निजीकरण पूँजीवाद के एकाधिकार की भावना और बाज़ारी चालाकी का प्रत्यक्षीकरण है जो प्रकृति को एक उपकरण या वस्तु मात्र समझता है। वह पानी को पण्य वस्तु बनाता है,

ज़मीन पर क़ब्ज़ा करके उसे रियल एस्टेट व्यापार के माल के रूप में तब्दील करता है। विश्व बाज़ार में हिस्सा लेने हेतु रूपायित विशेष आर्थिक क्षेत्र के नाम पर पूँजीपति, किसान जैसे साधारण लोगों की ज़मीन को हथियाता है। इस कार्य में सरकार पूँजीपतियों का सेवक बनती है। पूँजीपतियों के साथ गड़जोड़ स्थापित कर सरकार प्राकृतिक वस्तुओं को सस्ते में बेचती है, उनके क़र्ज़ मुफ़्त कर देती है, आर्थिक नीतियों को लचीला बना दिया जाता है। आज के दिनों में न जाने सरकार क्या-क्या करती है। आम जनता की आजीविका संकट में पड़ जाती है तो लोकतन्त्रात्मक सरकार छटपटाती है। रमेश प्रजापति लिखते हैं–

रियल इस्टेट बाज़ार की 'सेज' पर
बिखरे गये मेहनतकश के सपनों के फूल
छटपटा रहा है जनतन्त्र / काँप रहा है जंगल[6]

जनतन्त्र से यह अपेक्षा की जाती है कि इससे जनता का कल्याण हो जाये, सामाजिक-राजनीतिक जीवन में सबकी सहभागिता हो और सबके लिए न्याय सच्चे अर्थों में प्राप्त हो। जनता द्वारा चुनी गयी सरकार का न्यूनतम दायित्व है कि वह कम से कम जनता की बुनियादी ज़रूरतों की पूर्ति करा सकें। आज के माहौल में जनतन्त्र शब्द ही उपहास का विषय बन चुका है क्योंकि यहाँ जनता का शासन नहीं, बुर्जुआ शासन चला रहा है और पूँजी की हितसाधना मात्र ऐसी सरकार करती है। बुर्जुआ सरकार का ध्यान सकल राष्ट्रीय उत्पाद में वृद्धि लाने में है, अन्तर्राष्ट्रीय बाज़ार का हिस्सा हो जाने में है, ऐसी विकास योजनाओं को साकार करने में है, जो समाज के उच्च वर्ग की ज़िन्दगी को और सुविधापूर्ण बनाती हैं। असहाय, ग़रीब जनता जब अपने भूख-प्यास मिटाने का कोई इन्तज़ाम अपने आप करती है तो उसकी मेहनत पर अपनी छाप लगाने में सत्ता को शर्म नहीं होती है। लीलाधर मण्डलोई की 'पानीदार लोग' नामक कविता इस सन्दर्भ में स्मरणीय है–

गाँव से बहुत दूर भटकते–भटकते जंगल में
मीठे पानी का एक बारामासी कुण्ड मिला
दादा ने उसे ढूँढ़ा और गाँव को यह शुभ समाचार दिया
गाँव वालों ने अपने कच्चे रास्ते जोड़ते हुए एक पगडण्डी बनायी
दादी ने उसे स्त्रियों को बताया जिन्हें मालूम थी पानी की महिमा
इस तरह पानीदार लोगों ने सूखे के विकट दिनों में
पानी का इन्तज़ाम आप किया
सरकार ने एक विज्ञापन देकर गाँव के लोगों की मेहनत को
अपनी योजना बताया/और बड़े बाँध बनाने की योजना में डूब गयी।[10]

कविता में दिखाया गया है कि पानी का स्रोत किस प्रकार बाँध या बड़ी परियोजना का रूप धारण करता है। जब बाँध बाँधा जाता है तो उसके फलस्वरूप हज़ारों लोगों को अपनी मिट्टी से विस्थापित होना पड़ता है। यह विस्थापन वास्तव में अपनी ज़िन्दगी से विस्थापन का कारण बनता है। इसके अलावा बाँध प्रकृति के समीकरण को तोड़ता है और उस इलाक़े विशेष की जितनी जैविक विविधता हो सकती है, उसको समाप्त कर देता है। सरकार की योजनाओं का क्रियान्वयन बड़ी–बड़ी अन्तर्राष्ट्रीय कम्पनियाँ करती हैं और अपनी साझेदारी के माध्यम से लूट की दुनिया विस्तृत करती हैं। बाँध लम्बे अन्तराल में पृथ्वी की संरचना में परिवर्तन लाता है जो विभिन्न दुर्घटनाओं का कारण बनता है।

कविता में प्रतिपादित समस्या को पानी के अधिकार से गाँव की जनता को दूर हटाने के षड्यन्त्र के रूप में देखा जा सकता है। पानी से गाँव वालों को दूर करने का यह मतलब निकलता है कि जीने के स्वाभाविक या जन्मसिद्ध अधिकार से उसे वंचित करना। कविता से अभिव्यक्त हो रहा है कि गाँव की जनता पानी को साझा सम्पत्ति स्वीकार करती है, इसीलिए वह पानी मिलने

का 'शुभ समाचार' सभी को बाँट देती है, जबकि सरकार द्वारा उस पर बाँध बाँधने की योजना बनाने से बाँध के पानी पर जनता का हक़ नष्ट हो जाता है और उस पानी के हक़दार रहेंगे शहर के निवासी, औद्योगिक क्षेत्र, पंचतारा होटल के निवासी आदि। यह शोषण कभी इतना क्रूर और अमानवीय होता है कि कवि के शब्दों में उसे 'आखेट' कहना उचित प्रतीत होता है। आखेट में निर्ममता का भाव है तथा मरण का वरण है। लोगों को अपनी पुश्तैनी ज़मीन से धकेलकर, उनकी परम्परागत आजीविका को तहस–नहस कर, निजी क्षेत्र का विस्तार करने वालों के लिए मनुष्य और जानवर दोनों बराबर है, वे यहाँ तक कि सपनों का शिकार करते हैं। राजेश जोशी की पंक्तियाँ देखिए–

वो आखेट पर निकले हैं/चाहते हैं हम अपने घरबार छोड़कर चले जायें

अपने पेड़, पहाड़, नदियाँ और जंगल/छोड़कर चले जाएँ।
वो मछुआरे से उनका समुद्र छीन रहे हैं
तटों पर तड़पती मछलियों की आँखों में
एक सपना पथरा रहा है/नावें किसी अनजान तट से टकरा कर
टूट गयी हैं/वो जंगलों की तरफ़ आ रहे हैं
वो किसी जंगली जानवर का नहीं/हमारे सपनों का शिकार करना चाहते हैं।[12]

आर्थिक उदारीकरण मुक्त व्यापार की आड़ में साम्राज्यवादी देशों को तीसरी दुनिया के देशों के प्राकृतिक संसाधनों पर अधिकार स्थापित करने का अवसर देता है। रोजग़ार, विकास, औद्योगिकीकरण, समृद्धि आदि के नाम पर जो कार्य किया जा रहा है, उससे हमारी प्रकृति व समाज का सन्तुलन नष्ट होता जा रहा है। अपनी लक्ष्य की पूर्ति हेतु पूँजीवादी ताक़तें यहाँ तक कि संविधान को परिवर्तित करता है, सत्ता को उलटफेर करता है, क़र्ज़ का जाल बिछाता है। यदि कोई इनकी राजनीति पर

सवाल करता है तो सरकारी मशीनरियों के माध्यम से कुचला दिया जाता है, नहीं तो उसको अपने वश में कर दिया जाता है। शासन की जितनी सारी मशीनरियाँ हो सकती हैं, उनको चुप कराने में पूँजीपति सफल हैं। आज की कविता वित्तीय साम्राज्यवाद की विभीषिका से परिचित है। पर्यावरण दोहन के वर्तमान में हमारे ईर्द–गिर्द में किस प्रकार का परिवर्तन होता है, उसको कविता अनदेखा नहीं कर सकती है। जब वेदना का विस्तार समाज में होता है तो कविता कैसे चुप रह सकती है। भारत जैसे देशों में होने वाली साम्राज्यवादी घुसपैंठ के माध्यम से प्रकृति का सपाट ध्वंस खुले–आम हो रहा है। इससे जीवन के रंग मिटते जा रहे हैं। तालाब सूख जाता है, नदियाँ ज़हरीला नाला बन जाती हैं। पानी बोतल में बन्द हो जाता है। आगामी सालों में हवा की बिक्री ज़रूर शुरू होगी। जो पानी को पैसे के बल पर खरीद सकता है, उसे उसकी प्राप्ति होगी, जीवन उसी का होगा। पूँजीवादी व्यवस्था के विस्तार से ग़रीबों की स्थिति क्या होगी, इस दृष्टान्त से अन्दाज़ा लगाया जा सकता है। एक अहम सवाल इसके साथ जुड़ता है कि यदि प्रकृति के सारे संसाधन नष्ट हो जायेंगे तब की स्थिति की कल्पना तक नहीं की जा सकती है। सदानन्द शाही की कविता ग़ायब होते प्राकृतिक वैभव का नज़ारा प्रस्तुत करता है–

कुएँ सूखते चले गये/तालाब हुए ग़ायब
नदियाँ तेजी से बदलती गयी हैं/ज़हरीले नालों में
आख़िर पहाड़ों से झर–झर झरता पानी/कहाँ चला गया
क्या सात समन्दर पार से आई बोतलों भर गया
या फिर/हमारे देश का पानी मर गया है।[12]

काव्य सम्वेदना की सूक्ष्मता यह है कि वह यह पहचानती है कि मानव की बुनियादी जैविक ज़रूरत अर्थात् पानी बाज़ार की वस्तु बनता जा रहा है। कविता यह भी जानती है कि वह सात

समुन्दर पार दूर देश में चला जाता है। हमारे यहाँ के पानी का इस्तेमाल यहाँ के लोग नहीं कर पा रहे हैं। कवि अपना अफ़सोस यों प्रकट करता है कि हमारे देश के पानी का मरण हुआ है। यहाँ 'मृत्यु' शब्द आने वाले समय की विभीषिका को मात्र साकार नहीं करता है, वरन् पूँजीवादी विकास तन्त्र के भीतर सम्पन्न होने वाले पर्यावरण विनाश के स्वरूप को भी प्रत्यक्ष करता है। पहाड़ों से झर–झर झरता पानी प्रकृति की वैभव सम्पन्नता को दर्शाता है, साथ ही कविता में प्रयक्त, 'कहाँ चला गया' पंक्ति उस पानी के नष्ट होने का भाव पाठकों के मन में उतारती है। विकास के नाम पर की जाने वाली करतूतों से किस प्रकार मानव सहित समस्त प्राणी का जीवन संकट में फँसने वाला है, कविता दर्शाती है। जल स्रोतों का सूख जाना, उसका ग़ायब हो जाना, प्रदूषित होना, औद्योगिक दुर्घटनाएँ सब कुविकास के परिणाम हैं।

'भीमसेन जोशी प्रसंग' (उदयप्रकाश), 'भोपाल' (प्रभात त्रिपाठी) शीर्षक कविताएँ औद्योगिक दुर्घटना पर अवलम्बित भावात्मक पंक्तियों के उदात्त नमूने हैं। भोपाल दुर्घटना को उदाहृत करते हुए कवि उदय प्रकाश का कथन है कि दुर्घटना से पीड़ित लोगों की ज़िन्दगी को संवारने का यत्न सत्ता या पूँजीपति की तरफ़ से नहीं हुआ है। जीने के स्वाभाविक अधिकार से वंचित आम जनता सत्ता या धन की ताक़त के दानवाधिकारों के नीचे दबकर दम घुटती है। विषैली गैस के घुसने से उसका सर्वस्व बिगड़ गया है, शरीर जर–जर्जर हो गया है। आज भी तेंदुआ दबाता हुआ भोपाल का बच्चा पूछ रहा है उस रात का हिसाब, अपने जीवन का, सपनों का हिसाब।[14] भोग–लोभ के इस समय में हम इतने निर्दय हो गये हैं कि शंभुनाथ को कहना पड़ रहा है– 'पूँजीवाद ने मानव को क्रूर, धूर्त बना दिया है।'[15] प्रदूषणकारी उद्योगों के स्थानान्तरण में हमारे देश के पूँजीपति विदेशी पूँजीपतियों के कंधे से कंधा मिलाता है। नयी औद्योगिक नीति का हवाला करते हुए सरकार इन पर रोक लगाने से

इनकार करती है। तब तो हमारे देश में औद्योगिक दुर्घटनाओं की संख्या बढ़ती जायेगी, भोपाल की आवृत्ति होती रहेगी। आज का प्रतिरोध असल में पूँजीवादी अमानवीय, असामाजिक व्यवस्था के ख़िलाफ़ है और वह व्यवस्था मानव के जीने के अधिकार को ख़तरे में डालता है। इसके प्रति आँखें मूँदकर क्या जीवन के सौंदर्य का सृजन किया जा सकता है। आजकल हमारे इर्द–गिर्द में परिव्याप्त भुखमरी, बेकारी, युद्ध आदि पूँजीवाद की ही सन्तानें हैं, जो मानुष को अन्दर–बाहर से शून्य बनाता है, सारहीन बनाता है। इसलिए चारों तरफ़ फैली हुई असुन्दरता को सौंदर्यात्मक रूप में परिवर्तित करना कविता की ज़िम्मेदारी है। आज के माहौल में यह अनिवार्य हो गया है कि पर्यावरण को आघात पहुँचाने वाले तत्त्वों से मानव दूर रहे और पूँजी की लीला पर विराम का चिह्न लगायें। जब तक पूँजी का प्रसार होता रहेगा, तब तक 'मृत्यु' की नाच होगी। कवि उदय प्रकाश का यह सवाल काफ़ी संगत है–

कुल मिलाकर कितने यूनियन कार्बाइड है / पंजाब में
बताओ प्रार्थना करते लोगों के फेफड़ों में
कितने मिथाइल आइसो सायनेट हैं?
बताओ / पंजाब में / कितने भोपाल हैं?
ये सारे प्रश्न / अब अनिवार्य है।[16]

यहाँ कवि भोपाल में घटित एक औद्योगिक दुर्घटना की ओर प्रकाश नहीं डालता हैं। कवि का तजुर्बा यही रहा है कि हमारा पूरा देश भोपाल बनता जा रहा है। कहने का तात्पर्य यह है कि पूँजीवाद का विस्तार हो रहा है। विकास के प्रकोप से जीना इस पृथ्वी थल में असम्भव होता जा रहा है। इस प्रकोप से प्रजातियों की विविधता कम होती जा रही है। दवाओं के निर्माण–परीक्षण के लिए हमारे देश के पेड़–पौधों और जानवरों की काफ़ी माँग बढती जा रही है। कभी तो जीव–जन्तुओं की दुर्लभ प्रजातियों

को विदेश पहुंचाने की रहस्यपूर्ण योजनाएं बनायी जाती हैं। पंकज चतुर्वेदी के शब्दों में–

...कहीं ख़ूबसूरत चमड़ी या पंख के लिए तो कहीं जैव विविधता की अनबूझ पहेली के गर्भ तक जाने को व्याकुल वैज्ञानिकों के प्रयोगों के लिए भारत के जैव संसार पर तस्करों की निगाहें गहरे तक लगी हुई हैं। भारत ही साक्षी है कि पिछले कुछ वर्षों के दौरान चावल और गेहूं की कई क़िस्मों, जंगल के कई जानवरों व पक्षियों को हम दुर्लभ बना चुके हैं और उसका खामियाजा भी समाज भुगत रहा है।[16]

उदारीकरण के तहत आये आई.पी.आर, पेटेंट क़ानून आदि उपरोक्त तस्करी के विभिन्न मार्ग हैं। विकासशील और अविकसित देशों के लोगों से विभिन्न प्रकार की जड़ी–बूटियों, पेड़–पौधों के परम्परागत इस्तेमाल का पता लगाकर कम्पनियाँ उससे कोई सौन्दर्यवर्धक दवा या अन्य किसी उत्पाद पैदा करके उसका पेटेंट प्राप्त करती हैं। साथ ही किसी वस्तु के उत्पादन की प्रक्रिया के लिए भी पेटेंट प्राप्त किया जा सकता है। फिर उस जड़ी–बूटी या पेड़–पौधों की इतनी लूट शुरू होती है कि स्थानीय जनता के लिए वह अनुपलब्ध हो जाता है। कवि दिनेश कुमार शुक्ल इससे वाकिफ़ हैं–

घूमेंगे अशौच दशा में/नीम की दातून किये बिना लोग
लड़कियाँ कुंवारी रह जायेंगी/नहीं चढ़ेगी हल्दी क्योंकि अब
नीम और हल्दी का पेटेंट भी/आप ही के नाम है
आप ही की सुबह है/आप ही की शाम है।[18]

पेड़–पौधे जो पहले से हमारे प्रांगण में मौजूद हैं, जिन्हें प्रकृति के वरदान के रूप में मुफ़्त ही प्राप्त किया जा सकता था, अब वह बाज़ार की महँगी चीज़ बन गयी हैं। कुमार अम्बुज के शब्दों में–"चार रुपये का आंवला बिक रहा है सौ रुपये में/(और) चरक घूम रहे हैं बौखलाए हुए पठारों पर/पूछते हुए नीम का पता।"[19]

पेटेंट पर आधारित बिक्री हमारा ज्ञान, हमीं को बेचने की स्थिति पैदा करती है। पेटेंट एक लाइसेंस है, जो ज्ञान और सेवाओं को बिकाऊ बनाने वाली अनैतिकता को स्वीकृति देता है, जबकि स्थानीय लोग, आदिवासी आदि के पास परम्परा से अर्जित जानकारी का ऐसा कोई लाइसेंस नहीं रहता जिससे वे अपने पारम्परिक ज्ञान को अपना साबित करें। इसलिए हर बार अर्थ के बल पर 'नया ज्ञान' प्रस्तुत करने वालों के सामने उन्हें हाथ पसारना होगा। अपनी खरीद शक्ति कम होने की वज़ह से दवाइयों की प्राप्ति से वंचित रहना पड़ेगा। ज्ञान–विज्ञान की ही नहीं, पूरी दुनिया की धुरी अब उन्हीं के हाथ में है जो आर्थिक दृष्टि से सम्पन्न है। बीजों के अंकुरण से लेकर जीवों के गर्भधान तक को नियन्त्रित करके प्रकृति पर वे अपना हुक्म चलाते हैं। दिनेश कुमार शुक्ल लिखते हैं–

धन–धरती ही नहीं/तुम्हारा मर्म तुम्हारे सपने भी वे छीनेंगे
इस बार
वे तुम सबके रक्त पसीने और आँसुओं/का बदलेंगे रंग
तुम्हारी दृष्टि तुम्हारा स्वाद/तुम्हारी खाल
तुम्हारी चाल–ढाल का भी बदलेंगे ढंग
बीजों के अंकुरण/और जीवों के गर्भाधान नियंत्रित होंगे
उनके क़ानूनों से।[20]

उदारीकरण के लागू होने पर ऐसी स्थिति जारी है कि बहुराष्ट्रीय कम्पनियाँ उनके उत्पाद हमारे ऊपर थोपती हैं। इस वजह से हमें जीवन पर्यंत क़र्ज़ का बोझ उठाना पड़ता है, गुलाम की ज़िन्दगी बितानी पड़ रही है। कविता की भाषा में साँस लेना तक हमारे लिए मुश्किल होता जा रहा है। कवि का कहना है कि जो अर्थ तन्त्र हमारे चारों तरफ़ पसर रहा है, उससे जीवन में अँधेरा बढ़ता जा रहा है। कवि विनय दुबे की पंक्तियाँ देखिए–

लाओ एक किलो चावल दो किलो आटा एक पैकेट
टाटा नमक और एक माचिस मुझे उधार दो
और मेरे खाते में लिख लो/मैं वर्ल्ड बैंक की शर्तों के मुताबिक
सांस लेने को तैयार हूँ।[21]

उधार के रूप में वर्ल्ड बैंक जैसे अन्तर्राष्ट्रीय संगठनों से जो मदद मिलती हैं, उसके लिए देश की आज़ादी तक गिरवी रखनी पड़ती है। उदारीकरण अविकसित और विकासशील देशों के सामने प्रगति के सपने रूपी दाने फेंक देता है और दूसरी ओर शर्तों के जाल बिछाकर उन्हें फँसाता रहता है और पराधीनता के पिंजरे में बन्द करता है। उदारता में छिपी इस जघन्यता के प्रति जागरूक होने की चेतावनी कवि देता है। एकान्त श्रीवास्तव का कवि मन कहता है–

सिर्फ़ एक हस्ताक्षर किया जाता है/और नीली पड़ जाती है धरती की देह
बुझ जाता है चाँद/सूख जाती हैं नदियाँ/अदृश्य हो जाते हैं हरे–भरे खेत/...
और छिन जाती हैं हमारी आँखें/कट जाते हैं हमारे हाथ
सिर्फ़ एक हस्ताक्षर किया जाता है/और खो देते हैं हम अपना देश।[22]

कविता का 'हस्ताक्षर' हमारी सम्पत्ति की बिक्री के लिए किये जाने वाले समझौते, करार आदि का प्रतीकत्व ग्रहण करता है। एक हस्ताक्षर का भयानक परिणाम तब प्रकट होता है, जब पूरी पृथ्वी का शरीर उदारीकरण के विषदंश से नीला पड़ जाता है। यह ज़हर औद्योगिक अपशिष्टों का है, रासायनिक खाद और कीटनाशक का है, जो धरती को बंजर और गन्दा बनाता है। हमारी जैवसंपदा इस हस्ताक्षर से छिन ली जाती है जिससे प्रकृति की सुन्दरता और शीतलता ग़ायब हो जाती है।

समृद्धि के प्रतीक स्वरूप खड़े खेत अदृश्य हो जाते हैं। खेत का ग़ायब होना दरअसल किसानों की दुर्दशा को दिखाता है। 1994 में विश्व व्यापार समझौते का कृषि क्षेत्र में लागू करने के बाद देशी किसानों की आर्थिक स्थिति काफ़ी बदत्तर हो चली। एक ओर उनकी ओर से दी जाने वाली सब्सिडी में भारी कमी आई, दूसरी ओर खेती काफ़ी खर्चीली हो गयी। बीज से लेकर खाद और कीटनाशक तक बहुराष्ट्रीय कम्पनियों से खरीदने के लिए किसान को विवश कर दिया गया। इन बीजों, खाद आदि के उपयोग से उसकी ज़मीन की उर्वर शक्ति धीरे–धीरे कम हो रही है।

'यह पृथ्वी क्या केवल तुम्हारी है' शीर्षक ज्ञानेन्द्रपति की कविता सामाजिक पागलपन का काव्यात्मक प्रतिविधान है। शीर्षक अपने आपमें एक संवाद का मंच खोलता है। कविता का 'केंचुआ' यह अहम सवाल पूछता है कि पृथ्वी पर किसी भी प्रकार की योजना बनाते समय उसकी उर्वरता को बनाये रखने में तल्लीन केंचुओं के पास जाकर पूछना चाहिए कि योजना के क्रियान्वयन से क्या–क्या होने वाला है। इस प्रकृति की सम्पत्ति पर हर जीव–जन्तु का अपना स्वाभाविक जन्मसिद्ध अधिकार है। सामान्यतः सहकारिता एवं सहभागिता की संस्कृति के बल पर ही प्राकृतिक सम्पत्ति का उपयोग किया जाना चाहिए। 'यह पृथ्वी क्या केवल तुम्हारी है' का आशय यह है कि यह पृथ्वी सबकी है। हवा और प्रकाश की भाँति पृथ्वी की हर उपलब्धि में सबकी बराबरी है। लेकिन उँगली भर के लोगों की महत्त्वाकांक्षा की वजह से यह जन्नत जहन्नुम में परिवर्तित होती जा रही है।[22] पृथ्वी पर स्वामित्व जमाने के लिए परमाणु बम के प्रयोग से पृथ्वी के हृदय को थर–थर करने वाले तथाकथित आधुनिक लोगों पर कवि वार करता है। वह खुलकर बताता है कि तुम जैसे लोगों का दिल पाषाण का है। कवि की घोषणा है कि मैं तुम्हारी परम्परा का कवि नहीं हूँ। मैं उस परम्परा का वंशज हूँ,

जो प्रतिदिन सुबह पृथ्वी पर पैर रखने से पहले उससे क्षमा प्रार्थना करते हैं। कवि का ऐलान है कि मैं महसूस करता हूँ कि इस संसार के सारे प्राणी इस पृथ्वी को उर्वर बनाने में तल्लीन हैं, पर तुम युद्ध, परमाणु बम, धन की पिपासा से उत्प्रेरित होकर हिंसा का ताण्डव पृथ्वी पर कर रहे हो।[23] कवि ज्ञानेन्द्रपति की उद्घोषणा है–

इस पृथ्वी पर मेरा अधिकार/तुमसे कम तो नहीं
पृथ्वी के अँधेरे में जागा हुआ जीवन
पृथ्वी के बारे में क्या तुमसे कुछ कम जानता है
कि उसकी राय न ली जाये/पृथ्वी का भविष्य नष्ट करते वक्त![24]

लाभ की संस्कृति ख़तरनाक है। इस भीषणपूर्ण समय में करुणा का नामोनिशान तक नहीं है। इस सांस्कृतिक विडम्बना पर एक बड़े सवाल के चिह्न के रूप में एकान्त श्रीवास्तव की कविता 'ठण्डे पानी की मशीन' हमारे मन में उतरती है। प्रस्तुत कविता बाज़ार की चालाकियों में पिस रहे प्राकृतिक संसाधन व मानवीय जिजीविषा की गहरी अभिव्यंजना करने वाली है। पर्यावरण विनाश की केन्द्रीय समस्या के परिप्रेक्ष्य में यह कविता मूल्यों की पदच्युति, महानगरीय जीवन की विसंगतियाँ, आम जनता की यातनाएँ जैसे समकालीन जीवन के अनेक समस्यात्मक मुद्दों पर प्रकाश फेरती है। एक ओर भूमण्डलीकरण, उदारीकरण, निजीकरण आदि के नाम से वैयक्तिक पूँजी का ही प्रसार हो रहा है तो दूसरी ओर प्रकृति एवं आम जनता इसकी शिकार बनती जा रही हैं। बढ़ती पूँजी पर आधारित इस नयी आर्थिक पद्धति की रीढ़ की हड्डी बाज़ार है। जीवन का हर क्षेत्र अब उसकी मुट्ठी में क़ैद है। कविता की शुरुआती पंक्तियाँ गवाह हैं–

दिल्ली के एक चौराहे पर/मैं उसे देखकर डर गया
कि जो आकाश से बरसता है बेमोल

जो नदियों में बहता है खुलेआम
तो अब यह पानी भी बिकाऊ हो गया/बाज़ार में[25]

बाज़ार में हर उपयोगी तत्त्व को सौदे के रूप में बदल कर लाभ का विकट खेल खेला जा रहा है। प्रकृति से प्राप्त पानी को 'मशीन' के सहारे परिवर्तित करके बिकाऊ बनाया जाता है। पूँजीवादी औद्योगिक सभ्यता के तहत विकसित इसी मशीनीकरण और मण्डीकरण से वर्तमान जीवन व पर्यावरण संकट की स्थिति आ पहुँच गयी हैं। 'ठण्डे पानी की मशीन' पूँजीवादी सभ्यता के परिव्यापन का प्रमाण है जो कवि के दिल में डर पैदा करता है। उनकी आँखों के सामने पानी की बिक्री के रूप में जीवन की बुनियादी ज़रूरतों की सौदेबाजी शुरू हो गयी है। अर्थात् मनुष्य और प्रकृति के रिश्तों का मण्डीकरण बाज़ार तैयार करने लगा है। कवि की राय में प्रकृति के वरदान बेमोल हैं–पानी का मूल्य ख़ुद हमारे प्राणों का मूल्य है। बाज़ारी व्यवस्था दाम की दृष्टि से इसका नाप–तौल करने लगी है। सवाल उठता है कि 'पचास पैसे पर एक गिलास पानी' वाली दर किस आधार पर तय की जाती है। आमतौर पर चीज़ों का दाम उसके उत्पादन में लगे श्रम के आधार पर निर्धारित की जाती है। जल, वायु आदि तो अन्य पैदावार की तरह किसी कल–कारख़ाने में उत्पादित होने वाले न होकर प्रकृति की जीवनी शक्ति के प्रतीक हैं। यहाँ बाज़ार की युक्तिहीनता पर प्रश्न–चिह्न छेड़ा गया है। दूसरी ओर ये पंक्तियाँ जीवन और मृत्यु के बीच के विकल्प को सामने रखती हैं। पैसे हो तो पानी पिया जा सकता है, ज़िंदा रह सकता है, नहीं तो...? बाज़ार के नज़रिये से वही यहाँ जीने योग्य है जिसकी ज़ेबें हमेशा भरी रहती हैं, जो खरीदने का सामर्थ्य रखता है। आदमीयत हमेशा बाज़ार की दहलीज़ के बाहर है। एकान्त श्रीवास्तव की ही पंक्तियाँ हैं–

यहाँ थोड़े से लोग विक्रेता हैं बाक़ी सब क्रेता
बाक़ी सब में बहुत से लोग क्रेता भी नहीं हैं
जो क्रेता नहीं हैं यानी जिनकी ज़ेबें खाली हैं
उनकी कोई जगह नहीं हैं बाज़ार में
वे बाज़ार के वृत्त से बाहर हैं
चढ़ गयी हैं कीमतें चीज़ों की आकाश में
गिर गया है आदमी का बाज़ार–भाव।[26]

जिस व्यवस्था में इन्सान एक वस्तु है और उसका भाव सबसे नीचा है, वहीं पर 'अपनी खाली जेब को टटोलकर तथा सूखे पपड़ाए होंठों पर जीभ फेरकर'[27] चलने के लिए आदमी विवश है। पानी के लिए तड़पते बच्चों को घसीटकर ले जाने में उसकी मज़बूरी स्पष्ट है। उसका यह कथन कि 'चलो, घर चलकर पीना' (वही) तसल्ली से परे शहरी जीवन में पनप रही बर्बरता की ओर इशारा करता है। घर, अपनेपन की भावना से परिचालित है, सम्बन्धों की गरमाई का परिचायक है, जिसका तो मण्डीकृत शहरी समाज में नितान्त अभाव है। साथ ही कविता का उक्त अंश वर्तमान भारत के बहुसंख्यकों की रोज़मर्रा ज़िन्दगी का यथार्थ पेश करता है।, उन्हें स्वच्छ वातावरण की प्राप्ति तो नहीं होती और जो उपलब्ध है उसके लिए भी दाम चुकाना पड़ता है। जहाँ व्यक्ति के जीने का अधिकार तक छिन लिया जाता है, वहीं उसे अपने जीवन को बनाये रखने का एकमात्र रास्ता संघर्ष का है।

वर्तमान समय भूमण्डलीकृत बाज़ार का है। यह एक ऐसा मायालोक हमारे सामने खोल देता है, जो काफ़ी विस्तृत है। मानव पर वस्तु का आधिपत्य समाज में 'वस्तु' की सामाजिक स्वीकृति का आधार बनता है। इसलिए ऐसे उपभोग की संस्कृति फैलाई जाती है जो मानव की सामाजिकता को, उसकी आन्तरिक गुणवत्ता को स्वीकार नहीं करती है। इसलिए आज के माहौल में

बाज़ार जादूगर की भूमिका निभाती है। यहाँ से जो ख़ुशी प्राप्त होगी, वह शरीर तक सीमित है, वस्तुओं के उपभोग तक सीमित है। इससे ख़ुद उपभोक्ता का तन–मन भ्रष्ट होता है। बाज़ार का मानवीकरण करते हुए रमेश प्रजापति का कथन है–

फैलाये बुलाता है हमें/जादूगर की तरह बाज़ार
चमचमाती चीज़ों में/तलाशने दौड़ते हैं वे खुशियाँ
छोड़ आये हैं जिन्हें हम/बहुत पीछे।[28]

वर्तमान में हर कोई अपने भीतर असन्तोष और अधूरेपन का अनुभव करता है। उनके अनुभव खण्डित है, इसलिए उसे पूर्णता या समग्रता का अहसास नहीं होता है। फ्रेडेरिक जेमसन के अनुसार पदार्थीकरण ने लोगों में एलियनेशन की स्थिति पैदा की है जिससे मुक्त होने के लिए वे छटपटाते हैं। पहले तो वे प्रकृति और अवचेतन में पूर्णता की तलाशी करते थे, लेकिन वहाँ पर भी वैश्विक पूँजी का प्रसार है। अब वैश्विक पूँजी की सत्ता आदमी को काफ़ी रहस्यमय, जटिल, अपरिभाषित और विराट लगती है, जिससे कि उसके प्रति भय मिश्रित आदर उत्पन्न होता है। बाज़ार और तकनीकी में वह इस विराटता का हिस्सा पाता है और उसमें उपभोक्ता बनकर आत्मसमर्पण करता है। उपभोग से प्राप्त आनन्द द्वारा वह अपने वैश्विक जीवन के उबाऊपन से बचना चाहता है। उपभोग और विलासिता की जितनी सारी सामग्री इकट्ठी की जाती है, व्यक्ति उतनी अधिक सफलता और ख़ुशी का अनुभव करता है। साथ ही उपभोक्तावाद प्रदर्शन अथवा दिखावे की सभ्यता को बढ़ावा देता है। बाज़ार में अवतरित नयी–नयी वस्तुओं का घर में ढेर लगाना सामाजिक हैसियत का मापक बन जाता है। 'विकास के नाम पर' कविता में आनन्द निर्मल लिखते हैं–

ठीक ठाक चल रहे छोटे परिवार में
बेटा ले आया पुरानी गाड़ी...

तर्क ये कि सबके पास है तो/हमारे पास भी होना चाहिए...
पर क्यों का कोई उत्तर नहीं है बेटे के पास
लगभग यही हाल है सब घरों का।[29]

कविता की प्रारम्भिक पंक्ति से ही परिवार में गाड़ी की ग़ैर ज़रूरत की सूचना मिलती है, क्योंकि गाड़ी के बगैर परिवार 'ठीक ठाक' चलता है, साथ ही 'छोटा' शब्द से व्यंजित है कि उसकी माँगें सीमित है, माने अपनी आर्थिक क्षमता के अनुरूप है। वहाँ पर पुरानी ही सही यन्त्र संचालित गाड़ी का आगमन गौरवतलब की बात हो सकती है। गाड़ी का आना उपभोक्तावादी सभ्यता का हिस्सा हो जाना है, जिससे परिवार की आर्थिक व्यवस्था भंग हो जाती है। साथ ही यह कार्य मशीनीकरण की स्वीकृति है। मशीनों पर जब से मनुष्य अधिक निर्भर रहने लगा है, अपने परिवार के सदस्यों से, प्रकृति से उसकी दूरी बढ़ने लगी है। आम आदमी की ज़िन्दगी को काबू में रखने का पूँजीवादी तरीका मनोवैज्ञानिक ज़्यादा है। वह अभाव और प्रतिस्पर्धा की भावना जगाकर उपभोग की माँग पैदा करता है और व्यक्ति की प्रश्नाकुलता को समाप्त करता है। इसमें बाज़ार द्वारा विज्ञापन का ख़ूब सहारा लिया जाता है। विज्ञापन का सच्चाई के साथ सरोकार कम रहता है, किन्तु वह अतिशयोक्तिपूर्ण दृश्यों व शब्दों के मायाजाल से व्यक्ति के दिल में पैठ जाता है। वह पहले पहल लोगों में कई प्रकार की हीनता ग्रन्थी पैदा करेगा और उससे मुक्त होने के उपाय के रूप में उत्पादों की कतार सामने रखेगा। ऐसे ही हर उत्पाद को लेकर वह हमारे भीतर अनिवार्यता की भावना जगाता है। विनय सौरभ की पंक्तियाँ व्यंग्य कसती हैं– "जिसके पास विज्ञापन की सबसे अच्छी भाषा थी/...वह बचा/.../और वे सारे लोग बचे/जो बेचने की कला जानते थे।"[30]

बाज़ार हमेशा यह ग़लत सन्देश देता है कि व्यक्ति की सफलता का आधार उसका सौंदर्य, क़ीमती पहनावे, आभूषण

इत्यादि हैं और यह भी तय करता है कि सौंदर्य का मापदण्ड क्या हो, उसके चाल–चलन आदि कैसे हो। बाज़ार का सत्तात्मक सम्बन्ध एक प्रकार के मिथ का सृजन करता है। बाज़ार जीवन के आधार को कैसे बनाता है या उसका सत्तात्मक तन्त्र क्या है, उन्हें पहचानना आज के सजग नागरिक बोध का लक्षण माना जा सकता है। आज का मानव अपनी इच्छा के बल पर अपने जीवन के स्वरूप को निर्धारित नहीं कर रहा है या तो नहीं कर सकता है। इसका रूपायन या निर्धारण हमसे बाहर के अभिकरण करते हैं। उनकी अपनी राजनीति अवश्य है। हम यह भूल जाते हैं कि बाज़ार की शक्तियाँ अपने हित के अनुरूप ऐसे इन्सानों का निर्माण करती हैं जो हमारे लिए आदर्श के पैमाने बन जाते हैं। सिनेमा, साहित्य, संगीत आदि को मनोरंजन के साधन के रूप में प्रस्तुत कर बाज़ार मानव के मन को, ख़ासकर बालक एवं युवा वर्ग को उपभोक्ता बनाता है। हम जाने–अनजाने भ्रम में फँसे हुए हैं कि वस्तु में सारे गुण हैं, व्यक्ति में नहीं हैं। इसलिए गुणवत्ता को प्राप्त करने के लिए वस्तुओं को अपनाकर हम तृप्त हो जाते हैं। इस प्रकार वस्तु का साम्राज्य विकसित होता है। विज्ञापन इस दृष्टि से मानव के मन को कुतरता है, कुतर–कुतरकर सारहीन बना के छोड़ देता है। मानव के मन में असीम महत्त्वाकांक्षा का सृजन करके वह लोभ के रास्ते में खड़ा करता है। वर्तमान मानव जीवन इसका उत्तम उदाहरण है। बाज़ार का अर्थतन्त्र विकास को लेकर, व्यक्तित्व को लेकर, सामाजिक मर्यादा को लेकर, वैयक्तिक अस्मिता को लेकर यहाँ तक कि खान–पान, वेश–भूषा, रहन–सहन के तरीक़ों को लेकर एक प्रकार की भ्रमात्मक कल्पना समाज के सामने रखता है। वह आदमी की विचार शक्ति पर लगाम डाल देता है और उसके विवेक को समाप्त करता है। मनुष्य का विवेक उचित–अनुचित के बीच के चुनाव के लिए आदमी को सक्षम बनाता है। इसीलिए उसको अवरुद्ध करना पूँजीवादी दृष्टि में अनिवार्य है।

विनय विश्वास के शब्दों में–"विवेक वस्तु–आधिपत्य को अस्वीकार करने की सम्भावना है, अतः धनतन्त्र का शत्रु है। यह निष्क्रिय और निस्तेज हो, इसके लिए जो कुछ भी सम्भव हो, धनतन्त्र करता है। सबकी पॉलिटिक्स यह है कि वस्तुएँ सक्रिय हों और विवेक निष्क्रिय।"[31] उनके अनुसार 'बाह्य जगत का वस्तुओं से भरा जाना विवेक के विकास के रुकने का परिणाम है, क्योंकि विवेक का परिवर्तन–परिवर्धन बाह्य जगत के साथ मनुष्य के द्वन्द्वात्मक सम्बन्ध पर आधारित है। वस्तुओं के साथ मनुष्य का सम्बन्ध द्वन्द्व ात्मक नहीं हो सकता। उनमें कोई टकराव सम्भव नहीं है, इसलिए वह स्वीकारात्मक और एकायामी होगा। यही नहीं, वस्तुओं की अधिकता व्यक्ति के पूर्वार्जित विवेक को भी कुन्द कर देती है। यह वस्तुओं द्वारा मनुष्य के इस्तेमाल होने की स्थिति पैदा करती है'।[32] कहने का तात्पर्य यह भी है कि बाज़ार की व्यवस्था में मनुष्य अपना विवेक खोकर आख़िर एक वस्तु बन जाता है जिसका उपभोग पूँजीवाद करता है। विश्वरंजन के शब्दों में–

हमें ही बिकने वाली चीज़ों में/कर रहा है तब्दील यह यहाँ हमारी आत्माओं की/बोली लगाई जा रही है/सरे आम।[33]

शम्भूनाथ कहते हैं–"वर्तमान वैश्वीकरण का मकसद समाज से बन्धुत्व, जनतन्त्र और समानता के बचे–खुचे चिह्नों को मिटा देना है, क्योंकि उसकी दृष्टि सिर्फ़ आर्थिक वृद्धि पर है। वह क़दम–क़दम पर तर्क और मूल्यबोध पर हमला कर रहा है और सिर्फ़ ख़ूब–खरीद–कमाओ और मौज करो का चार्वाकवादी सन्देश दे रहा है–ऋण उधार लेकर घी पीओ। ऐसे विश्व में आदमी का मूल्य उसके नैतिक, बौद्धिक और मानवीय गुणों से नहीं आँका जाता, बाज़ार में उसकी जगह और सत्ता से आँका जाता है।"[34]

भूमण्डलीकरण यद्यपि आपसी भाईचारा, विश्वबन्धुत्व आदि का समर्थन करने वाला लगता है। सच्चाई यह है कि वह अपने

आपमें घोर असमानता का सर्जक है। निर्मला गर्ग की 'मॉल' कविता की पंक्तियाँ गवाह हैं–

इस नये खुले मॉल और सुबह से शाम तक
सड़क पर पत्थर कूटती/इस साढ़े पांच वर्ष की बच्ची के बीच
पूँजी के कौन–से समीकरण हैं/हमारे समय के अधिकांश बुद्धिजीवी जानते हैं
वे जानते हैं मॉल की जगमगाहट/अपने पिछवाड़े ढेर सा अँधेरा उगल रही है
डूब जायेगा जिसमें बच्ची का जीवन धीरे–धीरे।[35]

पूँजी का यह समीकरण सचमुच चौंकाने वाला है कि श्रम करने वाले बहुसंख्यकों को अपनी ज़िन्दगी के आगे लाचार बनाया जाता है और उसके श्रम का फायदा उठाने वाले विलास का जीवन बिताते हैं। शॉपिंग मॉल, एक्सप्रेस हाइवे आदि पूँजीवादी विकास के प्रतिरूप होकर खड़े हैं, लेकिन ये अपने साथ विनाश का अँधेरा भी उगलता है, जिसमें हमेशा ग़रीब जनता का भविष्य डूब जाता है। हर विकास योजना के तहत उसकी ज़मीन छिन ली जाती है, उसी का जीवन–निर्वाह दुस्सह बन जाता है, प्राकृतिक और औद्योगिक दुर्घटनाओं में वे मारे जाते हैं, युद्ध और पलायन के वे शिकार बन जाते हैं। यह तो मानना ही पड़ेगा कि भूमण्डलीकरण के आयोजक और फायदेमन्द दोनों एक ही अल्पसंख्यक पूँजीपति होते हैं। कवि के शब्दों में–"जब आधे से ज़्यादा लोग/आपदाओं और अघोषित युद्धों में मारे जाते हैं/ग्लोबलाइज़ेशन सिर्फ़ मुट्ठी भर लोगों का हो सकता है।"[36] भूमण्डलीकरण अमीर को और अमीर एवं ग़रीब को और ग़रीब बनाने का पूँजीवादी षड़्यन्त्र है। देश की आर्थिक वृद्धि के सभी आँकड़े के बावजूद बढ़ते ग़रीबों की संख्या इस कथन की सत्यता को प्रमाणित करती है। मैनेजर पाण्डेय बताते हैं–"जब से भारत

भूमण्डलीकृत हो रहा है, तबसे भारत में ग़रीबी घटने की गति धीमी हुई है, 2005 में ग़रीबी 33 प्रतिशत कम हुई तो 2010 में बत्तीस प्रतिशत।"[37] आर्थिक दृष्टि से नहीं, सांस्कृतिक दृष्टि से भूमण्डलीकरण उपनिवेश का वर्तमान रूप है। तकनीकी और संचार माध्यमों के जरिये वह जिस वैश्विक संस्कृति और सभ्यता का प्रचलन करता है वह निश्चय ही पश्चिमी है, अमेरिकी है। भूमण्डलीकरण एक ख़ास प्रकार के जीवन तरीक़े, उपभोग आदि के सांचे में पूरे विश्व को ढालता है और सांस्कृतिक विविधताओं के नाश और साम्राज्यवादी अधिनायकत्व की स्थापना करता है। हमारे खाद्य सामग्री, वेश–भूषा, मनोरंजन के साधन सबके सब अब पश्चिमी रुचि के अनुरूप बदल रहे हैं। चावल और गेहूँ की जगह पिज्जा और बर्गर को सोशियल स्टैटस का प्रतीक बताया जाता है, कला और संगीत की माँग की पूर्ति माइकल जैक्सन, मैडोना, सौंदर्य प्रतियोगिताएँ, एनिमेटेड फ़िल्मस आदि के द्वारा की जाती है। नयी पीढ़ी में सामाजिक माध्यमों के प्रति बढ़ती गुलामी के पीछे भी पूँजीवादी साज़िश कार्यरत है। ये माध्यम हमारे जीवन के माहौल और दुनिया के समानान्तर एक अलग दुनिया की संरचना करते हैं। इससे आदमी अपने जीवित परिवेश से कट जाता है। वह आत्मकेन्द्रिता का शिकार हो जाता है। यह स्वाभाविक रूप से व्यक्ति के प्रतिरोध की क्षमता को दुर्बल बनाता है अथवा अपनी प्रतिक्रिया को इन्हीं माध्यमों के भीतर सीमित करके वह तुष्टता का अनुभव करता है। अर्थात् पूँजीवाद का इरादा ऐसी नयी पीढ़ी को तैयार करना होता है जो सिर्फ़ शरीर से जिन्दा हो, दिमाग़ के पंगु हो। सुशील कुमार लिखते हैं–

यह कितना कठिन समय है कि टीवी स्क्रीनों और कम्प्यूटर–मॉनिटरों से
अपनी जादुई भाषा की तमक/वे सीधे हमारे बिस्तरों पर फेंकते हैं

और लानतों बाज़ार में/नयी पीढ़ियों को ला खड़ा करते हैं
जहाँ अपनी अक्लें और नस्लें खोकर/ये पीढ़ियाँ शरीर में जिन्दा पर
दिमाग़ से पंगू बन जाती हैं/और कृत्रिम सभ्यता के/मकड़जाल में फँस जाती हैं।[38]

मतलब यह है कि हमारा विचार अपना नहीं रहेगा, हमारी भाषा और अभिव्यक्ति पर पूँजीवादी अर्थतन्त्र का लगाम रहेगा। पूँजीवाद आजकल बाज़ार की भाषा से विश्व की अन्य भाषाओं की, लोकभाषाओं और बोलियों के स्वत्व को मिटा रहा है। जब किसी समाज विशेष की भाषा को नष्ट किया जाता है तो उसी के साथ उस समाज विशेष की परम्परा, संस्कृति, साहित्य और स्मृति का नाश होता है। यह बिना प्रतिरोध के अधीनता को स्वीकारने की भयावह स्थिति तैयार करती है। राजेश जोशी की पंक्तियाँ इस भाव को उजागर करती हैं–

बोलते–बोलते एकाएक/मुझे अपनी आवाज पुराने दासों की तरह लगीं
मुझे एकाएक लगा कि यह अधीनों की भाषा है
जिसमें मैं सोच रहा हूँ और बोल रहा हूँ...
बाज़ार पहले ही चुरा चुका था हमारी ज़ेब में रखे सिक्कों को
और अब वह सौदा कर रहा था हमारी भाषा का
और हमारे सपनों का/पुराने अनुभव की कमीज़ पहनकर
नये विमर्श की शब्दावली के सामने खड़ा था मैं अकबकाया हुआ
और नये बाज़ार में सौदा–सुलुफ एक विदूषक की तरह लग रहा था
महत्त्वाकांक्षाओं के मायालोक में कहीं नहीं थी हमारी भाषा
कहीं दूर कोने कुचालों से कभी–कभी सुनाई पड़ती थी

उसकी बहुत धीमी और पराजित आवाज़
बिना लड़े ही हम हार रहे थे अपनी लड़ाई।[39]

शिवकुमार मिश्र के शब्द इस सन्दर्भ में याद आते हैं–

"लुभावने मुखौटों वाले हमारे समय का सांस्थानिक पूँजीवाद आने वाले समयों में सभ्यता को, अब तक अर्जित सांस्कृतिक उपलब्धियों को, हमारी जातीय स्मृतियों, परम्पराओं और जातीय जीवन को अतिग्रस्त करते हुए आदमीयत के लिए कितने बड़े अभिशाप के रूप में सामने आयेगा, कहा नहीं जा सकता।"[40]

संक्षेप में इतना बताया जा सकता है कि भूमण्डलीकरण एक मरीचिका है, जो समस्त देशों को काफ़ी ललचाता है, भटकाता है, मगर जनता बुनियादी ज़रूरतों से भी वंचित रह जाती है। भाईचारे और विश्व ग्राम रूपी मोहक सपनों के जरिये उन पर इतना नशा चढ़ाया जाता है कि उसकी आड़ में उनकी अपनी ज़मीन, हरियाली और समस्त प्राकृतिक संसाधनों को पूँजीवाद अपने क़ब्ज़े में करता है और आख़िर एक सांस्कृतिक संकट की स्थिति में सबको डाल देता है। शम्भू बादल की पंक्तियाँ देखिए– "भूमण्डलीकरण/मरीचिका आयी/हम पानी के लिए दौड़ते रहे/ शराब मिली/हम बेहोश हुए/भाई लूट ले गये।"[41]

पूँजीवादी उत्पादन और उपभोग की तृष्णा, उसके अर्थ केन्द्रित जीवन दर्शन, नकली भौतिक समृद्धि और सुविधाओं को लक्ष्य करती विकास योजनाएँ, लाभ और लोभ प्रेरित शोषण–तरीक़े सब मिलकर दीमक की तरह प्रकृति और मनुष्य को निगल रहे हैं। मगर न तो पूँजीवाद इसका दायित्व अपने ऊपर लेता है, न ही पूँजी के आग्रह को छोड़ देता है। उल्टे वह अपना घिनौना चेहरा ढँकने के नये उपाय ढूँढ़ता है, पर्यावरण–रक्षा का ढ़ोंग रचता है। मदन कश्यप की 'पृथ्वी दिवस–1991' कविता पढ़िए–

अवाक है पृथ्वी/अब तो वह चीख भी नहीं सकती
हत्यारे उसका शृंगार कर रहे हैं/घावों पर चिपक रहे हैं/

हरे वृक्ष के रंगचित...
जिनकी आकांक्षाएँ छेद रही हैं/ओजोन की रक्षा–परत
जिनकी एषणाएँ रौंद रही हैं/पर्वतों की छातियाँ
जिनकी तृषा पी जाती है/सारी नदियों के स्वच्छ जल
जिनकी लिप्सा निगल जाती है/पूरी वसुधा की हरियाली
अम्ल मेघ बनकर बरसती है जिनकी लालसा
वही 'सभ्य और महान' लोग/हथियारों के सौदागर/नशीली दवाओं के तस्कर
अचानक बनाने लगे हैं/पृथ्वी को बचाने की योजनाएँ।[42]

1991 वही साल है, जब भारत उदारीकरण के चपेट में आया और यही उदारीकरण मानव और प्रकृति को ध्वस्त कर रहा है। उदारीकरण के कर्णधारों के द्वारा पृथ्वी दिवस मनाना हास्यास्पद है। अतः सबसे पहले ऐसे तथाकथित रक्षकों से पृथ्वी को बचाने का आह्वान समकालीन कविता करती है। कश्यप आगे लिखते हैं–

बचाओ/सबसे पहले उन रक्षकों से बचाओ
जो अपनी हविस के लिए/बचा रखना चाहते हैं पृथ्वी को
बम बरसाकर धुएँ की चिन्ता करते हैं
जंगल काटकर भू–स्खलन पर शोध कराते हैं
सागर के सीने में भरते हैं ज़हर
नदियों में कचड़े खेतों में विषैले रसायन
मेढ़ँक की रान और बन्दरों के सिर के साथ
करते हैं हमारी मनुष्यता का भी सौदा
बचाओ/सबसे पहले उन लुटोरों से बचाओ।[43]

प्रकृति और जीवन को निस्पन्द करने वाले पूँजीवाद के कसूर माफ़ी के लायक नहीं है। इसलिए कवि की तर्जनी हमेशा उसकी ओर उठती जायेगी और प्राकृतिक विनाश की सम्भावना को लेकर वह चेतावनी देता रहेगा। राज्यवर्द्धन की पंक्तियाँ गवाह हैं–

तुम्हारी अतिसन्तृप्त वासना ने बढ़ा दिया है
पृथ्वी का तापमान/घातक हो गयी है/ प्राणवायु
दूभर हो गया है जीवन–/जीव–जन्तुओं और वनस्पतियों का
सोचा है कभी तुमने/ख़ूबसूरत पंखोवाली चिड़ियों के बिना
पृथ्वी कितनी रंगहीन हो जायेगी/...और खो जायेगा एक दिन
धरती का संगीत।[44]

सन्दर्भ

1. मण्डलोई, लीलाधर. 'इस काँपने में एक सन्देश है." सम्पादकीय, नया ज्ञानोदय, आपदा और पर्यावरण एकाग्र. अंक 148 (जून 2015), 5–7, मुद्रित।
2. रणजीत 'पृथ्वी के लिए' पर्यावरण और विकास सं. रणजीत भारतेन्दु प्रकाश, साहित्य रत्नाकर, कानपुर, 1993, पृ. 5–8, मुद्रित।
3. डबराल, मंगलेश, 'नये युग में शत्रु', उद्भावना अंक 103, (नवम्बर 2012) : 4–5, मुद्रित।
4. ज्ञानेन्द्रपति, संशयात्मा, राधाकृष्ण प्रकाशन : नयी दिल्ली, 2004, मुद्रित। पृ. 123
5. कुमार, सुशील, 'तमस के साये में', उद्भावना, अंक 72, 83, मुद्रित।
6. वर्मा, लक्ष्मीकान्त, 'बीसवीं शती का महत्तम गीत', समकालीन भारतीय साहित्य, अंक 87. (जनवरी–फरवरी 2000), 53–4, मुद्रित।
7. शौक, नौमान 'पराकाश' उद्भावना, अंक 116–7 (2014), 39–0. मुद्रित।
8. लाल, विनोद बिहारी, 'प्रगति : एक सांस्कृतिक उछाल' समकालीन भारतीय साहित्य, अंक 140 (2008), 36–8. मुद्रित।
9. प्रजापति, रमेश 'ख़ौफज़दा चिड़ियाँ', उद्भावना, अंक 112–13 (मार्च–जून 2014), 93, मुद्रित।
10. मण्डलोई, लीलाधर, भीजै दास कबीर वाणी प्रकाशन : नयी दिल्ली, 2016, मुद्रित, पृ. 9
11. जोशी, राजेश 'वह आखेट पर निकले हैं', पहल, अंक 100 (जून–जुलाई 2015), 132, मुद्रित।
12. शाही, सदानन्द 'कुएं सूखते चले गये', काव्य चयनिका, सं. प्रमोद कोवप्रत, लोकभारती प्रकाशन : इलाहाबाद, 2015, पृ. 47, मुद्रित।
13. इल्लत, प्रभाकरन हेब्बार, मानवाधिकार संवेदना और समकालीन हिन्दी कविता। हैदराबाद केन्द्रीय विश्वविद्यालय : हैदराबाद, 2017 मुद्रित, पृ. 161
14. शम्भुनाथ, 'साम्राज्यवाद, वैश्वीकरण और राष्ट्रीय पुनर्जागरण', बनास जन अंक 31 (7, मार्च 2014), मुद्रित।

15. उदय प्रकाश, रात में हारमोनियम, वाणी प्रकाशन, नयी दिल्ली, 2009, मुद्रित। पृ. 83
16. चतुर्वेदी, पंकज, 'पेड़ पौधे भी है तस्करों के निशाने पर', सम्पादकीय नयाज्ञानोदय आपदा और पर्यावरण एकाग. अंक 148. (जून 2015), पृ. 42–4 मुद्रित।
17. शुक्ल, दिनेश कुमार, 'बुद्धि का लाईसेंस' उद्‌भावना, अंक 73–4, 78, मुद्रित।
18. अम्बुज, कुमार, अनन्तिम, राधाकृष्ण प्रकाशन : नयी दिल्ली, 1998, मुद्रित, पृ. 30
19. शुक्ल, दिनेश कुमार, 'आगमन' उद्‌भावना. अंक 73–4, 76–7, मुद्रित।
20. दुबे, विनय, भीड़ के भवसागर में, राधाकृष्ण प्रकाशन, नयी दिल्ली, 2009, मुद्रित, पृ. 73
21. श्रीवास्तव, एकान्त, मिट्टी से कहूँगा धन्यवाद, प्रकाशन संस्थान, नयी दिल्ली, 2003, मुद्रित, पृ. 83
22. इल्लत, प्रभाकरन हेब्बार, मानवाधिकार संवेदना और समकालीन हिन्दी कविता, हैदराबाद केन्द्रीय विश्वविद्यालय, हैदराबाद, 2017, मुद्रित, पृ. 158
23. वही, 159
24. ज्ञानेन्द्रपति, संशयात्मा, राधाकृष्ण प्रकाशन : नयी दिल्ली, 2004, मुद्रित, पृ. 106
25. श्रीवास्तव, एकान्त, बीज से फूल तक, राजकमल प्रकाशन : नयी दिल्ली, 2003, मुद्रित, पृ. 44
26. वही, 38
27. वही, 44
28. प्रजापति, रमेश, 'ख़ौफज़दा चिड़ियाँ', उद्‌भावना, अंक 12–13 (मार्च–जून 2014), 93, मुद्रित।
29. निर्मल, आनन्द, 'विकास के नाम पर' वागर्थ, अंक, 249 (2016) : 78–9, मुद्रित।
30. सौरभ, विनय, 'और अन्त में' नया ज्ञानोदय, अंक 151 (सितम्बर 2015), 101, मुद्रित।
31. विश्वास, विनय, 'आज की कविता' राजकमल प्रकाशन, नयी दिल्ली, 2009, मुद्रित, पृ. 28
32. वही, पृ. 27
33. विश्वरंजन, 'बाज़ार के इर्द–गिर्द', प्रगतिशील वसुधा, अंक 48 (जनवरी–जून 2000), 203–4, मुद्रित।
34. शम्भुनाथ, 'सांस्कृतिक आत्मविसर्जन या बेचैनी', उद्‌भावना, अंक 73–4, 95–7, मुद्रित।

35. गर्ग, निर्मला, 'मॉल' उद्भावना, अंक 73–4, अंक 76, मुद्रित।
36. चतुर्वेदी, संजय, 'दुनिया है वही दुनिया' वागर्थ, अंक 83 (2002), 33–5, मुद्रित।
37. पाण्डेय, मैनेजर, भारतीय समाज में प्रतिरोध की परम्परा, वाणी प्रकाशन, नयी दिल्ली, 2013, मुद्रित।
38. कुमार, सुशील, 'तमस के साये में', उद्भावना, अंक 72, 83, मुद्रित।
39. जोशी, राजेश, 'भाषा की आवाज़', बया, पूर्णांक 25 (जून 2014), 172, मुद्रित।
40. मिश्र, शिवकुमार, 'वैश्वीकरण की चुनौतियाँ और कविता', जनविकल्प, अंक 1 (मई 2011), 22–8, मुद्रित।
41. बादल, शम्भु, मौसम को हांक चलो, शिल्पायन, नयी दिल्ली, 2007, मुद्रित।
42. कश्यप, मदन, 'पृथ्वी दिवस 1991', काव्य चयनिका, सं. प्रमोद कोवप्रत, लोकभारती प्रकाशन : इलाहाबाद, 2015, पृ. 145–7, मुद्रित।
43. वही, 146
44. राज्यवर्द्धन, 'खो जायेगा एक दिन धरती का संगीत', काव्य चयनिका, सं. प्रमोद कोवप्रत, लोकभारती प्रकाशन : इलाहाबाद, 2015, पृ. 56–7, मुद्रित।

❑❑